ARMIN HÖLAND

Neue Formen und Bedingungen der Erwerbsarbeit in Frankreich

Sozialwissenschaftliche Schriften

Heft 23

Neue Formen und Bedingungen der Erwerbsarbeit in Frankreich

Rechtliche und soziologische Beobachtungen

Von

Armin Höland

Duncker & Humblot · Berlin

Die Deutsche Bibliothek – CIP-Einheitsaufnahme

Höland, Armin:
Neue Formen und Bedingungen der Erwerbsarbeit in Frankreich : rechtliche und soziologische Beobachtungen / von Armin Höland. — Berlin : Duncker und Humblot, 1993
(Sozialwissenschaftliche Schriften ; H. 23)
ISBN 3-428-07656-7
NE: GT

Fotoprint: Werner Hildebrand, Berlin 65
Printed in Germany

ISSN 0935-4808
ISBN 3-428-07656-7

Vorwort

Frankreich hatte in dem von der Stiftung Volkswagenwerk finanzierten vergleichenden Forschungsprojekt zu "Neuen Formen und Bedingungen der Erwerbsarbeit - Das Rechtsmodell der Arbeit im Entwicklungsdruck" von vornherein eine herausragende Stellung. Das liegt nicht nur an der wirtschaftlichen und politischen Bedeutung dieses Landes innerhalb der Europäischen Gemeinschaft. Erwartungen knüpften sich stärker noch an den Eindruck, daß im Grundsätzlichen ähnliche Entwicklungen der Arbeitsbedingungen sich hier in einem zwar nur leicht, aber auf aufschlußreiche Weise anderen staatlichen, kulturellen und rechtlichen Koordinatensystem vollziehen. Arbeitslosigkeit, vor allem Jugendarbeitslosigkeit, die Entfaltung individueller Lebens- und Berufsoptionen von Frauen und Männern in abhängigen und selbständigen Tätigkeitsformen, die stark gestiegene Bedeutung des Dienstleistungssektors und die Modernisierung der Unternehmensstrukturen, sind zwar auch in Frankreich die hauptsächlichen Entwicklungsbedingungen von Erwerbsarbeit. Sie treffen aber auf Politik- und Sozialstrukturen, die einen nach wie vor um Planung bemühten, mit relativ hohem Politik- und Gesetzgebungsaufwand auf Versorgungsdefizite am Arbeitsmarkt reagierenden Staat hervorbringen, aber auch die Sozialpartner in einer Art hochaggregierten gesellschaftlichen Arbeitsteilung vergleichsweise stark in den Rechtsetzungsprozeß einspannen. Zugleich erweist sich die französische Gesellschaft als zu allerlei Statuspassagen in bezug auf Arbeit fähig und außerdem sensibel gegenüber den Gefahren des sozialen und ethnischen Ausschlusses von Teilen der (Erwerbs)Bevölkerung, wie sich an den gesellschaftlichen Diskursen und an der Praxis der marginalen, aber exemplarischen alternativen und solidarischen Wirtschaft in Frankreich zeigen läßt. Dies alles führt zu einer anderen Mischungslage von staatlichen, intermediären und privaten Zuständigkeiten im Prozeß des Wandels von Arbeitsbedingungen und zu einem in verschiedener Hinsicht stärker ausdifferenzierten Recht der Arbeit.

Die Beobachtung der rechtlichen Veränderungen und der ihnen zugrundeliegenden sozialen und wirtschaftlichen Entwicklungen der Erwerbsarbeit in Frankreich sind Hauptgegenstand des vorgelegten Berichts, der auf rund sechsmonatiger Forschung im Lande beruht. An die empirischen Beobachtungen knüpfen sich allgemeinere und vergleichende theoretische Erwägungen zu Veränderungen der Wirkungsbedingungen des Arbeitsrechts.

Für die Mühe einer kritischen Durchsicht der ersten Fassung des Manuskripts möchte ich mich bei mehreren Personen bedanken. Zu ihnen gehören Dorothee Eidmann, Prof. *Volkmar Gessner* und *Prof. Gerd Winter* vom Zentrum für Europäische Rechtspolitik (ZERP). Besonders wertvoll waren für mich die Kommentare von Prof. *Wolfgang Däubler* von der Universität Bremen und die ausführlichen Anmerkungen meines Kollegen Dr. *Josef Falke* vom ZERP. Beiden danke ich besonders für die Gründlichkeit ihrer Lektüre des Textes.

Wer je in einem anderen Land Rechtsforschung betrieben hat, weiß, wie leicht man dabei in rechtskulturelle Fallen geraten kann. Vor diesem Hintergrund waren für mich die Durchsicht meines Manuskriptes durch "einheimische" Kolleginnen und Kollegen und die zum Teil ausführlichen Diskussionen mit ihnen von unschätzbarem Wert. Für diesen europäischen Stil der Zusammenarbeit bedanke ich mich herzlich bei *Nicole Kerschen* (IRERP, Nanterre), *Bénédicte Zimmermann* (IRESCO, I.E.P.E., Paris), *Francis Kessler* (München, Straßburg) und *Francis Bailleau* (IRESCO, Paris).

Zu den Hilfestellungen in Frankreich, die von großem praktischen Wert für mich waren, gehörte die stets freundliche Betreuung in der Bibliothek des Centre d'Etudes de l'Emploi (C.E.E.) in Noisy-le-Grand. Ein von dem Direktor des Instituts, *François Eymard-Duvernay*, großzügig eingeräumter Gaststatus hatte mir diese Arbeitsbedingung ermöglicht. Aber auch an meiner zweiten Arbeitsstätte in Frankreich, dem Centre de Recherche Interdisciplinaire de Vaucresson (CRIV) in Vaucresson bei Paris, hatte ich vorzügliche Arbeitsbedingungen und vor allem in Gestalt von *Hélène Commaille*, zu dieser Zeit am CRIV verantwortlich für "Valorisation et relations internationales", eine ständig um die Erschließung neuer Kontakte und Wissensquellen bemühte Ansprechpartnerin.

Gretchen Herzfeld und *Gerlinde Thomann-Kreye* am ZERP habe ich zu danken für das Schreiben großer Teile des Manuskriptes, Frau Thomann-Kreye darüber hinaus für Beratung in Einzelfragen der Übersetzung aus dem Französischen in das Deutsche. Zu danken habe ich schließlich *Hakan Ahrazoglu* vom ZERP, der dem Text am PC mit bewährter Routine zu Druckformat und Umbruch verholfen hat.

Bremen, im Oktober 1992 *Armin Höland*

Inhaltsverzeichnis

Abkürzungsverzeichnis

a.a.O.	am angegebenen Ort
ABl.	Amtsblatt der EG
ABM	Arbeitsbeschaffungsmaßnahme
ACCRE	l'Aide aux chômeurs créateurs d'entreprise (Hilfe für arbeitslose Unternehmensgründer)
AFG	Arbeitsförderungsgesetz
AIF	Actions d'Insertion et de Formation (Eingliederungs- und Ausbildungsmaßnahmen)
AIG	Activités d'Intérêt Général (Gemeinwohlarbeit)
A.L.D.E.A.	Agence de Liaison pour le Développement d'une Economie Alternative
AN	Arbeitnehmer
ANPE	Agence Nationale Pour l'Emploi (Nationale Arbeitsverwaltung)
AP	Arbeitsgerichtliche Praxis
Art.	Artikel (Plural: Artt.)
AÜG	Arbeitnehmerüberlassungsgesetz
BAGE	Entscheidungen des Bundesarbeitsgerichts
BeitrAB	Beiträge aus der Arbeitsmarkt- und Berufsforschung
BFH Bd.	Bundesfinanzhof (Band der Entscheidungssammlung)
BGB	Bürgerliches Gesetzbuch
BGHZ	Bundesgerichtshof (Entscheidungssammlung in Zivilsachen)
BSGE	Entscheidungen des Bundessozialgerichts
CDD	Contrat à durée déterminée
CdT	Code du Travail (Arbeitsgesetzbuch)

CEDEFOP	Centre européen pour le développement de laformation professionnelle (Europäisches Berufsbildungszentrum der EG in Berlin)
CEREQ	Centre d'études et de recherche sur les qualifications (Forschungsinstitut zur beruflichen Bildung)
CES	Contrat Emploi-Solidarité (Beschäftigungs-Solidaritätsvertrag)
CLD	Chômeurs de longue durée (Langzeitarbeitslose)
CLR	Compléments locaux de ressources (Kommunale Ergänzungsmittel für Beschäftigungsmaßnahmen)
COORACE	Coordination des Associations d'Aide aux Chômeurs par l'Emploi (Dachverband der Arbeitsloseninitiativen)
CRE	Contrat de retour à l'emploi (Wiedereingliederungsvertrag)
CS-PRD	Contrats de solidarité préretraite, Unterform"démission"
CS-PRP	Contrats de solidarité préretraite, Unterform"progressive"
D.	Décret
DATAR	Délégation à l'aménagement du territoire et à l'action régionale
DOM-TOM	Départements d'Outre-Mer, Territoires d'Outre-Mer (französische Überseegebiete)
EWG	Europäische Wirtschaftsgemeinschaft
FDIJ	Fonds départemental pour l'initiative des jeunes (Existenzgründungshilfe zugunsten junger Gründer(innen) auf der Ebene der Departemente)
FF	Francs français
F.N.E.	Fonds National de l'Emploi (Nationaler Beschäftigungsfonds)
GmbH	Gesellschaft mit beschränkter Haftung
HAG	Heimarbeitsgesetz
IAB	Institut für Arbeitsmarkt- und Berufsforschung (in Nürnberg)
IDEF	Institut de l'Enfance et de la Famille
ILO	International Labour Organisation
INSEE	Institut national de la statistique et desétudes économiques (Nationales Statistikinstitut)
ISF	Impôt de solidarité sur la fortune (Solidaritätsteuer für Vermögende)
JO	Journal Officiel

L.	Loi
NJW	Neue Juristische Wochenschrift
OCDE	Organisation pour la Coopération et le Développement Economique, englisch:
OECD	Organisation for Economic Co-operation and Development
Ord.	Ordonnance
PC	Personal Computer
PIL	Programmes d'insertion locale (kommunale Eingliederungsprogramme)
PLIF	Programmes locaux d'insertion des femmes (Kommunale Eingliederungsprogramme für Frauen)
PME	Petites et Moyennes Entreprises (Klein- und Mittelunternehmen)
R.	Règlements (die im Zweiten Teil des Code du Travailals "Art. R. ..." bezeichneten Dekrete des Staatsrats)
REAS	Réseau de l'Economie Alternative et Solidaire
R.I.L.E.	Réseau d'Initiatives Locales pour l'Emploi
RMI	Revenu Minimum d'Insertion (Mindesteinkommen)
RNIS	Réseau Numéris à l'Intégration de Services (Integriertes Datenübertragungssystem)
Rz.	Randziffer
SARL	Société à responsabilité limitée (Gesellschaftmit beschränkter Haftung)
SCOP	Société Coopérative Ouvrière de Production (Produktivgenossenschaft)
SIRF	Statistiques et indicateurs des régions françaises
SIVP	Stages d'initiation à la vie professionelle (Einführungspraktika in das Arbeitsleben)
Slg.	Sammlung (des Europäischen Gerichtshofs)
SMIC	Salaire minimum de croissance (indexiertergesetzlicher Mindestlohn)
TAD	Travail à domicile (Heimarbeit)
TUC	Travaux d'Utilité Collective (Gemeinwesenarbeit im öffentlichen Interesse)

UES	Union d'Economie Sociale
UNEDIC	Union Nationale pour l'Emploi dans l'Industrieet le Commerce (Arbeitslosenversicherung)
vH	von Hundert
V.R.P.	Voyageurs, représentants, placiers (Handelsvertreter)
ZAS	Zeitschrift für Arbeits- und Sozialrecht
ZIAS	Zeitschrift für ausländisches und internationales Arbeits- und Sozialrecht

A. Gesellschaft und Arbeit in Frankreich 1990

I. Die französische Industriegesellschaft

Frankreich gehört im Kreis der 12 Mitgliedstaaten der Europäischen Gemeinschaften zu den großen und alten Industriegesellschaften. Die Kennzeichnung "alt" soll in diesem Zusammenhang einen dreifachen Bedeutungsgehalt assoziieren. Zum ersten einen industriegeschichtlichen: Frankreich hat, ähnlich wie Deutschland, die wirtschaftliche, soziale und kulturelle Wandlung von einer feudalen und agrarischen Gesellschaft zu einer markt- und klassenbestimmten Industriegesellschaft im wesentlichen in der zweiten Hälfte des 19. Jahrhunderts vollzogen. Zum zweiten gehört Frankreich unter dem Gesichtspunkt der europäischen Integration zu den "alten" Gesellschaften in der EG.[1] Seine politische und rechtliche Kultur war (und ist) für die Schaffung der Europäischen Gemeinschaften von grundlegender Bedeutung, seine Empfänglichkeit für die Rechts- und Programmimpulse der EG bleibt hoch. Zum dritten soll das Adjektiv "alt" aber auch die in Frankreich seit Jahrzehnten geführte kritische Diskussion um Modernisierungsrückstände in der technischen und sozialen Organisation seiner industriellen Produktion anklingen lassen, die vor allem in bezug zur Bundesrepublik Deutschland - dem hauptsächlichen Bezugspunkt der industrie- und währungspolitischen Debatte in Frankreich - ausgemacht werden.[2]

Mit 56,6 Millionen Einwohnern im Jahre 1990[3] nimmt Frankreich auf der Bevölkerungsskala der EG nach der Bundesrepublik Deutschland (vor der Wiedervereinigung 63,3 Mio.), nach Italien (57,7 Mio.) und Großbritannien (57,4 Mio.) den vierten Platz ein.[4] Seine Bevölkerung verteilt sich mit einer

---

1 In der Formulierung von Sicco Mansholt waren es die Franzosen, "die das übrige Europa zusammentrommelten" (an den Trommeln vor allem: Jean Monnet und Robert Schumann), siehe S. Mansholt, Die Krise. Europa und die Grenzen des Wachstums, Reinbek bei Hamburg 1974, S. 58.

2 Vgl. bereits für die Zeit nach dem Zweiten Weltkrieg: Jean Monnet, Erinnerungen eines Europäers, Baden-Baden 1988, S. 297 ff.

3 Genau 56.555.700, siehe Statistiques et indicateurs des régions françaises (SIRF). Annexe au projet de loi de finances pour 1991. Economie Générale, Nos 29-30-31, novembre 1990, pp. 13, 73; vgl. Tableaux de l'Economie Française 1990, 1.2

4 Commission des Communautés Européennes, Economie Européenne. Rapport économique annuel 1990-1991, No. 46, Décembre 1990, Tableau 1, S. 223.

durchschnittlichen Dichte von 104 Einwohnern pro Quadratkilometer (1990), ein Parameter, der deutlich unterhalb der EG-europäischen "Dichte" von 143,2 und um fast das Zweieinhalbfache unter dem entsprechenden Verteilungswert für die Bundesrepublik Deutschland von 245,5 (vor der Wiedervereinigung) liegt. Wie häufig, verdeckt der Durchschnittswert der Bevölkerungsdichte auch in Frankreich regionale Ungleichverteilungen. Herausragend und zugleich für die politische Kultur des Landes bestimmend ist die starke Verdichtung in der zentralen Region Ile-de-France, deren rund 11 Mio. Einwohner (887 auf den Quadratkilometer) im wesentlichen in und um Paris herum (agglomération) leben.

Alle hier genannten Bevölkerungs- und Arbeitsmarktzahlen beziehen sich übrigens nur auf das europäische Frankreich, auf das, was offiziell als "France métropolitaine" und bildhaft als "Hexagone" bezeichnet wird. Zur Republik Frankreich gehören außerdem die ihm aus seiner Kolonialgeschichte verbliebenen überseeischen Gebiete (la France d'Outre-Mer), die sich zusammensetzen aus 4 Départments d'Outre-Mer[5], 2 collectivités territoriales[6] und vier territoires d'Outre-Mer[7]. Aus deren rund 1,9 Millionen Einwohnern rekrutiert sich eine Erwerbsbevölkerung, die in den Départments d'Outre-Mer 1982 knapp ein Drittel ausmachte. Die Erwerbsbedingungen und der Arbeitsmarkt der "DOM-TOM" weisen zu viele Besonderheiten auf, als daß sie in der hier beabsichtigten Beschreibung und Analyse der französischen Erwerbsgesellschaft sinnvoll untergebracht werden könnten. Alle folgenden Betrachtungen beschränken sich daher auf das metropolitane Frankreich.

Vergleicht man nicht die Bevölkerungszahlen, sondern die Zahl der Arbeitskräfte (Labour Force, Forces de travail[8]) im EG-Europa, so verbessert sich die Position Frankreichs um einen Rang. Mit 23,9 Mio. Arbeitskräften nahm Frankreich 1988 den dritten Platz hinter der Bundesrepublik (28,8 Mio.) und dem unmittelbar folgenden Vereinigten Königreich (28,2 Mio.) ein und setzte sich damit vor Italien (23,7 Mio.).

Wiederum eine andere, den Entwicklungsstand der Industriegesellschaft kennzeichnende Reihung ergibt sich beim Vergleich der Erwerbsquoten, die in den "eurostat"-Erhebungen definiert sind als der prozentuale Anteil der Erwerbspersonen an der in Privathaushalten lebenden Bevölkerung im erwerbsfähigen Alter. Nach den auf das Internationale Arbeitsamt zurückgehenden Empfehlungen werden als erwerbsfähig angesehen Personen im Alter zwischen 14 und 65 Jahren. Bei den auf dieser Grundlage berechneten Er-

---

5 Gouadeloupe, Martinique, Guyane, Réunion.

6 Mayotte, Saint-Pierre et Migneton.

7 La Nouvelle Calédonie, Wallis et Futuna, la Polynésie Française, les Terres australes et antarctiques françaises.

8 Definiert als die Summe der Erwerbstätigen und Arbeitslosen.

werbsquoten nimmt das Vereinigte Königreich 1988 im Vergleich der vier größten EG-Staaten mit 61,0 vH die Spitzenstellung ein,[9] Frankreich steht mit 55,3 vH an zweiter Stelle knapp vor der Bundesrepublik (55,2 vH), und Italien bleibt mit 49,3 vH um einiges unter dem EG-Durchschnitt von 54,1 vH.[10]

II. Erwerbsarbeit und Arbeitsmarkt in Frankreich

Ende der 80er Jahre bietet das französische Beschäftigungssystem ein aus anderen entwickelten Marktwirtschaften EG-Europas und des OECD-Bereichs bekanntes Bild. Es ist dies das fortwährende Nebeneinander von wirtschaftlichem Aufschwung und hoher Arbeitslosigkeit, von Licht und Schatten in ein und derselben Landschaft der Erwerbsarbeit.

Auf der lichten Seite seiner Arbeitslandschaft kann Frankreich für 1989 einen Zuwachs des Bruttoinlandprodukts von 4,1 vH und damit eine Fortsetzung der Wachstumsdynamik des Jahres 1988 verbuchen, die Schaffung von annähernd 570.000 neuen Arbeitsplätzen in den beiden Jahren 1988 und 1989, und - ein interessanter qualitativer Aspekt - einen relativen Zuwachs von unbefristeten Arbeitsverhältnissen zu Lasten der unter dem Begriff der emplois temporaires zusammengefaßten Arbeitnehmerüberlassung (les intérims) und der befristeten Arbeitsverträge (contrats à durée déterminée) sowie von zwei stark zurückgehenden Praktikumsformen (stages).[11] In der privaten Wirtschaft Frankreichs außerhalb der Landwirtschaft waren Ende 1990 14.406.000 Menschen als Arbeitnehmer tätig.[12] Die Gesamtzahl der im französischen Inland abhängig beschäftigten Personen[13] umfaßte am 31. Dezember 1990 22.063.000 Personen.[14]

---

9 die allerdings in der EG von Dänemark mit 67,0 vH noch übertroffen wird.

10 EG-Erhebung über Arbeitskräfte. Ergebnisse 1988; siehe auch eurostat, Statistiques rapides, 1990/1.

11 Die beiden erwähnten stages sind die "Stages d'initiation à la vie professionelle" (SIVP), deren Zahl von 87.300 Ende 1988 auf 27.300 Ende 1989 zurückgegangen ist, sowie die "Travaux d'Utilité Collective" (TUC), deren Zahl zu denselben Stichtagen von 181.600 auf 143.600 abgenommen hat. Eingehender unten C.III. und C.IV. Die Zahlenangaben beruhen auf Simone Bangoura / Yves Besançon / Philippe Choffel / Martine Deprez / Alain Le Pluart / Pierre Marioni / Liliane Salzberg, 1989: Création d'emplois stables et poursuite de la baisse du chômage, Dossiers Statistiques du Travail et de l'Emploi, No. 63-64, Octobre 1990, S. 5 ff.

12 Siehe Premières Informations, n° 215, Mars 1991.

13 Der Begriff der "emploi interne" umfaßt die Gesamtheit der innerhalb der Grenzen des metropolitanen Frankreichs wohnhaften Beschäftigten, einschließlich der nicht hier wohnhaften, aber in der französischen Volkswirtschaft beschäftigten Personen, abzüglich der in Frankreich Wohnenden, die außerhalb Frankreichs beschäftigt sind.

14 Premières Informations N° 215, Mars 1991.

Ganz zu dem in anderen Industriestaaten beobachtbaren Trend paßt die Beobachtung, daß das kräftigste Wachstum an Arbeitsplätzen im Bereich der privatwirtschaftlichen Dienstleistungen (außerhalb der Landwirtschaft) stattfindet, und hier besonders ausgeprägt bei den unternehmensbezogenen Dienstleistungen (+ 9,5 vH in 1989).[15]

Jede Betrachtung von Arbeitsmärkten und Beschäftigungszuständen ist in hohem Maße zeitabhängig. Es ist daher geboten, allen folgenden Beschreibungen den Hinweis voranzustellen, daß die Daten und Auskünfte sich auf den Zeitraum bis Ende 1990 beziehen. Der Hinweis ist umso dringlicher, als sich die bis 1989/90 vorherrschende konjunkturelle Aufschwungphase in Frankreich und die sie begleitende Erholung des Beschäftigungssystems 1991 nicht ungebrochen fortgesetzt haben. Bereits für 1990 hatte sich mit einem Rückgang der Wachstumsrate des Bruttosozialprodukts auf 2,8 vH und einer deutlich niedrigeren Zahl von 225.000 zusätzlichen Arbeitsplätzen (in der Privatwirtschaft außerhalb der Landwirtschaft) eine wirtschaftliche Abschwächung angekündigt.[16]

Im Gefolge des Golf-Krieges vom Januar und Februar 1991 hat sich die Arbeitsmarktlage in Frankreich im März 1991 dann deutlich verschlechtert, erstmalig seit Oktober 1987 überschritt die Gesamtzahl der Arbeitslosen wieder den Wert von 2,6 Millionen und wiesen auch andere Indikatoren der Wirtschaft und des Arbeitsmarktes in Richtung auf Verlangsamung des wirtschaftlichen Aufschwungs.[17]

Bereits Mitte der 70er Jahre, mit dem Ausklingen der "trente glorieuses", der Wiederaufbau- und Vollbeschäftigungsepoche nach dem Zweiten Weltkrieg, war auch in Frankreich die relative Ruhe des Arbeitsmarktes geschwunden. Hatten die vierteljährlichen Erfassungen von Arbeitslosigkeit zwischen Ende 1967 und Ende September 1974 nie etwas anderes als eine "2" vor dem Komma, so mußte Ende 1974 eine "3" eingerückt werden (3,4 vH) und bereits ein halbes Jahr später war eine "4" erreicht (4,2 am 30.6.75)[18]. Von da an wiesen die Krisen-Indikatoren des Arbeitsmarktes nach oben: Ende 1977 betrug die nationale Arbeitslosenrate 5 vH, Ende 1979 6,1 vH, Ende 1981 knapp 8 vH, die 9 vH wurden Ende 1983 erreicht, und ab September 1984 bis Ende 1986 fiel die Arbeitslosenquote in Frankreich nicht mehr unter 10 vH. Das ist ein sehr grobes Bild, in dem zahlreiche regionale sowie alters- und geschlechtsspezifische Besonderheiten aufgehen. Zu ihnen gehört beispielsweise, daß arbeitslose junge Frauen in der Altersklasse von 15-24 Jah-

---

15 Bangoura et al., S. 6.

16 Alain Lebaube, "Le Monde" vom 8. Mai 1991, S. 17.

17 Siehe "Les Echos" vom 26. April 1991; Alain Lebaube, "Le Monde" vom 27. April 1991.

18 Alle Zahlenangaben aus den "Collections de l'Insee", série 123 D, démographie et emploi, Novembre 1987.

ren die 10 vH-Schwelle der Arbeitslosenquote bereits sehr viel früher überschritten hatten, nämlich im Dezember 1974, während der entsprechende Anteil bei jungen Männern desselben Altersbereichs erst sechs Jahre später erreicht war (10,5 vH am 31.12.1980).

Ein Blick auf den Kurvenverlauf der Arbeitslosenquoten in den sechs Industriestaaten Italien, Großbritannien, Bundesrepublik Deutschland, Frankreich, Japan und USA[19] macht deutlich, daß sich der Anstieg der Arbeitslosigkeit in Frankreich vergleichsweise stetig vollzogen hat. Im Unterschied zu den erheblich heftigeren Ausschlägen in den USA, in der Bundesrepublik und in Großbritannien geht die "französische" Kurve flacher, aber stetig nach oben und ähnelt darin der "italienischen" und der - ohnehin gewissermaßen außer Konkurrenz laufenden - "japanischen" Kurve.

So sachte die Kurve der Arbeitslosenraten in Frankreich angestiegen ist, so persistent bleibt sie dann auf vergleichsweise hohem Niveau und so zögernd nur senkt sie sich wieder. Spätestens ab 1984 nimmt Frankreich, wie die Eurostat-Daten zu Beschäftigung und Arbeitslosigkeit zeigen,[20] mit einer durchweg oberhalb von 9 vH liegenden Quote der Arbeitslosigkeit einen im EG-europäischen Vergleich vorderen Rang ein.

Für den weiteren Gang der Darstellung sind drei Beobachtungen der Arbeitslosigkeit in Frankreich von Bedeutung, die in aller Kürze referiert werden sollen: die regionale Verteilung der Arbeitslosigkeit, die Jugendarbeitslosigkeit und die Langzeitarbeitslosigkeit. Wie in allen großflächigen Industriestaaten verteilt sich die nationale Quote der Arbeitslosigkeit nicht gleichmäßig über das gesamte Staatsgebiet. Aus vielfältigen Gründen sind bestimmte Regionen von Wirtschafts- und Beschäftigungskrisen stärker getroffen als andere, so wie sich im übrigen auch wirtschaftliches Wachstum geographisch nicht gleichmäßig verteilt, was meist weniger aufmerksam zur Kenntnis genommen wird als der Flickenteppich der Krisenregionen.

Nimmt man die "Krisenkarte" Frankreichs für das Jahr 1989[21], so springen vier Gebiete ins Auge, deren durchschnittliche jährliche Arbeitslosenrate mit 12 vH und mehr deutlich über dem nationalen Mittel dieses Jahres von 9,5 vH liegen. Allen vier Gebieten ist gemeinsam, daß sie an den Rändern des französischen "Hexagon" liegen. Es handelt sich um die beiden Regionen[22] "Nord-Pas de Calais" ganz im Norden des Landes mit einer durchschnittli-

---

[19] Siehe die Grafik 4 bei Olivier Marchand, L'évolution de l'emploi dans les pays industrialisés. Des modèles contrastés de fonctionnement du marché du travail, futuribles, septembre 1990, S. 15 ff.

[20] Eurostat, Beschäftigung und Arbeitslosigkeit 1988 und 1989, Serie 3 C.

[21] Siehe die Grafik 2 "Taux de chômage départmental en 1989" aus INSEE Résultats. Statistiques et indicateurs des régions françaises (SIRF). Annexe au projet de loi de finances pour 1991. Économie Générale, N°s 29-30-31, novembre 1990, II 11, S. 143.

[22] Das metropolitane Frankreich besteht aus 22 Regionen und 96 départments.

chen Arbeitslosenquote von 13 vH und, auf der entgegengesetzten Seite im Süden und Südosten Frankreichs, um "Languedoc-Roussillon" mit 13,5 vH einschließlich der Departemente "Bouches-du-Rhône" und "Var". Hinzukommen die beiden Departemente "Seine-Maritime", wiederum im Norden, unterhalb der Region "Nord-Pas de Calais" gelegen (12,4 vH), sowie das Departement "Charente-Maritime" im Westen Frankreichs, nördlich des Mündungstrichters der Garonne (12,7 vH).

Vor dem Hintergrund der in Frankreich geführten Diskussion um das "Zerbröckeln der Arbeit" - "L'Emploi en miettes"[23] - kann man feststellen, daß die französische Arbeitsgesellschaft nicht nur im Hinblick auf ihre ökonomische und rechtliche Kohärenz bröckelt, sondern auch an ihren geographischen Rändern. Drei von vieren dieser Krisenregionen liegen bezeichnenderweise an den Küsten des Landes. Die regionale Verteilung der Arbeitslosigkeit in Frankreich soll indes von der interessanten Erkenntnis nicht ablenken, daß die regionalen Disparitäten in diesem Land deutlich geringer sind als in anderen westeuropäischen Ländern. Der Vergleich des mittleren Abstandes der regionalen Arbeitslosigkeit von der nationalen Quote (Tabelle 1) plaziert Frankreich für das Jahr 1987 mit lediglich 1,7 an das untere Ende, die Bundesrepublik Deutschland (2,1) und das Vereinigte Königreich (2,6) in die Mitte, Spanien (4,95) und vor allem Italien (5,3) hingegen an das obere Ende der Skala.

Tabelle 1

Streuung der regionalen Arbeitslosenquoten 1987

	Durchschnitt (1)	mittlerer Abstand (2)	Variabilität (3)=(2)/(1)	Anzahl der Regionen
Frankreich	10,5	1,7	0,16	11
BR Deutschland	6,2	2,1	0,33	11
Vereinigtes Königreich	10,2	2,6	0,25	11
Italien	11,2	5,3	0,47	12
Spanien	20,1	4,95	0,24	11

Quelle: Pierre-Alain Muet, Croissance, emploi et chômage dans les anées quatre-vingt. Observations et diagnostics économiques N° 35, Janvier 1991, S. 21 ff. (25), basierend auf OECD-Daten aus 1989.

---

23 So der Titel des 1988 erschienen Buches von Alain Lebaube.

Ein Grund für die relative geographische Homogenität der Arbeitslosigkeit in Frankreich könnte darin liegen, daß die politisch straff koordinierte Beschäftigungspolitik zwar ein insgesamt hohes Niveau von Arbeitslosigkeit nicht verhindern konnte, aber immerhin trotz ihres zentralistischen Charakters durch vielfältige kompensatorische Ansätze eine räumlich ausgleichende Verteilung erreichen kann.

Die zweite Besonderheit, die zum besseren Verständnis des folgenden notiert werden soll, ist die hohe Jugendarbeitslosigkeit in Frankreich seit Beginn der 80er Jahre. Trotz eines insgesamt "nördlichen" Profils schert Frankreich in bezug auf die Arbeitslosenquote der 16-25jährigen aus der Reihe der nördlichen und mittleren EG-Mitgliedstaaten aus und nimmt mit jährlichen Quoten oberhalb von 10 vH ab 1977 und oberhalb von 20 vH ab 1983 gewissermaßen italienische und spanische Züge an.

Als Erklärung für diese spezifische Schwäche des Übertritts in das Berufsleben wird - häufig mit Bezug auf das in dieser Hinsicht als effizienter gelobte bundesdeutsche System der dualen Berufsausbildung[24] - die quantitativ und qualitativ ungenügende Verklammerung der schulischen Bildung mit der beruflichen Bildung und der beiden wiederum mit dem Arbeitsmarkt angeführt. Während in der Bundesrepublik Deutschland die Lehre für die nicht (weiter-) studierende Jugend das vorherrschende Muster der Eingliederung in das Berufsleben darstellt (etwa 70 vH der Altersklasse zwischen 15 und 16 Jahren begannen 1987 eine Lehre), spielt die Lehrausbildung in Frankreich, l'apprentissage, von der Zahl der abgeschlossenen Lehrverträge (ca. 110.000 Lehren werden pro Jahr beendet, die Gesamtzahl der Lehrlinge betrug 1987/88 220.000)[25] wie auch von der Bedeutung für die betriebliche Bildungspolitik eine wesentlich geringere Rolle. Der beträchtliche politische, rechtliche und finanzielle Aufwand, der ab 1977 zur Bekämpfung der steigenden Jugendarbeitslosigkeit in Frankreich entfaltet wurde, ist nur vor dem Hintergrund der realen Bedeutung dieses Problems zu verstehen. Der Druck des Problems samt aller aus ihm folgenden Risiken für den sozialen Frieden der französischen Gesellschaft führte zur politischen und programmatischen Bündelung von Maßnahmen. Dazu gehören die "Beschäftigungspakte" (Pactes nationaux pour l'emploi I-III) der Jahre 1977/78 bis 1979/81[26] sowie der "Plan Jugendbeschäftigung" und das komplexe "dispositif jeunes" im Ge-

---

24 Vgl. Jacques Freyssinet, Les modes d'insertion professionelle des jeunes: Trajectoires nationales face à la crise, La Revue de l'IRES, n° 4, Automne 1990, S. 49 ff.; Magali Demotes-Mainard, L'économie de la RFA, Éditions 'la Découverte', Paris 1989, S. 93 ff.

25 CEREQ Bref, N° 64, Avril 1991.

26 Vgl. Olivier Villey, Les politiques publiques en faveur de l'insertion professionnelle des jeunes, in: France-Allemagne: Débats sur l'emploi. Textes réunis et présentés par Margaret Maruani et Emmanuèle Reynaud, 'Syros' 1987, S. 184 ff. (190); Joachim Volz, Berufsbildung und Arbeitsbeschaffungsprogramme in Frankreich, CEDEFOP, Berlin 1983, S. 19 ff.

folge des von Bertrand Schwartz 1981 im Auftrag des Premierministers erstellten Berichtes über die berufliche und soziale Eingliederung Jugendlicher,[27] der sowohl in der Politik als auch im wissenschaftlichen "Eingliederungs-Diskurs" einen außergewöhnlich starken Nachhall gefunden hat.[28]

Das Problem einer vergleichsweise hohen Jugendarbeitslosigkeit ist Frankreich bis in die Gegenwart hinein erhalten geblieben, trotz der Entfaltung eines breiten Spektrums von Beschäftigungsmaßnahmen. Die Beschäftigungsstatistik des nationalen Statistikinstituts INSEE[29] weist für März 1989 für die Altersklasse von 15 bis einschließlich 24 Jahren eine Arbeitslosenquote von insgesamt 20,5 vH aus, die sich auf junge Männer mit 16,9 vH und auf junge Frauen mit 24,2 vH verteilt.[30] Der internationale Vergleich setzt Frankreich im Hinblick auf die Arbeitslosenquote dieses Altersbereichs auf den 2. Platz hinter Italien (32,1 vH), aber weit vor die USA (10,5 vH), das Vereinigte Königreich (9,9 vH), die Bundesrepublik Deutschland (5,1 vH) und Japan (4,5 vH).[31]

Als drittes Merkmal des gegenwärtigen Beschäftigungszustandes in Frankreich verdient die in den letzten Jahren gewachsene Langzeitarbeitslosigkeit ein besonderes Augenmerk, weil sie ebenfalls erhebliche beschäftigungspolitische Implikationen erzeugt hat. Im Unterschied zur Jugendarbeitslosigkeit, bei der sich Frankreich gemeinsam mit südeuropäischen Ländern wie Italien und Spanien nach oben hin vom EG-Durchschnitt abgekoppelt hat, bleibt es hinsichtlich der Langzeitarbeitslosigkeit - definiert als 12 und mehr Monate Arbeitslosigkeit - im Rahmen europäischer Arbeitsmarktentwicklung. Der Vergleich der EG-Mitgliedstaaten[32] offenbart durchweg einen drastischen Anstieg des Anteiles der Langzeitarbeitslosen an allen Arbeitslosen zwischen Ende der 70er und Mitte bis Ende der 80er Jahre. Mitte der 80er Jahre erreichte dieser Anteil in den meisten EG-Staaten Werte zwischen 40 vH und 50 vH, in Belgien sogar rund drei Viertel und in Italien mehr als zwei Drittel. Der trotz intensiver beschäftigungspolitischer Bearbeitung gleichbleibend hohe oder nur sehr zögerlich zurückgehende Anteil der Lang-

---

[27] Bertrand Schwartz, L'Insertion professionelle et sociale des jeunes, Rapport au Premier Ministre, 'la Documentation Française', Paris 1981.

[28] Zu Geschichte und Wandlungen des "Eingliederungs-Diskurses" siehe Vincent Peyre und Joseph Pineau, Insertion: Construction et Usages, "Annales de Vaucresson" 1991, S. 12. An Durkheim anknüpfende Anomie- und integrationstheoretische Überlegungen zur "l'insertion" finden sich bei Francis Bailleau, Les mutations désordonnées de la société française, La Recherche N° 232, Mai 1991, S. 682 ff.

[29] Institut national de la statistique et des études économiques.

[30] INSEE, Enquête sur l'emploi de 1989. Résultats détaillés, Tableau DEM 01, S. 72.

[31] Olivier Marchand, L'évolution de l'emploi dans les pays industrialisés. Des modèles contrastés de fonctionnement du marché du travail, futuribles, septembre 1990, S. 15 ff., Tableau 8 (S. 31).

[32] Pierre-Alain Muet, Croissance, emploi et chômage dans les années quatre-vingt. Observations et diagnostics économiques N° 35, Janvier 1991, S. 21 ff. (25).

zeitarbeitslosigkeit bei im allgemeinen deutlich gebesserter Konjunkturlage deutet eine strukturelle Entwicklung der europäischen Arbeitsmärkte an. Diese erweisen sich selbst bei konjunkturell begünstigtem Beschäftigungswachstum als nicht oder ungenügend aufnahmefähig für eine wachsende Menge von Arbeitsuchenden, die mit den qualifikatorischen, sozialen und altersmäßigen Anforderungen an "Vermittlungsfähigkeit" nicht Schritt halten können.

In Frankreich lag der Anteil der seit 12 Monaten oder länger arbeitslos gemeldeten Personen an allen Arbeitslosen im Jahr 1988 mit 44,6 vH in der entsprechenden Größenordnung der Bundesrepublik Deutschland (45,6 vH) und des Vereinigten Königreichs (42,2 vH).[33]

Eine genauere Analyse der Langzeitarbeitslosigkeit durch INSEE im Zeitverlauf zwischen November 1986 und Mai 1988 bei einer repräsentativen Stichprobe von insgesamt 6037 Arbeitsuchenden im Rahmen der Untersuchung "Suivi des Chômeurs"[34] hebt zwei (teilweise identische) Gruppen von Arbeitsuchenden heraus, die unter den Langzeitarbeitslosen besonders stark vertreten sind: Frauen (Anteil 1989: knapp 60 vH) und ältere Arbeitnehmer. Zwei weitere Beobachtungen aus der Studie verdienen Erwähnung. Der Anteil derjenigen Arbeitsuchenden, die bereits mehr als drei Jahre arbeitslos waren, lag 1989 bei mehr als einem Drittel (34,8 vH) aller Langzeitarbeitslosen. Während der gesamten Verlaufsuntersuchung von 18 Monaten blieben 37 vH der untersuchten Personen fortwährend arbeitslos (demandeurs permanents), 34 vH der Arbeitslosen hatten nach anderthalb Jahren eine Arbeit oder zumindest ein bezahltes Praktikum (stage) gefunden. Nach anderthalb Jahren, am Ende der Verlaufsuntersuchung, war der Anteil der Arbeitslosen auf 54 vH gesunken, 34 vH hatten eine Arbeit oder zumindest ein bezahltes Praktikum (stage) gefunden der Rest von 12 vH verteilt sich auf "entmutigte Arbeitsuchende" (demandeurs découragés, 8 vH), die die Suche nach Arbeit aufgegeben haben, sowie in den Ruhestand gewechselte ältere Arbeitslose (4 vH).

---

[33] Eurostat, Labour Force Survey, Results 1988, Table 84, S. 248f. Zum Vergleich: In Italien betrug der entsprechende Wert 1988 67,5 vH, in Spanien 57,4 vH. Der Gesamtdurchschnitt für die zwölf EG-Staaten wird für dieses Jahr mit 52,1 vH angegeben.

[34] Siehe Dominique Rouault, Les Chômeurs de longue durée, INSEE PREMIERE N° 118, Janvier 1991.

B. Entwicklungslinien der Erwerbsarbeit und ihrer rechtlichen Regulierung in Frankreich in den 80er Jahren

Die eher photographische Betrachtung eines Arbeitsmarktes zu einem gegebenen Zeitpunkt enthüllt noch nichts über Entwicklungstendenzen der Erwerbsarbeit. Um zu ihnen zu gelangen, müssen größere Zeiträume in den Blick genommen und möglichst vergleichend untersucht werden. Unter einem solchen Blickwinkel faßt Olivier Marchand die hauptsächlichen Entwicklungen der Erwerbsarbeit in Frankreich wie in den meisten anderen Industriestaaten unter drei Wachstumsbegriffen zusammen: wachsende Bedeutung des Dienstleistungssektors ("Tertiarisation"), wachsende Bedeutung der Frauenerwerbstätigkeit ("Féminisation"), und wachsende Bedeutung prekärer Arbeitsformen ("Précarisation").[1] Wir übernehmen dieses Schema für eine knappe Skizze des Entwicklungsverlaufs der Erwerbsarbeit in Frankreich über die hierfür besonders prägenden 80er Jahre hinweg, fügen allerdings zwei spezifisch rechtssoziologische Entwicklungskategorien an: die Deregulierung und die dezentrale Selbstregulierung im Hinblick auf arbeitsrechtliche Normsetzung. Als Struktur muß im übrigen stets mitgelesen werden die persistent hohe Arbeitslosigkeit (oben A.II.), die sich, vor allem in der zweiten Hälfte der 80er Jahre, weniger als Entwicklung, denn als Bedingung und Folge von Entwicklungen im Bereich der Erwerbsarbeit verstehen läßt.

I. Wachsende Bedeutung des Dienstleistungssektor ("Tertiarisation")

Wie von Arbeitsmarkttheoretikern und Industriesoziologen bereits in den 40er Jahren erwartet,[2] haben sich in allen westlichen Industriegesellschaften die Anteile des Dienstleistungssektors an nationaler Wertschöpfung und Beschäftigung ständig, wenn auch mit charakteristischen Unterschieden von Land zu Land, erhöht. Die säkulare Entwicklung der "Tertiarisation" bestimmt auch in Frankreich das Verhältnis der Wirtschaftszweige und die Be-

---

1 Olivier Marchand, futuribles, septembre 1990, S. 15 ff.; derselbe, Le marché de l'emploi dans les pays développés, INSEE, Données Sociales 1990, S. 54 ff.

2 Zur berühmten Dreisektorentheorie und ihren Vorläufern siehe Jean Fourastie, Die große Hoffnung des zwanzigsten Jahrhunderts, Zweite Auflage, Köln 1969, sowie derselbe, Warum wir arbeiten, in: Gesetze der Wirtschaft von morgen, Düsseldorf/Wien 1967, S. 31 f.

schäftigungssituation. Besonderer Seherkräfte bedurfte es im übrigen Ende der 40er Jahren nicht mehr, um die wachsende Bedeutung des tertiären Sektors zu erkennen. Sie zeichnete sich schon lange vor dem Zweiten Weltkrieg ab, in Frankreich wie in anderen europäischen Industriestaaten und in den USA jedenfalls seit dem Ende der 20er Jahre.[3]

Auf dem heutigen Stand (1989) hat der Beschäftigungsanteil des Dienstleistungssektors in Frankreich an der Gesamtheit der zivilen Erwerbstätigen knapp 64 vH erreicht.[4] Im europäischen Vergleich nimmt Frankreich damit einen der vorderen Plätze ein und liegt jedenfalls vor der Bundesrepublik Deutschland (56,9 vH), Italien (58,6 vH), Spanien (54,8 vH) und Portugal (47,3 vH), aber hinter Großbritannien (69,1 vH). In absoluten Zahlen ausgedrückt waren im privatwirtschaftlichen Dienstleistungssektor in Frankreich Ende September 1990 8,43 Millionen Personen beschäftigt, 1986 hatte die Zahl noch bei knapp über 7,4 Millionen gelegen.[5]

Die wachsende Bedeutung des Dienstleistungssektors ist keineswegs nur ein volkswirtschaftliches Datum. Sie hat erhebliche Auswirkungen auf Quantität und Qualität der Erwerbsarbeit und sie ist für eine Untersuchung neuer Formen und Bedingungen der Erwerbsarbeit von zentraler Bedeutung. Im Hinblick auf die Menge der angebotenen Arbeit war und ist es auch in Frankreich vor allem die verzweigte Branche der Dienstleistungen, die ab Mitte der 80er Jahre neue Arbeitsplätze geschaffen hat. Allein auf die privatwirtschaftlichen Dienstleistungen entfielen im Jahr 1989 acht von zehn neu geschaffenen Arbeitsplätze, mit einer besonders kräftigen Wachstumsrate bei den unternehmensbezogenen Dienstleistungen.[6]

Unter qualitativen Gesichtspunkten sind für arbeitsrechtssoziologische Fragestellungen vier Aspekte von Bedeutung. Zum ersten ist der Dienstleistungssektor das Feld, in dem sich in erheblichem Umfang die Restrukturierung der 'post-tayloristischen' Unternehmen umsetzt. Unter Bezugnahme auf das berühmte Buch von Georges Friedmann, "Le Travail en miettes", das bereits vor dem Zweiten Weltkrieg verfaßt wurde, wird die Entwicklung als eine des "Zerbröckelns" auch der Institution 'Unternehmen' beschrieben.[7] Sie führt zur

---

3 Yves Sabolo en collaboration avec J. Gaude / R. Wéry, Les tertiaires. Analyse comparative de la croissance de l'emploi dans les activités tertiaires, Bureau International du Travail, Genève 1974, Tableau 2, S. 6 ff.; Fourastié, Die große Hoffnung des zwanzigsten Jahrhunderts, S. 110.

4 OECD, Quarterly Labour Force Statistics, No 1/1991, S. 32.

5 Statistiques du travail, bulletin mensuel, mars 1991, S. 6.

6 Simone Bangoura / Yves Besançon / Philippe Choffel / Martine Deprez / Alain Le Pluart / Pierre Marioni / Liliane Salzberg, 1989: Création d'emplois stables et poursuite de la baisse du chômage, Dossiers Statistiques du Travail et de l'Emploi, N° 63-64, Octobre 1990, S. 5 ff. (6).

7 Vgl. Alain Lebaube, L'entreprise éclatée - les dirigeants jouent la division, "Le Monde", 24. April 1991, Beilage "Initiatives, Emploi", S. III. Für die Bundesrepublik Deutschland vgl. Horst Kern / Charles F. Sabel, Gewerkschaften in offenen Arbeitsmärkten. Überlegungen zur Rolle der Gewerkschaften in der industriellen Reorganisation, Soziale Welt 2/90, S. 144 ff.

Bildung spezialisierter Filialen, zur Auftragsvergabe in ein Netz von Unter-Auftragnehmern (sous-traitants), aber auch zu einer wachsenden Zahl von Dienstleistungen, die aus den Unternehmen ausgelagert oder in diese jedenfalls nicht eingefügt werden. Das wachstumsstarke Feld der unternehmensbezogenen Dienstleistungen setzt sich zu einem erheblichen Teil aus spezialisierten Aufgaben zusammen, die an sich Bestandteil des funktionalen Unternehmensgefüges sind (Beratung, Buchhaltung, Programmierung, Marketing, Werbung, Bewachung, Kantine, etc.), dort aber institutionell nicht mehr untergebracht, sondern in eine kollektiv genutzte Dienstleistungsstruktur eingefügt werden. Vieles, was aus der Perspektive der Dienstleistungen als "neu" erscheint, ist unternehmensgeschichtlich "alt", aber aus seinem ursprünglichen Funktions- und Beschäftigungszusammenhang ausgeschieden. Hier ist neben wirtschaftlich und rechtlich soliden Arbeitsverhältnissen eine Vielzahl von arbeitsrechtlich unklaren und beschäftigungspolitisch fragwürdigen Tätigkeitsformen entstanden, wie beispielsweise das auch in den französischen "Hypermarchés" vordringende "merchandising".[8]

Der zweite thematisch interessante Gesichtspunkt ist das "weibliche" Beschäftigungsprofil der Dienstleistungen. 52,3 vH aller in Frankreich 1990 im Dienstleistungsbereich beschäftigten Arbeitnehmer waren Frauen, gegenüber 25 vH in der Industrie.[9] Dieser Durchschnittsanteil geht in bestimmten Dienstleistungszweigen und für bestimmte sozioprofessionelle Kategorien, etwa Lehrkräfte, "intermediäre Berufe" in den Bereichen Soziales und Gesundheit, Verwaltungsangestellte, und Handelsangestellte, erheblich über die Schwelle von drei Vierteln hinaus.[10]

Mit dem vergleichsweise starken Frauenanteil im tertiären Sektor hängt das dritte arbeitsrechtlich bedeutsame Merkmal zusammen, die Verbreitung der Teilzeitarbeit. Sie dringt auch in Frankreich weiter vor, begünstigt - hier wie anderswo - durch die Schaffung von Arbeitsplätzen im Dienstleistungsbereich. 1987 erreichte sie einen statistisch erfaßten Anteil von 11,8 vH an der gesamten Beschäftigung, der, ähnlich wie der bundesdeutsche Anteil aus demselben Jahr (12,7 vH), um rund das Doppelte über dem entsprechenden Anteil in Italien (5,6 vH), aber um mehr als zehn Prozentpunkte unter dem des Vereinigten Königreichs (22,0 vH) liegt.[11]

Ein mit der Teilzeitarbeit, dem hohen Frauenanteil, aber auch den besonderen Organisations- und Anforderungsstrukturen der Dienstleistungen zusam-

---

8 Vgl. Jean-Michel Normand, Les mauvaises pratiques de la soustraitance, "Le Monde", 24. April 1991, Beilage "Initiatives, Emploi", S. III.

9 OECD, Quarterly Labour Force Statistics, N° 1/1991, p. 32.

10 Zu Einzelheiten siehe Dossiers Statistiques du Travail et de l'Emploi N° 66-67, Décembre 1990, "Principaux résultats au 31 décembre 1988", S. 104 f.

11 Siehe Olivier Marchand, futuribles 1990, Tableau 4, S. 22.

menhängender vierter Aspekt ist die stärker ausgeprägte Prekarität der Arbeitsbedingungen. Vieles, was aus der Sicht des konventionellen Arbeitsverhältnisses als degeneriert erscheint, findet sich zu erhöhten Anteilen im tertiären Sektor: Teilzeitarbeit mit geringem und/oder ungleichmäßig verteiltem Zeitvolumen,[12] befristete Arbeitsverhältnisse,[13] Aushilfsarbeit, u.ä.

II. Die "Feminisierung" der Erwerbsarbeit

Der Entwicklungsbegriff der "féminisation" der Erwerbsarbeit bedarf als solcher keiner großen Erläuterungen. Der EG-europäische (und im übrigen OECD-weite) Trend zur ständig zunehmenden Erwerbsbeteiligung von Frauen läßt auch Frankreich nicht aus. Zur Kennzeichnung der vielfach beschriebenen Entwicklung genügt ein Blick auf die Datenlage im Abstand von 20 Jahren. Von 1962 bis 1982 ist die weibliche Erwerbsbevölkerung Frankreichs von 6,7 Millionen auf 9,6 Millionen angewachsen. Der Anteil der Frauen an der Erwerbsbevölkerung ist in diesem Zeitraum von 34,6 vH auf 40,7 vH gestiegen.[14] Die Entwicklung blieb bis Ende der 60er Jahre zurückhaltend und beschleunigte sich erst danach, erstaunlicherweise unangefochten vom Beginn der Beschäftigungskrise 1975. Eine genauere Betrachtung zeigt, daß die Zunahme der weiblichen Erwerbstätigkeit in erster Linie auf die starke Zunahme von Arbeitnehmerinnen ("salarisation") zurückzuführen ist. Bezieht man die arbeitslosen Frauen mit ein, so hat sich die Zahl der Arbeitnehmerinnen in Frankreich innerhalb von nur 20 Jahren von 4,6 Millionen auf 8,3 Millionen fast verdoppelt (siehe Tabelle 2).[15]

---

[12] Vgl. Gilles Belier, Le contrat de travail à durée indéterminée intermittent, Droit Social 1987, S. 696 ff. Immerhin hat diese an die deutsche "KAPOVAZ" erinnernde Arbeitszeitform in den Artt. L. 212-4-8 CdT eine originelle gesetzesrechtliche Regelung gefunden, die - typischer französischer Regulierungsansatz im Arbeitsrecht - mit dem Vorhandensein eines Kollektivvertrages verknüpft ist.

[13] Vgl. Françoise Dussert, Les emplois temporaires en avril 1987, Dossiers Statistiques du Travail et de l'emploi, N° 60, Juin 1990, S. 5 ff. (6).

[14] Guy Desplanques / Isabelle Raton / Suzanne Thave, L'activité féminine. INSEE-Résultats n° 118, janvier 1991, Tabelle 2, S. 31.

[15] Desplanques et al. sprechen deshalb (S. 9) von "une explosion du travail salarié des femmes".

Tabelle 2

Verteilung der berufstätigen Frauen nach beruflichen Kategorien

	1962		1982	
	Bestand	In % der Erwerbs-bevölk.	Bestand	In % der Erwerbs-bevölk.
Ensemble	**6 664 211**	**34,6**	**9 584 720**	**40,7**
1. Agricultures exploitantes	1 192 217	39,2	543 120	37,5
2. Galeriées agricoles	95 212	11,5	48 020	15,8
3. Patrons de l'industrie et du commerce	749 942	36,7	601 160	34,6
4. dont Artisans	102 203	16,0	146 600	15,3
5. Commerçantes	581 540	51,3	435 580	49,6
6. Professions libérales et cadres supérieurs	121 676	15,9	479 720	26,5
7. Cadres moyens	594 043	39,6	1 586 840	48,8
8. dont Institutrices	274 239	65,1	522 920	63,2
9. Employées	1 410 117	58,8	3 063 900	65,5
10. Ouvrières	1 522 606	21,6	1 987 580	24,0
11. dont Ouvrières qualifiées	395 990	17,3	472 000	14,3
12. Ouvrières spécialisées	629 139	26,3	694 960	26,7
13. Manoeuvres	442 196	27,9	779 840	45,9
14. Personnels de service	856 988	80,9	1 210 240	79,8
15. Autres catégories	109 108	23,4	64 140	13,0
16. Non salariées	2 067 046		1 288 540	
17. Salariées	4 510 434		7 171 140	
18. Chômeuses	66 731		1 125 040	

Quelle: Recensements de la population de 1962, exhaustif; de 1982, sondage au 1 /20.
("Figure 2" aus DESPLANQUES et al. S. 31)

Anmerkungen:

Gesamtzahl

1. Selbständige Landwirtinnen
2. Abhängig Beschäftigte in der Landwirtschaft
3. Unternehmerinnen in Industrie und Handel
4. darunter: Handwerkerinnen
5. Händlerinnen
6. Freie Berufe und höhere Angestellte
7. Mittlere Angestellte
8. darunter: Lehrerinnen
9. Angestellte
10. Arbeiterinnen
11. darunter: Qualifizierte Arbeiterinnen
12. Facharbeiterinnen
13. Hilfsarbeiterinnen
14. Bedienungspersonal
15. Andere Kategorien
16. Nicht abhängig Beschäftigte
17. Abhängig Beschäftigte
18. Arbeitslose

Tabelle 2 läßt erkennen, welche starken beruflichen und professionellen Verschiebungen sich hinter der generellen Zunahme weiblicher Erwerbstätigkeit verbergen. Vor allem drei Bewegungen springen ins Auge: Die Zahl der einen Hof bewirtschaftenden Landwirtinnen ist innerhalb von nur 20 Jahren drastisch, nämlich auf weniger als die Hälfte zurückgegangen. Demgegenüber haben zwei Berufskategorien nicht minder starke Zuwächse an weiblicher Erwerbstätigkeit zu verzeichnen. Die Zahl der Frauen in den Freien Berufen und unter den höheren Angestellten (Professions Libérales et cadres supérieurs) hat sich zwischen 1962 und 1982 fast vervierfacht, die Zahl der mittleren Angestellten (Cadres moyens) fast verdreifacht. Die mit Abstand größte Veränderung zeigt allerdings die für Frauen besonders riskante Kehrseite verstärkter Erwerbstätigkeit: Die Zahl der gemeldeten weiblichen Arbeitslosen ist im Zeitraum der 20 Jahre zwischen 1962 und 1982, wie Tabelle 2 in Ziffer 18 zeigt, um das knapp 17fache angestiegen. Die Entwicklung weiblicher Erwerbstätigkeit hat sich bis in die Gegenwart hinein fortgesetzt. 1990 umfaßte die weibliche Erwerbsbevölkerung Frankreichs 10,5 Millionen, ihr Anteil an der Erwerbsbevölkerung war auf 42,8 vH gestiegen.[16]

Soziologische und rechtliche Fragestellungen zu den Konsequenzen verstärkter weiblicher Erwerbstätigkeit setzen jenseits der quantitativen Bestandsaufnahme ein. Sie sind bislang wesentlich weniger klar aufbereitet als die Datenlage. Der Forschungs- und Theoriebedarf in diesem Themenfeld ist immens, jedenfalls erheblich größer als die vorliegenden Angebote des Arbeitsrechts und der arbeitsbezogenen Sozialwissenschaften. Vieles von dem, was gegenwärtig als neue Formen und Bedingungen der Erwerbsarbeit wahrgenommen wird, findet sich, genauer lokalisiert, im Bereich der Frauenerwerbstätigkeit in unterschiedlichen Entwicklungszuständen: experimentiert, praktiziert oder bereits institutionalisiert. Drei grobe Andeutungen sollen rechtlich und soziologisch bedeutsame Entwicklungen innerhalb der "féminisation" der Erwerbsarbeit kennzeichnen.

Die erste macht durch ihren begrifflichen Kontrapunkt auf sich aufmerksam. Als "masculinisation" bezeichnen Paul Bouffartigue und Jean-René Pendaries in einem jüngst erschienenen Vergleich[17] zweier Jahrgangskohorten von Frauen (Geburtsjahrgänge 1947 und 1959) in der südfranzösischen Beschäftigungsregion Cannes, Grasse und Antibes eine interessante Gegenentwicklung innerhalb der Zunahme weiblicher Erwerbstätigkeit. Das Erwerbsverhalten von Frauen nimmt im Hinblick auf die zeitliche Kontinuität zunehmend "männliche" Züge an: Unterbrechungen der Erwerbstätigkeit - charakteristisches Merkmal weiblicher Erwerbsbiographien - sind bei den jüngeren Frauen (Geburtsjahrgang 1959) seltener und eher beruflich (z.B. Ar-

---

[16] OECD, Quarterly Labor Statistics, N° 1/1991, S. 32.

[17] Paul Bouffartigue / Jean-René Pendaries, Activité féminine et précarisation de l'emploi, Travail et Emploi 4/1990, N° 46, S. 30-44.

beitslosigkeit) oder durch berufsbezogene Gründe bedingt (Fort- und Weiterbildung) als familiär begründet.[18] Die gestiegene Kontinuität im Erwerbsverhalten von Frauen hat zwei Dimensionen. Zum ersten besteht sie aus einer Verkürzung der Dauer von Erwerbsunterbrechungen; zum zweiten drückt sie sich aus in der Zunahme des Profils ununterbrochener Erwerbstätigkeit, das von der älteren zur jüngeren Kohorte um zehn Prozentpunkt gewachsen ist und nunmehr für die Mehrheit der Frauen zwischen Schulabschluß und 27. Lebensjahr Geltung beanspruchen kann.[19]

Die zweite wesentliche Entwicklung, die der soeben zitierte Forschungsbericht hervorhebt, ist die Prekarisierung weiblicher Erwerbsarbeit. Zwar kennzeichnet Prekarisierung allgemein die Entwicklung der Erwerbsarbeit auch in Frankreich während der 80er und 90er Jahre und ist aus diesem Grund in das Entwicklungsschema von Olivier Marchand aufgenommen worden. Dennoch verteilt sich Prekarität nicht gleich über die Geschlechter. Sie prägt, wie beispielsweise an den Indikatoren Arbeitslosigkeit, befristete Arbeitsverhältnisse und Teilzeitarbeit erkennbar, weibliche Erwerbstätigkeit deutlich stärker. Die hier vorgestellte Longitudinalstudie aus dem Jahr 1986 zur weiblichen Erwerbstätigkeit liefert für das vieldeutige Phänomen der Prekarität einige anschauliche Empirie. Darüber hinaus bietet sie zumindest eine zeitbezogene Bestimmung des noch wenig gefestigten Begriffs an. Prekarität umfaßt demnach Zeiten von Arbeitslosigkeit und kurzfristigen Tätigkeiten von weniger als sechs Monaten Dauer; als "stabile" Beschäftigungen werden demgegenüber solche von sechs Monaten und mehr angesehen. Nach den Forschungsergebnissen ist gestiegene Prekarität von Frauenererbstätigkeit unter anderem indiziert durch einen starken Anstieg der Arbeitslosigkeit von mehr als sechs Monaten bei jungen Frauen bis zum Alter von 27 Jahren. Während aus der ersten Kohortengeneration (Geburtsjahr 1947) eine von zwanzig Frauen Arbeitslosigkeit von mehr als einem halben Jahr Dauer erlebt hat, machte diese Erfahrung bei der nur 12 Jahre jüngeren Generation (Geburtsjahr 1959) mehr als jede dritte Frau.[20] Jede fünfte Frau aus der ersten Generation hat wenigstens *eine* "instabile" Erwerbsperiode erlebt (Beschäftigungszeiten und Arbeitslosigkeit von weniger als sechs Monaten), bei den jüngeren Frauen machte bereits jede dritte eine solche Erfahrung.[21] Schließlich deutet sich eine Verstärkung der Prekaritätszyklen darin an, daß bei den 1947 geborenen Frauen prekäre Beschäftigungssituationen in weniger als 10 vH in eine andere prekäre Situation mündeten, wohingegen sich dieselbe Abfolge in 25 vH der Fälle bei den 1959 geborenen Frauen findet.[22] Bemerkenswert ist allerdings,

---

[18] S. 32.

[19] S. 39.

[20] S. 35.

[21] S. 35.

[22] S. 36.

daß die Prekarisierung weiblicher Erwerbsarbeit den Ausbau der Erwerbspositionen von Frauen in keiner Weise hemmt. Allerdings weist sie der zunehmend kontinuierlichen Anwesenheit auf dem Arbeitsmarkt eine strategische Bedeutung zu.[23]

Der dritte mit der "Verweiblichung" der Erwerbsarbeit eng verknüpfte Gesichtspunkt, teilweise enthalten in dem soeben abgehandelten der Prekarität ist die Bedeutung der Teilzeitarbeit. Abhängige Teilzeitarbeit ist mit einem Frauenanteil von 83 vH auch in Frankreich, wenngleich in geringerem Ausmaß als in der Bundesrepublik Deutschland (93 vH) und im Vereinigten Königreich (88,2 vH), eine fast ausschließlich von Frauen ausgeübte Arbeitsform. Der Anteil der Teilzeitarbeitsplätze an allen Arbeitsplätzen ist in den meisten großen Industriestaaten in den letzten Jahren gestiegen, hauptsächlich im Zusammenhang mit der Beschäftigungsdynamik im Dienstleistungsbereich. Übermäßig gestiegen ist die Teilzeitquote der Frauen.[24] In Frankreich war 1989 jede 5. abhängig beschäftigte Frau in Teilzeitarbeit tätig,[25] in der Bundesrepublik nähert sich der Anteil einem Drittel, im Vereinigten Königreich ist 1990 fast jede zweite Arbeitnehmerin (43,3 vH) teilzeitbeschäftigt.[26]

Für eine vergleichende arbeitsrechtssoziologische Betrachtung ist Teilzeitarbeit in mehrfacher Hinsicht von Interesse. Sie liefert als vergleichsfähiger Indikator Hinweise auf unterschiedliche Stärken und Qualitäten der Beschäftigungsentwicklung in den einbezogenen Ländern und sie führt zur genaueren Betrachtung der jeweiligen Beschäftigungspolitik und ihres normativen Rahmens. Im Hinblick auf das Arbeitsrecht hat Teilzeitarbeit darüber hinaus als relativ junger Vertragstyp einen erheblichen und für die Kohärenz des Rechts aufschlußreichen wissenschaftlichen, gesetzgeberischen und arbeitsgerichtlichen Reflexionsaufwand ausgelöst. Zusammen mit der vom Europäischen Gerichtshof genutzten Chance, über die starke Frauenmehrheit in dieser Beschäftigungsform die Rechtsprechung zu gleichen Arbeitsbedingungen weiterzuentwickeln und die Kategorie der "mittelbaren Diskriminierung" als europaweit geltendes Interpretationsmaß einzuführen, läßt sich die Teilzeitarbeit als eines der arbeitsrechtlichen Felder bestimmen, in denen die Doktrin des Arbeitsvertrages in den letzten Jahren am kräftigsten entwickelt worden ist.[27] Der hauptsächliche Entwicklungsschub kam und kommt dabei allerdings aus der (unterschiedlich motivierten) Einsicht in die Notwendigkeit, Ungleich-

---

23 S. 32, 40, 43.

24 Siehe die Übersicht bei Marchand, futuribles, Septembre 1990, Tableau 4, S. 22.

25 INSEE, Enquête sur l'emploi de 1989. Résultats détaillés, Tableau PA 13, S. 60.

26 1990 Labour Force Survey preliminary results, Employment Gazette, April 1991, S. 175 ff., Table 4, S. 179.

27 Vgl. Heike Dieball, Gleichbehandlung von Frau und Mann im Recht der EG, Arbeit und Recht 6/1991, S. 166 ff.

heiten und Verzerrungen gegenüber dem Vollzeit-Arbeitsverhältnis abzubauen.

III. Die "Prekarisierung" der Erwerbsarbeit

Der Begriff der Prekarität von Erwerbsformen erfreut sich bisher auch in Frankreich, ungeachtet seines hohen politischen und wissenschaftlichen Aufmerksamkeitswertes, großer individueller Verfügbarkeit. Zum Teil wird er gebraucht, um die Gesamtheit der vom "typischen" Arbeitsverhältnis abweichenden Beschäftigungsformen zu kennzeichnen, und ist somit synonym mit "atypischen Arbeitsformen" (l'emploi atypique). Teilweise soll er nur bestimmte Unterformen atypischer Arbeit bezeichnen, die sich durch hohe zeitliche Instabilität und/oder geringe Einkommen und/oder schwache Statusformen (z.B. die der stagiaires) auszeichnen. Teilweise wird er - wie in der oben zitierten Forschung zur Frauenerwerbstätigkeit - eingesetzt, um die Abfolge kurzer Beschäftigungszeiten und Zeiten der Arbeitslosigkeit zu beschreiben. Von der individuellen Verwendung in der Diskussion abgesehen, hat die Qualifizierung bestimmter Beschäftigungsformen als prekär in Frankreich seit 1982 einen rechtsdogmatischen Hintergrund. Im Unterschied etwa zum deutschen Arbeitsrecht, bei dem die beiden Vertragsformen des befristeten und des unbefristeten Arbeitsvertrages in einer knappen Gesetzesvorschrift nebeneinanderstehen und die - historisch wesentlich ältere - Fassung des § 620 BGB, der Wirklichkeit des 19. Jahrhunderts entsprechend, von der Normalität des befristeten Arbeitsverhältnisses ausgeht,[28] hat sich der französischen Gesetzgeber im Jahre 1982 entschlossen, die Normalität des unbefristeten Arbeitsvertrages hervorzuheben. Der neugeschaffene Art. L. 121-5 Code du Travail (CdT) sieht als Regelfall vor, daß der Arbeitsvertrag ohne Fristbestimmung geschlossen wird.[29] Wird ein Arbeitsvertrag dennoch befristet, dann muß er nach Satz 2 dieser Regel den vergleichsweise ausdifferenzierten Bestimmungen des im Gesetzestext folgenden Kapitels II, erster Abschnitt (Artt. L. 122-1 CdT) genügen.[30] Darüber hinaus sieht das französische Recht für zwei als prekär definierte Vertragssituationen, den befristeten Arbeitsvertrag und die Leiharbeit, Prekaritäts-Entschädigungen am Ende der jeweiligen Vertragsbeziehung vor. Darin liegt ein interessanter und - im Vergleich zum

---

28 § 620 Abs. 1 BGB: "Das Dienstverhältnis endigt mit dem Ablaufe der Zeit, für die es eingegangen ist." Abs. 2: "Ist die Dauer des Dienstverhältnisses weder bestimmt noch aus der Beschaffenheit oder dem Zwecke der Dienste zu entnehmen, so kann jeder Teil das Dienstverhältnis nach Maßgabe der §§ 621, 622 kündigen." Zum langsamen Vordringen des unbefristeten Arbeitsvertrages in Frankreich ab den 30er Jahren und vor allem nach dem 2. Weltkrieg siehe François Gaudu, La notion juridique d'emploi en droit privé, Droit Social 1987, S. 414 ff. (416 f.).

29 "Le contrat de travail est conclu sans détermination de durée".

30 Siehe hierzu Gérard Lyon-Caen / Jean Pelissier, droit du travail, 14ème édition, 1988, Rz. 202.

deutschen und auch EG-europäischen Rechtszustand - moderner Regulierungsansatz, der sowohl den Rückgriff auf diese Vertragsformen dämpfen soll als auch eine, gewiß schüchterne, Korrektur des Problems wachsender Risikoexternalisierung von Unternehmen[31] versuchen will.

Der Begriff der Prekarisierung versucht eine reale Entwicklung zu erfassen. Sein Wirklichkeitsgehalt erschließt sich erst über eine zeitbezogene Betrachtung. Wie Tabelle 3 zeigt, genügt bereits der relativ kleine Zeitabstand von sechs Jahren, zwischen Frühjahr 1982 und Frühjahr 1988, um beachtliche Verschiebungen im Verhältnis von normalen zu nicht normalen, von typischen zu untypischen Arbeitsformen feststellen zu können. In dieser Zeitspanne ist die Gesamtzahl der Vollzeitbeschäftigten im privatwirtschaftlichen Bereich mit unbefristeten Arbeitsverträgen, die von der modernen Industriewirklichkeit wie vom Recht als "normale" Arbeitnehmer angesehen und postuliert werden,[32] um 1 Million bzw. fast 10 vH zurückgegangen. In derselben Zeit ist die Gesamtzahl der abweichenden Beschäftigungsformen um fast die Hälfte, von 2 Millionen auf knapp 3 Millionen, angewachsen. Rein rechnerisch beträgt das Verschiebungsvolumen zwischen den traditionellen und den nicht traditionellen Arbeitsformen innerhalb des betrachteten Zeitraumes von sechs Jahren rund 1 Million. Soziologisch und rechtlich gesehen sind weniger die *Personen* als vielmehr die *rechtlichen Formen* der Arbeit ausgetauscht worden. Vor allem die (gering qualifizierten) Neuankömmlinge auf dem Arbeitsmarkt und die an Wiedereingliederung interessierten Personen werden verstärkt in nicht traditionelle Arbeits- und Warteräume eingewiesen.

Tabelle 3

Rückgang traditioneller Arbeitsformen zwischen März 1984 und März 1988 (in Tausend)

	März 1984	März 1985	März 1986	März 1987	März 1988
Gesamtzahl der Vollzeitbeschäftigten mit unbefristeten Arbeitsverträgen*	11 289	11 071	10 861	10 765	10 685

31 Ulrich Mückenberger, Neue Beschäftigungsformen, EG-Charta der Arbeitnehmerrechte und Ansätze europäischer Normsetzung, Kritische Justiz 1/1991, S. 1 ff.

32 Mückenberger, S. 2, spricht von der "Denkfigur des Normalarbeitsverhältnisses".

Tabelle 3 (Fortsetzung)

	März 1984	März 1985	März 1986	März 1987	März 1988
Gesamtzahl der abweichenden Beschäftigungsformen (Praktika, Teilzeit, Leiharbeit, befristete Arbeitsverträge	2 078	2 333	2 663	2 775	2 971
darunter:					
- Praktikanten in Unternehmen	48	57	103	157	188
- Praktikanten in staatlichen und kommunalen Einrichtungen	20	95	195	187	178
- Leiharbeit	103	113	128	122	164
- Befristete Arbeitsverträge	256	315	389	478	538
Gesamtzahl der Arbeitnehmer					
- Vollzeit	15 937	15 879	15 890	15 840	15 872
- Teilzeit	1 706	1 867	2 075	2 078	2 166

* Außerhalb staatlicher und kommunaler Einrichtungen.

Quelle: Michel Cézard / Jean-Luc Heller, Les formes traditionelles d'emploi salarié déclinent, Economie et Statistique n° 215, novembre 1988, S. 15 ff. (Auszug)

Von den in Tabelle 3 dargestellten nicht traditionellen Arbeitsformen sollen zwei Entwicklungen genauer betrachtet werden, die in Frankreich hauptsächlich unter dem Begriff der "travailleurs précaires" diskutiert und auch statistisch erfaßt werden. Es handelt sich um zwei Formen zeitbezogener Arbeit, die befristeten Arbeitsverträge (contrats à durée déterminée, abgekürzt CDD) und die Arbeitnehmerüberlassung (travail intérim). Beide Arbeitsformen werden, trotz erheblicher Unterschiede, im französischen Arbeitsrecht unter dem Begriff der Zeitarbeit (emplois temporaires) zusammengefaßt.[33] Derselbe Begriffsgebrauch findet sich übrigens in der Rechtssprache der EG, auch in der deutschen Textversion.[34] Das ist, nebenbei bemerkt, ein bemer-kenswertes Beispiel für eine sprachlich induzierte, nämlich den Übersetzungen aus dem Englischen und Französischen folgende Einwirkung auf deutsche Begriffstraditionen des Rechts. Der Hinweis auf die Begriffspraxis in Frankreich - und in der EG - ist wichtig, weil sie sich von der deutschen auf eine leicht zu Miß-

33 Siehe G. Lyon-Caen / Pelissier Rz. 122, S. 127.

34 Siehe beispielsweise die in KOM(90) 228 endg. - SYN 280 und SYN 281 zusammengefaßten drei Richtlinien-Vorschläge über bestimmte Arbeitsverhältnisse hinsichtlicher der Arbeitsbedingungen, im Hinblick auf Wettbewerbsverzerrungen, und zur Ergänzung von Maßnahmen der Sicherheit und des Gesundheitsschutzes von Zeitarbeitnehmern. Alle drei fassen unter Zeitarbeitsverhältnisse befristete Arbeitsverträge und Leiharbeit.

verständnissen führende Weise unterscheidet. Während unter "Zeitarbeit" im Deutschen im allgemeinen nur die entgeltliche Arbeitnehmerüberlassung (durch Zeitarbeits-Unternehmen) verstanden wird, umfaßt der französische Begriff der "emplois temporaires" auch die befristeten Arbeitsverträge.

1. Befristete Arbeitsverträge

Zeitarbeit wird in Frankreich seit 1977 in Industrie- und Handelsbetrieben mit mehr als zehn Beschäftigten regelmäßig untersucht. Die dadurch mögliche Längsschnittanalyse der befristeten Arbeitsverträge zeigt für Frankreich eine kräftige und anhaltende Ausweitung der Praxis befristeter Arbeitsverträge bis Ende der 80er Jahre. So hat sich in dem Zehnjahresabstand 1977 bis 1987 der Anteil der befristet beschäftigten Arbeitnehmer fast verdreifacht. Betrug er 1977 noch 1,4 vH aller abhängig Beschäftigten, so war er bis 1987 auf 3,8 vH angestiegen, wovon allerdings fast ein Drittel junge "stagiaires" in Eingliederungsmaßnahmen waren.[35]

Ende März 1989 wurde die Zahl der in der privaten Wirtschaft außerhalb der Landwirtschaft befristet beschäftigten Personen auf rund 600.000 geschätzt, das entspricht einem Anteil von 4,8 vH.[36]

---

35 Françoise Dussert, Les emplois temporaires en avril 1987, Dossiers Statistiques du Travail et de l'Emploi, N° 60 Juin 1990, S. 5 ff. (6).

36 Alain Charraud / Jean Claude Guerguat, Le développement des emplois temporaires, Travail et Emploi 4/1989, N° 42, S. 89.

Tabelle 4

Beschäftigung mit befristeten Arbeitsverträgen in Frankreich und in der Bundesrepublik Deutschland 1984 — 1988

	Frankreich		Bundesrepublik Deutschland	
	Zahl befristet beschäftigter Arbeitnehmer ("CDD")[1] in 1 000	Anteil an allen abhängig Beschäftigten (Befristungsquote)	Zahl befristet beschäftigter Arbeitnehmer (befristeter Arbeitsvertrag)[1] in 1 000	Anteil an allen abhängig Beschäftigten[2] (Befristungsquote)
1984	256,2	1,8 %	765,8	4,0 %
1985	315,0	2,2 %	1 080,8	5,6 %
1986	389,3	2,8 %	1 230,2	6,3 %
1987	478,0	3,4 %	1 105,0	5,6 %
1988	537,9	3,8 %	1 119,2	5,6 %

1) ohne Beamte auf Zeit/Widerruf, Auszubildende (sowie BRD: ohnne Wehr-/Zivildienstleistende).

2) Basis: Abhängig Beschäftigte ohne Beamte (F: "titulaires"), Auszubildende (F: "apprentis") sowie BRD: ohne Wehr-/Zivildienstleistende.

Aufgrund der Untererfassung "nebenerwerbstätiger" Personen im Mikrozensus weichen die Zahlen von den im Rahmen der Evaluationsstudie für die BRD ermittelten Zahlen (1987/88: 7,9 %) ab.

Quellen: F: INSEE, Enquête sur l'Emploi. lfd. Jg.; Bundesrepublik Deutschland: Statistisches Bundesamt, EG-Stichprobenerhebung über Arbeitskräfte (1984) sowie "Mikrozensus" (1985-1988); eigene Berechnungen.

© Wissenschaftszentrum Berlin für Soziologie / AMB 1989.

aus: Peter Auer / Christoph I. Büchhtemann, Arbeitsrechtliche "De-Regulierung" durch Erleichterung befristeter Arbeitsverträge. Internationale Chronik Nr. 38, Oktober 1989, S. 3 ff.

Während der Anteil befristet Beschäftigter am *Bestand* der in der privaten Wirtschaft außerhalb der Landwirtschaft tätigen Arbeitnehmer auch in Frankreich nicht sonderlich eindrucksvoll ist und, wie Tabelle 4 zeigt, um fast die Hälfte unterhalb der bundesdeutschen Befristungsquote liegt, erschließt sich die Wachstumsdynamik dieser Beschäftigungsform erst bei der vergleichenden Untersuchung der "*flux*", also der jährlichen Zugänge zu dieser Vertragsform. Hier bietet die französischen Wirklichkeit ein deutlich "prekäreres" Bild. Von 3,5 Millionen im Jahre 1988 abgeschlossenen Arbeitsverträgen waren 2,5 Millionen und damit fast drei Viertel (71,4 vH) befristete Arbeitsverträge. Nimmt man die Zahl der 5,5 Millionen im selben Jahr abgeschlossenen Arbeitnehmerüberlassungsverträge (contrats d'intérim) hinzu, die in Frankreich eine erheblich größere Rolle spielen als in der Bundesrepublik und funktionell den Befristungen sehr ähnlich sind, so kommt man für 1988 auf einen Anteil der "Zeit-Arbeitnehmer" an allen Arbeitnehmern von 7 vH und bei den neu abgeschlossenen Verträgen sogar auf einen Anteil von knapp 90 vH.[37]

Für 1989 wurde allerdings auch für Frankreich ein Rückgang der Ausbreitungsgeschwindigkeit von Zeitarbeit zugunsten stabiler Beschäftigung festgestellt. Diese Entwicklung beruht auf verstärkter Einstellung mit unbefristetem Arbeitsvertrag und allem Anschein nach auf häufigerer Fortsetzung befristeter Arbeitsverträge als unbefristete.[38] Die zuletzt genannte Entwicklung drückt sich auch in der Arbeitslosenstatistik aus, nämlich in einem Rückgang der Zahl von Personen, die sich nach dem Auslaufen ihres befristeten Arbeitsvertrages arbeitslos melden.[39]

Der bereits oben (B.III.) angeschnittene Zusammenhang zwischen Geschlecht und vertraglichem Status bestätigt sich für die befristeten Arbeitsverträge. Während der Gesamtanteil der Frauen an allen Arbeitnehmern der privaten Wirtschaft im April 1987 34,7 vH betrug, lag ihr Anteil an den befristet Beschäftigten mit 44,7 vH um exakt 10 Prozentpunkt darüber.[40] Auch in Frankreich dürfte, wie in der Bundesrepublik Deutschland, der Grund hierfür hauptsächlich in den Strukturen weiblicher Erwerbstätigkeit begründet sein. Von Bedeutung ist hier vor allem die höhere zeitliche Instabilität der Erwerbsverläufe von Frauen und damit der häufigere Neubeginn von Arbeitsverhältnissen, sowie die Konzentration von Frauen auf eher befristungsintensive Beschäftigungsbereiche.[41] Allerdings ist der Frauenanteil an den befristeten Arbeitsverträgen seit 1983, wo er knapp die Hälfte (48,9 vH) ausmachte, gesunken. Das könnte mit dem oben erwähnten gewachsenen Bewußtsein bei Frauen hinsichtlich der strategischen Bedeutung von Kontinuität im Erwerbsleben und mit einer daraus folgenden Arbeitspraxis zu tun haben. Im Unterschied zu den befristeten Arbeitsverträgen hat die Arbeitnehmerüberlassung ein "männlicheres" Profil, Frauen sind hier unterdurchschnittlich vertreten.

Auch unter dem Blickwinkel der Altersverteilung bestätigt sich im Grunde für Frankreich der in der Bundesrepublik ermittelte Befund: Befristete Arbeitsverträge "treffen" hauptsächlich jüngere Arbeitnehmer. Der Anteil der unter 25jährigen an allen mit befristetem Arbeitsvertrag Neueingestellten be-

---

[37] Charraud / Guergoat S. 89.

[38] Bangoura et al. S. 7.

[39] Bangoura et al., Tableau 3, S. 9.

[40] Dussert S. 9.

[41] Zu diesem Zusammenhang siehe für die Bundesrepublik Christoph F. Büchtemann / Armin Höland, Befristete Arbeitsverträge nach dem Beschäftigungsförderungsgesetz - BeschFG 1985. Reihe 'Forschungsbericht' des BMA, Bonn/Berlin 1989, S. 84 ff., 115 ff.

trug 1986 62 vH, war damit allerdings ebenfalls im Vergleich zu einem Meßpunkt vier Jahre früher (68 vH) gesunken.[42]

Die zunehmende Bedeutung befristeter Arbeitsverträge in Frankreich ist stärker auf die gestiegene Zahl der Betriebe zurückzuführen, die von Befristungen Gebrauch machen, als auf intensivere Befristungspraxis in den (ohnedies befristenden) Betrieben; sie ist - mit anderen Worten - stärker Folge der Verbreitung als der Verstärkung der Befristungspraxis. Das zeigt der Zeitvergleich der Zahl der Betriebe, die von befristeten Arbeitsverträgen Gebrauch machen. Deren Anteil hat sich in Frankreich innerhalb von nur sieben Jahren, nämlich zwischen April 1980 und April 1987, von 27 vH auf 50,7 vH fast verdoppelt.[43] Die Übersicht über die Betriebe der privaten Wirtschaft in Frankreich läßt darüber hinaus höhere Anteile befristender Betriebe als in der Bundesrepublik erkennen. Während in der Bundesrepublik einer von drei Betrieben (33,6 vH) im Zeitraum Mai 1985 bis April 1987 befristete Neueinstellungen vorgenommen hat,[44] hatte in Frankreich jeder zweite Betrieb (50,7 vH) Mitte April 1987 mindestens *einen* befristet Beschäftigten.[45] Dabei gilt es allerdings einen wichtigen Unterschied in den erfaßten Belegschaftsgrößen zu berücksichtigen. Die erwähnte deutsche Untersuchung erhob ihre Daten bei Betrieben mit 5 und mehr Beschäftigten, die französischen Daten beziehen sich auf Betriebe mit 10 und mehr Beschäftigten. Da Kleinbetriebe seltener befristete Arbeitsverträge abschließen, würde der Anteil der Betriebe mit befristeten Neueinstellungen bei einer Erweiterung der französischen Stichprobe nach unten, zu den Kleinbetrieben hin, voraussichtlich geringer ausfallen und sich dem deutschen Wert annähern, allerdings wohl dennoch um einiges darüber bleiben. Im Grundsatz ebenso wie in der Bundesrepublik nimmt in Frankreich die Anwendung befristeter Arbeitsverträge mit wachsender Betriebsgröße zu und erreicht bei Belegschaftsgrößen von 500 und mehr Beschäftigten 83,3 vH (in der Bundesrepublik 93,8 vH).[46]

Die Verteilung der befristeten Arbeitsverträge nach Wirtschaftszweigen zeigt für Frankreich nach wie vor Schwerpunkte im Handel und im Dienstleistungssektor (vor allem im Einzelhandel und Großhandel von Lebensmitteln, für Hotels, Cafés, Restaurants, personenbezogene Dienstleistungen, sowie in der Fleisch- und Milchverarbeitung), wenngleich sich die Unterschiede zu anderen wirtschaftlichen Tätigkeitsbereichen zunehmend abschwächen.[47]

---

[42] Dussert S. 9.

[43] Dussert, Tableau 6, S. 17.

[44] Büchtemann / Höland S. 96 ff.

[45] Dussert, Tableau 4, S. 15.

[46] Dussert; Büchtemann / Höland S. 106.

[47] Dussert S. 6 sowie Tableau 1, S. 12.

Unter Regulierungsgesichtspunkten interessant ist nach den deutschen Erfahrungen mit Diskussion und Evaluation des Beschäftigungsförderungsgesetzes die Frage nach der tatsächlichen Vertragsdauer befristeter Arbeitsverhältnisse. Reichen diese in die Nähe der zeitlichen Geltungsvoraussetzungen für den Kündigungsschutz im Betrieb (mehr als sechs Monate in Deutschland, zwei Jahre in Frankreich), so erhöht sich das Risiko der Umgehung der bestandsichernden Vorschriften durch Befristungen. Die Auswertung der Laufzeiten ergibt auch für Frankreich ganz überwiegend kurze Vertragsdauern. Über alle Wirtschaftszweige hinweg hatten im Jahre 1986 vier von fünf befristeten Arbeitsverträgen (81,2 vH) eine Laufzeit von weniger als einem halben Jahr, ein Viertel der Befristungen (24,8 vH) erreichte nicht einmal einen Monat.[48] Damit erweisen sich Befristungen in Frankreich noch um einiges "kürzerfristig" als in der Bundesrepublik Deutschland, wo zwischen Mai 1985 und April 1987 70 vH aller befristeten Neueinstellungen auf Arbeitsverhältnisse mit einer vereinbarten Dauer bis 6 Monate entfielen.[49]

2. *Arbeitnehmerüberlassung*

Die zweite Form zeitbezogener Arbeit, die Arbeitnehmerüberlassung oder (travail intérim), erfaßte in Frankreich 1987 insgesamt 1,1 vH aller in der privaten Wirtschaft beschäftigten Personen, das waren - bezogen auf die Gesamtheit von 13,8 Millionen abhängig Beschäftigten in diesem Bereich - rund 150.000 Personen.

In der französischen Arbeitsstatistik herrscht eine andere Zählweise vor. Erfaßt wird üblicherweise nicht die Zahl der Leiharbeitnehmer, sondern die Zahl der abgeschlossenen Arbeitsverträge, im Jahre 1988 waren es 5,5 Millionen. Diese werden dann in Vollzeitbeschäftigte umgerechnet - 210.000 für das genannte Jahr.[50] Der Unterschied in der Zählweise hat seinen Grund im Unterschied der rechtlichen Konstruktion der Leiharbeit in Frankreich. Anders als in der Bundesrepublik, wo das Arbeitnehmerüberlassungsgesetz (AÜG) innerhalb der atypischen Beschäftigungsform "Leiharbeit" zumindest für die Typik des unbefristeten Arbeitsverhältnisses sorgen will (§ 9 Ziff. 2 AÜG)[51], werden in Frankreich *befristete* Arbeitsverträge für *befristete* Arbeitseinsätze abgeschlossen. Das "Verbot der Synchronisation" zwischen dem Arbeitsverhältnis im Verleih-Unternehmen und dem im entleihenden Unternehmen, das

---

48 Dussert, Tableau 15, S. 25.

49 Büchtemann / Höland S. 135 ff.

50 Siehe hierzu Alain Lebaube, "Le Monde" vom 23. Juni 1989.

51 Das deutsche Arbeitnehmerüberlassungsgesetz (AÜG) erachtet Befristungen des Arbeitsverhältnisses zwischen Verleihern und Leiharbeitnehmern grundsätzlich für unwirksam, "es sei denn, daß sich für die Befristung aus der Person des Leiharbeitnehmers ein sachlicher Grund ergibt" (§ 9 Ziff. 2 AÜG).

für das deutsche Recht der Arbeitnehmerüberlassung kennzeichnend ist, fehlt in Frankreich.[52] Die arbeitsvertragliche Beziehung der "intérimaires" beschränkt sich nach französischem Recht grundsätzlich auf den jeweiligen Ausleihvorgang, die "mission". Unter rechtlichen Gesichtspunkten erweist sich das Leiharbeitsverhältnis in Frankreich demnach als im Vergleich zur Bundesrepublik weniger stabil, es trägt stärker die, arbeitsrechtsgeschichtlich gesehen, historischen Züge einer fallweisen Ausleihe von Arbeit. Im Unterschied zum deutschen Recht der Arbeitnehmerüberlassung, nach dem die verleihenden Unternehmen als Arbeitgeber angesehen und vertraglich unbefristet verpflichtet werden, ist der französische "entrepreneur de travail temporaire" nur für eine bestimmte Situation Arbeitgeber, er ist "bedingter Arbeitgeber".[53] Der projekthafte Charakter der französischen Leiharbeit ohne rechtlich gewährleistete Stabilisierung der arbeitsvertraglichen Situation der Arbeitnehmer macht die Zuordnung solcher Beschäftigungsformen zu den "prekären Arbeitsverhältnissen" verständlicher.

Faktisch kommt es durchaus zu längerfristigen Verkettungen solcher "missions". Sie haben im übrigen für die Zeitarbeitsfirmen geldwerte Vorteile. Nach einem Dekret vom 26. Februar 1982 (Art. D. 124-1 CdT) vermindert sich die an den Zeit-Arbeitnehmer am Ende des Einsatzes zu zahlende Prekaritäts-Entschädigung (indemnité de précarité) von 15 vH auf 10 vH des Bruttolohns, wenn dem Arbeitnehmer innerhalb von drei Werktagen schriftlich ein neuer Arbeitsvertrag angeboten wird, dessen Dauer wenigstens der Hälfte des vorausgegangenen entspricht. Möglicherweise auch wegen dieses vom Recht gesetzten Anreizes ist die Fluktuation in diesem Beschäftigungssegment in der Wirklichkeit geringer als es die rechtliche Konstruktion in sich abgeschlossener "missions" erwarten läßt. Die Arbeitnehmer werden keineswegs stets am Ende jeder Überlassung ausgetauscht. Empirische Untersuchungen zeigen Tendenzen zu einer relativen Stabilität der Beschäftigungsdauer und zu einer internen Strukturierung der Beschäftigten.[54]

Die Leiharbeit bleibt in Frankreich in quantitativer Hinsicht erheblich hinter der befristeten Beschäftigung zurück. Im Vergleich zur Bundesrepublik Deutschland allerdings, in der für den 30. Juni 1987 73.083 und für den 31. Dezember 1987 64.355 überlassene Leiharbeitnehmer gezählt wurden,[55] spielt sie eine deutliche größere Rolle.

---

[52] Vgl. Hanns-Georg Brose, Travail temporaire et flexibilité de l'emploi. Comparaison France-Allemagne, in: France-Allemagne: Débats sur l'emploi. Textes réunis et présentés par Margaret Maruani et Emmanuèle Reynaud, 'Syros' 1987, S. 244 ff. (246).

[53] G. Lyon-Caen / Pelissier S. 129.

[54] Brose S. 247.

[55] Amtliche Nachrichten der Bundesanstalt für Arbeit, Arbeitsstatistik 1988 - Jahreszahlen, S. 24 f.

Für den Stichtag 30. Juni 1987 machte der Anteil der Leiharbeitnehmer an der Gesamtheit der abhängig Beschäftigten in der Bundesrepublik[56] 0,35 vH aus, weniger als ein Drittel des Anteiles in Frankreich. Im Unterschied zu den befristeten Arbeitsverhältnissen verändert sich der Anteil der Leiharbeitnehmer in Frankreich seit Jahren kaum, 1982 betrug er 0,9 vH. Der Anteil der Betriebe in der privaten Wirtschaft Frankreichs, die "travail intérim" nutzen, liegt ebenfalls niedriger als bei den befristeten Arbeitsverträgen und ist vergleichsweise stabil. 1980 betrug er 12,3 vH, 1983 war er auf 8,7 vH zurückgegangen, 1987 betrug er wieder 12,0 vH.[57]

Im Unterschied zu den befristeten Arbeitsverhältnissen, deren Schwerpunkte im Handel und in den Dienstleistungen, also im tertiären Sektor liegen, konzentrieren sich die "intérimaires" auf die Industrie, einschließlich der Bauindustrie.[58] Auch in sonstiger Hinsicht bestehen zwischen Leiharbeit und befristeten Arbeitsverhältnissen, obwohl es sich in beiden Fällen um Formen externer Anpassung handelt und obwohl sie beide gemeinhin unter den Begriff der Prekarität gefaßt werden, deutliche Unterschiede. Von den wirtschaftlichen Tätigkeitsfeldern her, von den betrieblichen Aufgabenstellungen, von den Qualifikationen der Arbeitnehmer wie auch von den durchschnittlichen Laufzeiten (befristete Verträge 1986 knapp 14 Wochen, Leiharbeit 3 Wochen) erweisen sich die beiden Zeitarbeitsformen als nicht austauschbare Formen betrieblicher Flexibilisierung in Frankreich.

Bei Betrachtung des zeitlichen Verlaufs verliert der Begriff der Prekarität für die beiden hier vorgestellten Formen von Zeitarbeit in Frankreich an Problematik. Tatsächlich offenbaren die Beschäftigungssituationen von befristet Beschäftigten wie von "intérimaires" eine beachtliche zeitliche Stabilität. In beiden Gruppen sind jeweils rund drei Viertel der Beschäftigten auch ein Jahr später in Arbeit und nur jeweils ein Fünftel ist arbeitslos. Allerdings unterschieden sich beide Gruppen hinsichtlich der Aussichten auf ein unbefristetes Arbeitsverhältnis ("emploi stable").[59] Von den befristet Beschäftigten, die auch ein Jahr später erwerbstätig waren, hatte knapp die Hälfte (48 vH) nach einem Jahr einen festen Arbeitsplatz gefunden, dasselbe galt aber nur für ein Drittel der Leiharbeitnehmer.[60] Ein Fünftel der befristet Beschäftigten war

---

56 Diese Zahl ist für die Bundesrepublik mit 21.045.193 wesentlich größer als die Zahl der in Frankreich unter emplois marchands gefaßten privatwirtschaftlichen Arbeitsverhältnisse. Gleicht man die Klassifikation an, steigt der Anteil der Leiharbeitnehmer in der Bundesrepublik auf etwas über 0,4 vH.

57 Dussert S. 7.

58 Dussert, Tableau 3 und 7, S. 14 und 18.

59 Nach französischem Arbeitsrecht können die Arbeitsverträge mit Leiharbeitnehmern befristet oder unbefristet abgeschlossen werden, Art. L. 124-4 Code du Travail; dafür haben die Arbeitnehmer für jeden von ihnen tatsächlich ausgeführten Arbeitseinsatz Anspruch auf eine "Prekaritätsentschädigung" (indemnité de précarité, Art. L. 124-4-4 CdT).

60 Charrau / Guergoat S. 92, Tableau 3.

auch nach einem Jahr befristet beschäftigt. Von den Leiharbeitnehmern hingegen, die auch nach einem Jahr in Arbeit standen, waren 28 vH (erneut oder wieder) als "intérimaires" tätig. Die Daten sprechen für eine höhere Kontinuität der Leiharbeit und für weniger objektive oder subjektive Möglichkeiten des Wechsels in stabile Beschäftigung. Die Datenlage, die auch für Frankreich als hauptsächliche Verwendungslogik dieser Vertragsform die der (verlängerten) Probezeiten andeutet, legt somit eine genauere Bestimmung der Prekarität nahe, kann den Begriff als solchen aber nicht in Frage stellen. Es bleibt der Unterschied zwischen einer statistischen und vor allem nachträglichen Bestimmung von Prekarität und ihrer subjektiven Wahrnehmung durch die Arbeitnehmer während solcher Beschäftigungszeiten.[61] Darüber hinaus legen die Feststellungen zur zeitbezogenen Arbeit eine genauere Befassung mit einer meist zugunsten der arbeitsvertraglichen und subjektiven Prekarität vernachlässigten Seite solcher Arbeitsformen nahe, nämlich der Prekarisierung der betrieblichen Organisation und des Personaleinsatzes. Der verstärkte Einsatz kurzfristig anwesender, womöglich von Zeitarbeitsunternehmen ausgeliehener Arbeitskräfte hat Auswirkungen auch auf die Arbeitsbedingungen der "stabilen" Belegschaften. Arbeitsabläufe werden anders organisiert oder ausgegliedert, Verantwortlichkeiten neu verteilt, spezielles berufliches Wissen wird nicht entwickelt oder es wird *nur* spezielles Wissen entwickelt, Kontinuitätserwartungen bezüglich Arbeitsplätzen und -aufgaben werden in Frage gestellt.

Unter regulierungstechnischen Gesichtspunkten interessant ist die neuere französische Gesetzgebungsgeschichte zu prekären Arbeitsformen. Die letzten zehn Jahre erweisen sich als ein bewegtes, politisch induziertes Hin und Her zwischen Regulierungszielen. Die wichtigsten Schaltzustände in aller Kürze: Das Gesetz vom 3. Januar 1979 zielte auf erleichterte Anwendung befristeter Arbeitsverträge, die Verordnung (ordonnance) vom 5. Februar 1982 schaltete die Anwendungsmöglichkeiten befristeter Arbeitsverträge auf restriktiv, das Gesetz aus 1985 samt der (dann unter der konservativen Regierung Chirac erlassenen) Verordnung vom 11. August 1986 verfolgte einen dem deutschen Beschäftigungsförderungsgesetz von 1985 vergleichbaren Ansatz der Erleichterung des befristeten Arbeitsvertrages und erweiterter Nutzungsmöglichkeiten von Zeitarbeit.[62]

---

[61] Vgl. für die Bundesrepublik Gudrun Linne / Stephan Voswinkel, "Vielleicht ist ja noch alles offen", Hamburg 1989.

[62] Dussert S. 5; "Liaisons sociales" N° 10815 vom 25. Oktober 1990, "Contrat à durée déterminée", S. 7 f.; Guy Caire, Atypical wage employment in France, in: Precarious Jobs in Labour Market Regulation, ed. by Gerry and Janine Rodgers, ILO Geneva 1989, S. 75 ff. (100).

Die neueste Schrittfolge auf dem Parkett der Gesetzgebung ist das Gesetz n° 90-613 vom 12. Juli 1990[63], das die Artikel L. 122-1 ff. CdT zum befristeten Arbeitsvertrag erheblich novelliert. Das Gesetz übernimmt zu einem großen Teil die Vorschriften des am 24. März 1990 zwischen den französischen Sozialpartnern abgeschlossenen nationalen Tarifvertrages (l'accord national interprofessionnel) zum befristeten Arbeitsvertrag und zur Zeitarbeit, der durch zwei Erlasse des Arbeitsministers vom 9. Oktober 1990 erweitert und allgemeinverbindlich erklärt wurde.[64] Bemerkenswert ist die dem Gesetz in Art. 1 vorangestellte Zielbestimmmung (nicht im Arbeitsgesetzbuch kodifiziert). Danach sollen die gesetzlichen Vorschriften "einen Rückgang des Anteiles prekärer Arbeitsverhältnisse bewirken, indem sie die Umwandlung in stabile, unbefristet abgeschlossene Arbeitsverhältnisse erleichtern und eine Veränderung der Personalwirtschaft hin zu Praktiken der internen Anpassung auf der Grundlage gemeinsam verhandelter Änderungen der Arbeitsorganisation begünstigen".[65]

Aus deutscher Sicht enthält das Gesetz eine Reihe von weiteren Konkretisierungen und Innovationen des - auf Gesetzesebene - ohnedies umfassenderen Rechts der befristeten Beschäftigung in Frankreich. Es enthält in Art. L. 122-1 CdT eine Klarstellung hinsichtlich der Unanwendbarkeit des befristeten Arbeitsvertrages für normale und dauerhafte Aufgaben des Unternehmens (was im deutschen Recht durch die Rechtsprechung des Bundesarbeitsgerichts anerkannt ist) und zählt im Art. L. 122-1-1 CdT drei Fälle rechtmäßiger Befristung auf, die durch zwei weitere Abschlußmöglichkeiten nach Art. L. 122-2 ergänzt werden. Neben erweiterten Formvorschriften in Art. L. 122-3-1 CdT (Schriftlichkeit, genaue Angabe des Grundes, Frist, Bezeichnung des Arbeitsplatzes, eventuelle Probezeit) regelt die Gesetzesnovelle Fragen der Entlohnung. Dazu gehören eine Entschädigung für (nicht angetretene) Urlaubstage, die ein Zehntel des Bruttogehaltes des Arbeitnehmers nicht unterschreiten darf (Art. L. 122-3-3), sowie auch hier eine "Prekaritäts-Entschädigung" für den Arbeitnehmer im Fall der Beendigung der vertraglichen Beziehungen bei Fristablauf (une indemnité destinée à compenser la précarité de sa situation, Art. L. 122-3-4 CdT in der neuen Fassung).

Auf der prozeduralen Ebene sieht das neue Gesetz eine Beschleunigung des arbeitsgerichtlichen Verfahrens im Falle der beantragten Umwandlung in

63 Journal Officiel vom 14. Juli 1990. Siehe hierzu Henry Blaise, Les contrats précaires après la loi du 12 juillet 1990, Droit Social 1991, S. 11 ff.

64 Journal Officiel vom 14. Oktober 1990.

65 Übersetzung des Verfassers. Der Text lautet im französischen Original: "Elles (les dispositions, Anm. d. Verf.) doivent avoir pour effet de faire reculer la proportion d'emplois précaires en facilitant leur transformation en emplois stables, sous contrat à durée indéterminée, et en favorisant l'infléchissement des comportements de gestion vers des pratiques d'adaption interne fondées sur l'aménagement négocié de l'organisation du travail."

einen unbefristeten Vertrag vor (Art. L. 122-3-13 CdT), ein Klagerecht der vertretungsberechtigten Gewerkschaftsorganisationen zugunsten eines - nicht widersprechenden - Arbeitnehmers (Art. L. 122-3-16 CdT), sowie Erörterungs- und Prüfungsgebote für Unternehmensvertreter und Gewerkschaften bzw. Betriebsräte hinsichtlich der Entwicklung befristeter Beschäftigung (Art. L. 132-12, Art. L. 132-27, Art. L. 432-4-1 CdT).

Das neue französische Gesetz gegen die Ausbreitung prekärer Beschäftigung ist von seinem rechtspolitischen und regulatorischen Ansatz her interessant und sicherlich eine vertiefte Studie wert. An seiner praktischen Wirkung darf dennoch gezweifelt werden. Alle bisherigen Auswertungen gesetzlicher Interventionen im Bereich prekärer Beschäftigung deuten auf geringe eigenständige Regulierungseffekte. Die allgemeine Wahrnehmung ist die, daß die beschäftigungsbezogene Gesetzgebung spontane oder konjunkturelle Marktentwicklungen allenfalls begleitet bzw. ihre Trends unterstützt.[66] Allerdings wird den beiden restriktiven Verordnungen von 1982[67] ein gewisser Beitrag zu dem anschließend zu beobachtenden (vorübergehenden) Rückgang prekärer Beschäftigungsverhältnisse zugeschrieben.[68] Darin könnte ein regulierungstheoretisch aufschlußreicher Unterschied liegen zwischen einer *liberalisierenden*, d.h. Regulierungen abbauenden, und einer *restringierenden*, d.h. zusätzlich Anforderungen aufstellenden Gesetzgebung. Gerd Winter hat am Beispiel der Gentechnik und des deutschen Gentechnik-Gesetzes von 1990 eine ganz ähnliche Unterscheidung zwischen freisetzendem Recht und eingrenzendem Recht entwickelt.[69] Unter freisetzendes Recht faßt er Mobilisierung technischer Entwicklung und marktlicher Verwertung durch die Bereitstellung eines rechtlichen Handlungsrahmens und einer Infrastruktur. Eingrenzend ist Recht für ihn hingegen, wenn es die sozialen Kosten der sich entwickelnden (Gen-)Technik zu verhindern oder zu vermindern sucht. Der wirtschaftliche Regulierungscode von "Liberalisierung" und "Restringierung" erscheint gegenüber dem infrastrukturellen Ansatz bei der Gentechnik einfacher, weil er im wesentlichen nur mit Bezug auf Kosten operiert. Liberalisierung bedeutet Absenkung der von den Unternehmen aufzuwendenden Kosten für die Einstellung von Arbeitskräften, einschließlich der mittelbaren Kosten wie beispielsweise Streit- und Prozeßkosten infolge von Rechtspositionen der Arbeitnehmer. Restringiert Recht hingegen den Zugang zu bestimmten Arbeitsformen, indem es deren Nutzung bedingt oder beschränkt und Arbeit-

---

[66] Charraud / Guergoat S. 90; Peter Auer / Christoph F. Büchtemann, Arbeitsrechtliche "De-Regulierung" durch Erleichterung befristeter Arbeitsverträge, Internationale Chronik Nr. 38, Oktober 1989, S. 3-7 (7); Dussert S. 5.

[67] Ord. n° 82-130 und n° 82-131 vom 5. Februar 1982.

[68] Charraud / Guergoat S. 89; Dussert S. 6.

[69] Gerd Winter, Gentechnik als Rechtsproblem, Deutsches Verwaltungsblatt 1986, S. 585 ff.; derselbe, Entfesselungskunst. Eine Kritik des Gentechnik-Gesetzes, Kritische Justiz 1/1991, S. 18 ff.

nehmern Leistungs- und Klageansprüche einräumt, verteuert es die Arbeitsformen. Arbeitgeber, aus Wettbewerbsgründen auf Kostensenkung bedacht, werden bestrebt sein (oder sich zumindest politisch so darstellen), Neueinstellungen zu vermeiden oder durch billigere Vertragsformen zu ersetzen. Steuerungseffekte sind bei kostenbezogener Regulierung durchaus zu erwarten, das methodische Problem besteht allerdings darin, sie zu isolieren und kausal auf die Rechtslage zurückzuführen. Bei rechtlicher Wirkungsforschung im Zusammenhang mit dem Arbeitsmarkt sind erhebliche Forschungsanstrengungen erforderlich, um zu zuverlässigen Auskünften hinsichtlich der spezifisch rechtlichen Steuerungswirkungen von staatlichen Einwirkungen zu kommen. Erfolgversprechend erscheint solche Forschung nur, wenn sie diachron vergleicht, also dem Zusammenhang zwischen gesetzgeberischen Impulsen und sozialen Effekten im Zeitverlauf nachgeht.[70]

In bezug auf das Einstellungsverhalten von Unternehmen könnte eine Erklärung dafür, daß Unternehmen in gewissem Umfang auf restringierende (verteuernde) Gesetzgebung wie die beiden Anti-Prekaritäts-Verordnungen in Frankreich von 1982 in der vom Gesetzgeber beabsichtigten Weise reagieren, hingegen auf liberalisierende Gesetzgebungsimpulse nicht oder nicht eindeutig reagieren, in der unterschiedlichen Entscheidungslage begründet liegen.

Wirkungstheoretisch stellt sich die Situation ähnlich dar wie bei der Befristungsneuregelung nach dem deutschen BeschFG 1985. Dieses Gesetz, von seiner Zielsetzung her liberalisierend, hat eine gesetzgeberische Erwartung (zusätzliche Neueinstellungen) mit einem rechtlichen Angebot verknüpft (Befristung ohne sachlichen Grund). Die Verknüpfung ist allerdings in der Formulierung der Norm nicht offengelegt, das Angebot bleibt unspezifisch und ist für verschiedene betriebliche Zwecke nutzbar (verlängerte Probezeit, rechtliche Erleichterung beim Abschluß befristeter Arbeitsverträge). Insgesamt ist das Wirkungsfeld der Norm wenig bestimmt, vielleicht ein verallgemeinerbares Merkmal liberalisierender Gesetzgebung. Art, Ziel und Umfang der Rechtsanwendung sind privater Entscheidung überlassen, das Gesetz wird zu einer von mehreren betrieblichen Optionen des Personaleinsatzes, deren konkrete Auswahl vorwiegend von Konjunktur und Kosten abhängt. Das erschwert das empirische Sichtbarmachen und Heraustrennen *einer* Gesetzeswirkung. Darin liegt ein wesentlicher Unterschied zur Gegenmaßnahme der gesetzlichen Restriktion des Zugriffs auf eine bestehende, rechtlich und stati-

---

70 Beispiele hierfür sind Martin Killias, Prévention générale et délinquance routière: Au-delà de "nothing works", in: Verkehrsdelinquenz, Reihe Kriminologie, Band 7, Grüsch 1989, S. 135 ff. zu den Themen Sicherheitsgurte und Alkohol am Steuer; Heinz Schöch, Effektivität der Sanktionspraxis bei Alkoholdelikten im Verkehr in der Bundesrepublik Deutschland, in: Verkehrsdelinquenz S. 115 ff.; Hubert Rottleuthner, Einführung in die Rechtssoziologie, S. 60 ff., ebenfalls zum Sicherheitsgurt, sowie derselbe, "Jahrhundertgesetze" in der zivilgerichtlichen Praxis, in: Thomas Raiser / Rüdiger Voigt (Hrsg.), Durchsetzung und Wirkung von Rechtsentscheidungen, Baden-Baden 1990, S. 86 ff. (zur ZPO-Entlastungsnovelle und zur ZPO-Vereinfachungsnovelle).

stisch identifizierbare Vertragsform. Für gewöhnlich stehen Unternehmen für Anpassungen an sich ändernde Auftragslagen mehrere Handlungsmöglichkeiten zur Verfügung, von denen einige durch andere substituierbar sind (Überstunden, Befristungen, Leiharbeit, Sub-Aufträge etc.). Wird der Zugriff auf eine oder mehrere Formen aus diesem Handlungsprogramm rechtlich erschwert, so verlieren diese Formen an Attraktivität und werden durch andere ersetzt oder auch - bei fristbestimmter Arbeit - nicht ersetzt. In der Statistik rutscht die Nutzungshäufigkeit nach unten. Dieser Effekt ist als solcher besser sichtbar als der umgekehrte. Bei "Liberalisierung", d.h. bei der arbeitsrechtlich erleichterten Nutzung von Vertrags- und Beschäftigungsformen, ist das Verhältnis von Ursache und Wirkung komplizierter: Unternehmen können solche Rechtsangebote mit unterschiedlichen Intentionen annehmen, können aber auch auf andere, "billigere" Varianten ausweichen, sie können angebotene Erleichterungen "mitnehmen", können substituieren, abwarten usw. Vor allem aber wird die Entscheidung für eine Neueinstellung für gewöhnlich einer Verbesserung der Konjunktur nachfolgen, nicht ihr vorausgehen. Der einzelne rechtliche Stimulus vermischt sich mit einer - oft auch für die handelnden Personen im Unternehmen nicht unterscheidbaren - Vielfalt von Konjunktursignalen und Auftragserfordernissen. Das hinterläßt eine wesentlich weniger übersichtliche Wirkungslage, die außerdem ökonomisch bestimmt ist und die Isolierung rechtlicher Effekt erschwert.

Aber auch eine isolierte Betrachtung der Effekte restriktiver Gesetzgebung ist riskant. Als gesetzgeberischer Erfolg angesehen werden könnte ein Rückgang temporärer Arbeit nach den Februar-Verordnungen in Frankreich von 1982 beispielsweise nur, wenn die Unternehmen nicht auf andere prekäre Arbeits- und Organisationsformen ausgewichen wären, auch nicht konjunkturell indizierte Einstellungschancen unterlassen, sondern in unbefristete Neueinstellungen umgesetzt hätten. Dazu allerdings enthalten die französischen Daten nichts. Solche Kontrolluntersuchungen sind außerordentlich schwer zu führen. Wie im übrigen im Schnittfeld von Recht, Konjunktur und Unternehmen jede Hoffnung auf einfache Kausalmodelle bei der Prüfung von Gesetzeswirkungen unbegründet ist.

IV. Deregulierung

Eine rechtssoziologische Betrachtung des Arbeitsmarktes und der Beschäftigungsentwicklung kann sich nicht auf Beschäftigungsphänomene beschränken. Sie muß Auswirkungen geänderter Wirklichkeit auf die rechtliche Verfassung der Erwerbsarbeit und, umgekehrt, geänderter Rechtslagen auf die Arbeitswirklichkeit reflektieren. Auch für Frankreich erscheinen zwei neuere Entwicklungen des Rechts interessant, die kurz erwähnt werden sollen: die

Deregulierung und die Dezentralisierung der Rechtsetzung im Bereich der Erwerbsarbeit.

Der wissenschaftlich wie polemisch geführte Diskurs der Deregulierung, der seit Anfang der 80er Jahre, von den Vereinigten Staaten herkommend, durch Westeuropa ging, sparte auch Frankreich nicht aus. Die für seine Verwirklichung erforderliche responsive Politik fand er in der Regierung Chirac ab 1986. Als Demonstrationsfeld für die Umsetzung eignete sich auch hier neben dem Wirtschaftsrecht das Arbeitsrecht mit seinem dicht gewebten Rechtsstoff. Die vergleichsweise starke Rechtsproduktion im Arbeitsrecht hat nicht nur technische, finanzielle, ordnungspolitische und sozialversicherungsrechtliche Gründe, sie hat auch politisch-strukturelle Gründe. Sie transformiert eine Modernisierungsanforderung, nämlich den Abstand zwischen der sich entwickelnden zivilen Gesellschaft und der Herrschaftswelt der Arbeit zu verringern. Diese verträgt keine allzu langen und allzu großen Abweichungen von der durch Gleichheit, Selbstbestimmung und Partizipation bestimmten politischen Verfassung der Gesellschaft. Die staatlich gesetzte wie die kollektivvertraglich verhandelte Rechtsentwicklung hat in jahrzehntelanger Evolution das marktbestimmte Arbeitsverhältnis umgearbeitet in einen durch verlängerte Erwartungs- und Erwerbssicherheiten bestimmten bürgerschaftlichen Status, in ein "industrial citizenship" im Sinne von Thomas H. Marshall[71] mit einer deutlich stärker kollektiven Grundierung.

Der in Frankreich geführte Diskurs über die "déréglementation" hatte (und hat) im Grunde dieselbe Struktur wie in der Bundesrepublik und anderswo. Das liegt darin begründet, daß an der durch die Krise geschärften Frage der Kosten- und Risikoverteilung abhängiger Arbeit eine alte Kontroverse eine Renaissance erlebte, nämlich die zwischen einer menschenrechtlich und sozialpolitisch verfaßten Arbeitsordnung einerseits und der vorgeblich höheren Effizienz der "katallaktischen" Ordnung des Marktes im Sinne von von Hayek andererseits, also der spontanen Ordnung, "die vom Markt dadurch hervorgebracht wird, daß Leute innerhalb der Regeln des Eigentums-, Schadenersatz- und Vertragsrechts handeln"[72]. Der letztgenannte Rechtsbegriff ist inhaltsschwer. Er kennzeichnet die weitreichenden Folgen der Deregulierung für die industriellen Beziehungen, Folgen, die auch in Frankreich interpretiert werden können "as the decay of the specific balance between status and contract that had underlain the Fordist-Keynesian mode of regulation"[73].

71 Thomas H. Marshall, Class, Citizenship, and Social Development, New York 1964, S. 94.

72 F.A. von Hayek, Recht, Gesetzgebung und Freiheit. Band 2: Die Illusion der sozialen Gerechtigkeit, Landsberg am Lech 1981, S. 151.

73 Wolfgang Streeck, Status and Contract: Basic Categories of a Sociological Theory of Industrial Relations, in: Sugarman / Teubner (Eds.), Regulating Corporate Groups in Europe, Baden-Baden 1990, S. 105 ff. (135).

Politisch ausgemünzt wurde der Deregulierungs-Diskurs auch in Frankreich über die vor allem von den verbandlichen und politischen Repräsentanten der Unternehmensinteressen vorgebrachten Klagen über die Überregulierung der Arbeit, die zu "surprotections" der Arbeitnehmer zu Lasten der Anpassungsfähigkeit der Unternehmen und damit auch zu verminderten Einstellungschancen für Arbeitslose führe.[74] In der Logik dieser Klage liegt die Forderung nach "contractualisation", nach (Wieder-)Herstellung der Vertragsfreiheit im Arbeitsleben und, damit häufig gleichgesetzt, nach flexibleren Nutzungsbedingungen der Arbeit. Sehr rasch hatte sich auch in Frankreich der Diskurs der "déréglementation" erweitert um die politische, gesetzgeberische und tarifvertragliche Praxis der "Flexibilisierung", die mit Deregulierung zwar nicht deckungsgleich, ihr aber doch als praktisch wichtige Zielsetzung eingeschrieben ist.[75]

An der französischen Diskussion um Begriff und Praxis der "déréglementation" wird deutlich, wie wenig dieses große Thema des "postmodernen" Arbeitsrechts bislang begrifflich-dogmatisch und empirisch ausgearbeitet ist. Michèle Bonnechère weist in einer neueren Studie zu Recht auf die Ambiguität des Begriffes hin und auf die unterschiedlichen Annahmen, die in den Begriffsgebrauch ungetrennt eingehen. Ist Deregulierung ein Sanierungsansatz gegenüber der großen Fülle von Rechtsstoff im Arbeitsrecht oder eher in qualitativer Hinsicht bemüht, wohlfahrtsstaatliche Interventionen zugunsten unternehmerischer und individueller Handlungs- und Vertragsfreiheit zurückzunehmen?[76] Wer sind die Akteure der Deregulierung und wie unterscheiden sich ihre Handlungsbedingungen und Wirkungen? Deregulierend wirken können nicht nur der nationale Gesetzgeber, sondern auch Richter, Verwaltungsbehörden, Sozialpartner oder die Europäische Gemeinschaft.

Eine klare Antwort gibt es bislang nur auf die Frage nach dem Volumeneffekt. "Déréglementation" vermindert nicht im geringsten den vorhandenen Rechtsstoff. Sie konzipiert ihn neu, sie ersetzt vorhandene Normen durch andere, und wo Richterrecht vorherrscht, kann der staatliche Gesetzgeber ohnehin nur regulierend deregulieren.[77] Im Bereich der für atypische Arbeitsformen bedeutsamen staatlichen Beschäftigungspolitik, die eine Reihe von deregulierenden Effekten aufweist, bleibt der Regulierungsaufwand schon wegen der Differenzierung nach Zielgruppen und spezifischen Arbeitssituationen hoch.

---

74 Vgl. Michèle Bonnechère, Les tendances à la déréglementation et leur incidence sur la théorie des sources en droit du travail, Droit Social 1990, S. 40; François Gaudu, La notion juridique d'emploi en droit privé, Droit Social 1987, S. 414 ff.

75 Herbert Kronke, Regulierungen auf dem Arbeitsmarkt, Baden-Baden 1990, S. 22.

76 Bonnechère S. 41.

77 Kronke S. 444; Bonnechère S. 44.

Auf der Ebene des Gesetzesrechts ist aus den politischen Bemühungen um Deregulierung auch in Frankreich tatsächlich wesentlich weniger gefolgt als nach den heftigen Debatten zu erwarten gewesen wäre. Hauptsächliche Ansatzpunkte für Deregulierung und Flexibilisierung waren - ebenso wie in der Bundesrepublik - die Arbeitszeit und das individuelle Arbeitsverhältnis, vor allem Erleichterungen beim Abschluß und bei der Beendigung des Arbeitsvertrages. Vermehrte Neueinstellungen sollten stimuliert werden - ähnlich wie in der Bundesrepublik Deutschland durch die Befristungsneuregelung nach dem Beschäftigungsförderungsgesetz von 1985 - durch die erleichterte Nutzung zeitlich befristeter Arbeit. Bei den befristeten Arbeitsverträgen im engeren Sinn bestand der konzeptionelle Ansatz der Gesetzgebung darin, daß die Beschränkung auf eine geschlossene Liste von Gründen, wie sie 1982 mit der Zielsetzung der Verminderung von Prekarität eingeführt worden war, 1986 ersetzt wurde durch eine umschreibende Klausel.[78] Diese abstrakte Formel ist im Jahr 1990 wieder ersetzt worden durch eine enumerative Festlegung der die Befristung des Arbeitsvertrages rechtfertigenden "sachlichen" Gründe (Art. L. 122-1-1 CdT in der Fassung des Gesetzes n° 90-613 vom 12. Juli 1990). Das Beispiel ist interessant, weil es eine bestimmte gesetzgeberische Technik der Deregulierung erkennen läßt, nämlich die der abstrakteren Formulierung des Tatbestandes. Abstraktion erhöht die Handlungsfreiheit der Nutzer des Rechts, hier in erster Linie der Unternehmen, weil sie "private" Definitions- und Interpretationsräume erweitert. Für den Streitfall verlagert sie die Last der Normkonkretisierung auf die Gerichte. In der Wirklichkeit allerdings dürfte die "Gefahr" einer nachregulierenden Tätigkeit der Gerichte gering sein und sich, wenn überhaupt, erst mit erheblicher zeitlicher Verzögerung verwirklichen. Der neue Ansatz der "Re-Regulierung"[79] versucht umgekehrt, wie die Neufassung des Rechts der befristeten Arbeitsverträge von 1990 zeigt, eine eigenmächtig gewordene Praxis durch genauer gefaßte und abschließend aufgeführte Gründe stärker an die Kandare zu nehmen.

Ein ähnliches regulatorisches Wechselspiel - enumerativ, generell, enumerativ - hat bei der anderen Form der zeitbestimmten Arbeit, der "travail temporaire" (Leiharbeit) stattgefunden. Auch hier wurde, durch Verordnung vom 11. August 1986, eine abschließende Aufzählung der zulässigen Gründe für Leiharbeit aus dem Jahre 1972 ersetzt durch eine abstrakt umschreibende

---

[78] Art. L. 122-1 CdT in der Fassung der Ord. n° 86-948 lautet: "Le contrat de travail à durée déterminée peut être conclu pour l'execution d'une tâche précise. Il ne peut avoir pour objet de pourvoir durablement un emploi lié à l'activité normale et permanente de l'entreprise..."

[79] Ulrich Mückenberger / Simon Deakin, From deregulation to a European floor of rights. Labour Law, flexibilisation and the European single market, Zeitschrift für ausländisches und internationales Arbeits- und Sozialrecht (ZIAS) 1989, S. 153 ff.; U. Mückenberger, Kritische Justiz 1/1991, S. 1 ff.; derselbe, Re-Regulierung neuer Beschäftigungsformen - Kann "atypische" Beschäftigung sozialverträglich sein?, in: K. Semlinger (Hg.), Flexibilisierung des Arbeitsmarktes, Frankfurt/New York 1991, S. 203 ff.

Formel (Art. L. 124-2 CdT). Seitdem kann ein Entleiher auf die Arbeitskräfte eines Zeitarbeit-Unternehmens zurückgreifen "für die Ausführung einer nicht auf Dauer angelegten Arbeitsaufgabe, die als Überlassung bezeichnet wird"[80].

Das wohl meistdiskutierte Beispiel neuerer deregulierender Gesetzgebung in Frankreich ist die Abschaffung der "l'autorisation administrative", eines verwaltungsmäßigen Genehmigungsverfahrens bei wirtschaftlich begründeten Kündigungen.[81] Leitmotiv der Reform war, die vor wirtschaftlich bedingten Kündigungen einzuholende Ermächtigung durch eine Verwaltungsbehörde (den Direktor der Arbeitsbehörde des Departements), die von den Arbeitgebern als bürokratisch und unflexibel kritisiert wurde, durch eine nachträgliche Kontrolle der Kündigungsentscheidung durch die Arbeitsgerichte (conseils de prud'hommes) zu ersetzen. Mit der materiell "deregulierenden", nämlich die unternehmerische Kündigungsentscheidung aus einem staatlichen Kontrollverfahren herausnehmenden Gesetzgebung verbunden war deshalb eine prozedurale Stärkung der Zuständigkeits- und Organisationsvorschriften der französischen Arbeitsgerichte (Artt. L. 511-1, 512-2, 512-3 CdT). Auch ohne Kenntnis empirischer Forschung zu den Auswirkungen dieser Reform[82] läßt sich vor dem Hintergrund der deutschen Empirie zum Kündigungsschutz vermuten, daß es sich nicht um einen ergebnisneutralen Austausch von Verfahren gehandelt hat. Die Verlagerung der Widerspruchs- und Prozeßinitiative auf die individuellen Arbeitnehmer spricht für eine erhebliche Stärkung der Handlungsfreiheit der Unternehmen, die in der Praxis nicht wesentlich durch gerichtliche Korrekturen beeinträchtigt sein dürften. Verstärkt wurde die Asymmetrie auch dadurch, daß zugleich die besondere Rechts- und Verfahrensstellung von aus wirtschaftlichen Gründen gekündigten Arbeitnehmern eingeschränkt wurde auf Arbeitnehmer mit wenigstens zwei Jahren Beschäftigungsdauer in Betrieben mit mindestens elf Beschäftigten (Art. L. 122-14-5 CdT). Nur unter den genannten Bedingungen haben Arbeitnehmer den durch Art. L. 122-14-4 CdT gesicherten, gerichtlich erzwingbaren Anspruch auf Einhaltung des Kündigungsverfahrens durch den Arbeitgeber und gegebenenfalls auf Entschädigungszahlungen. Darüber hinaus können die Einrichtungen der sozialen Sicherung nur bei Kündigungen des gesetzlich so definierten Personenkreises gegenüber dem Arbeitgeber die Rückzahlung von an den Arbeitnehmer ausgezahlter Arbeitslosenentschädigung geltend machen.

---

80 "pour l'exécution d'une tâche non durable dénommée 'mission'". Vgl. G. Lyon-Caen / Pelissier Rz. 219, S. 235.

81 Vgl. Pierre-Laurent Frier, Le contentieux administratif des "grands" licenciements économiques: une fausse sortie?, Droit Social 1987, S. 678 ff.; Jean-Emmanuel Ray, Le nouveau droit du licenciement (1985-1987), Droit Social 1987, S. 664 ff.; Le nouveau droit des licenciements pour motif économique, Droit Social, Numéro spécial N° 3/1987; G. Lyon-Caen / Péllissier Rz. 319 ff.

82 Die Untersuchung von Klaus Moritz über "Das französische Arbeitsgericht", Berlin 1987, ist vor dem Inkrafttreten der Kündigungsreform in Frankreich abgeschlossen worden.

Anders als der deutsche Gesetzgeber des Jahres 1985, dessen deregulierender Vorstoß schon deshalb relativ milde ausfiel, weil er sich auf den erleichterten *Abschluß* befristeter Arbeitsverträge und damit auf den Beginn des Arbeitsverhältnisses beschränkte, den ***Kündigungsschutz*** als das hauptsächliche Angriffsziel der Befürworter arbeitsrechtlicher Deregulierung hingegen ungeschoren ließ,[83] wagte sich der liberalisierende französische Gesetzgeber des Jahres 1986 an das Verfahren der Kündigungsgenehmigung der Verwaltungsbehörde[84].

Weniger sichtbar und erforscht, in ihren tatsächlichen und dogmatischen Auswirkungen aber möglicherweise wesentlich weiterreichend als die alles in allem auch in Frankreich moderat gebliebene Deregulierung auf der staatlich-gesetzlichen Ebene ist die Deregulierung durch vertragliches Abbedingen. Sie kann sich auf zwei Ebenen vollziehen, der des von den Sozialpartnern geschlossenen Kollektivvertrages (convention ou accord collectif)[85] und der individueller Vereinbarungen zwischen Arbeitgeber- und Arbeitnehmer.

Die kontraktuelle Deregulierung enthält neben den auf die Normen des Arbeitsrechts und ihre Hierarchie bezogenen Veränderungen auch eine Verlagerung der instanziellen Zuständigkeit für die Regulierung "nach unten", d.h. zur individuellen Vertragsfreiheit hin. Jedenfalls für die neu belebte Vertragsfreiheit unterhalb der Schwelle kollektivvertraglicher Abmachungen stellt diese Entwicklung ein Hauptziel des Arbeitsrechts in Frage, nämlich die Zurückdrängung des "Imperialismus des Vertrags"[86]. Damit zusammenhängende Gesichtspunkte sollen sogleich noch einmal in dem Abschnitt über die Selbstregulierung (B.V.) aufgegriffen werden.

In normentheoretischer Hinsicht interessant ist die Beobachtung, daß deregulierende Rechtsetzung auf beiden vertraglichen Handlungsebenen eine Tendenz zur Abweichung vom "ordre public social" als des politisch und rechtlich konsentierten Kanons von Ordnungssätzen und Mindestbedingungen erkennen läßt.[87] Der absolute ordre public als klassische zivilrechtliche Schranke der "liberté contractuelle", wie er seit 1803 im Art. 6 des Code civil

---

83 Vgl. Christoph F. Büchtemann, Betriebliche Personalanpassung zwischen Kündigungsschutz und befristetem Arbeitsvertrag, in: Klaus Semlinger (Hg.), Flexibilisierung des Arbeitsmarktes, Frankfurt/New York 1991, S. 135 ff. (144)

84 "Une des pièces maîtresses du régime juridique des licenciements pour motif économique", wie G. G. Lyon-Caen / Pélessier Rz. 319 es bezeichnen, ohne allerdings die damit verbundenen praktischen Probleme zu verschweigen.

85 Zum Unterschied zwischen dem weiteren Begriff der "convention" und dem engeren Begriff des "accord" (nur einzelne Themen) siehe Art. L. 132-1 CdT sowie G. Lyon-Caen / Pelissier Rz. 817; ausführlich hierzu und zum gesamten französischen Tarifvertragsrecht die gründliche Kölner Dissertationsschrift von Gabriel Krieger, Das französische Tarifvertragsrecht, Heidelberg 1991, S. 117 ff.

86 Antoine Lyon-Caen, Actualité du contrat de travail, Droit Social 1988, S. 540 ff. (540).

87 Bonnechère S. 46 ff.; zur Entstehungsgeschichte und Dogmatik siehe Krieger S. 240 ff.

normiert ist,[88] bestimmt auch heute noch den Handlungsrahmen der Tarifparteien. Er bezeichnet einen Korpus von zweiseitig bindenden Regeln, von denen die Tarifparteien auch nicht zugunsten der Arbeitnehmer abweichen können. Der ordre public absolu sorgt dafür, daß vor allem Rechtsgrundsätze außerhalb des Arbeitsrechts tariffest bleiben. Bekannte Beispiele hierfür sind das Indexklauselverbot und das allein dem parlamentarischen Gesetzgeber vorbehaltene Regelungsmonopol (z.B. bei Straftatbeständen, Rechtswegänderungen oder Änderungen der gesetzlichen Zuständigkeit der Verwaltung).[89]

Neben den absoluten Handlungsschranken hat sich im Arbeitsrecht der ordre public "relatif" oder "social" als Ausprägung des allgemeinen arbeitsrechtlichen Günstigkeitsgrundsatzes entwickelt.[90] Im Unterschied zum ordre public absolu stellt er einseitig zwingende Regelungsverbote auf, von denen die Tarifparteien zugunsten der Arbeitnehmer abweichen können. Der ordre public relatif hat unter verschiedenen Blickwinkeln gesetzliche Regelungen erfahren, so etwa in Art. 132-4 CdT[91] im Verhältnis Tarifvertrag und Gesetzesrecht, im Art. L. 132-13 CdT[92] im Verhältnis von Tarifverträgen unterschiedlicher Geltungsebenen, und im Art. L. 135-2 CdT[93] im Verhältnis von Tarifverträgen und Einzelarbeitsverträgen.

In den vor allem seit Beginn der 80er Jahre beobachteten Entwicklungen deutet sich ein Prozeß von großer Tragweite an, der das für das moderne Arbeitsrecht paradigmatische Günstigkeitsprinzip in gewissem Umfang der Derogation durch die Vertragsparteien aussetzt. In eine theoretische Überlegung übersetzt, wirft die Abdingbarkeit des "ordre public social" bzw., im deutschen Arbeitsrecht, des Günstigkeitsprinzips und die damit zusammenhängende Feineinstellung tarifvertraglicher Öffnungsklauseln die Frage nach dem Vordringen persönlicher und unternehmensbezogener Individualisierung in die traditionell durch den Schutz von Kollektivinteressen bestimmte Ver-

---

[88] Art. 6 des Code civil lautet: "On ne peut déroger, par des conventions particulières, aux lois qui intéressent l'ordre public et les bonnes moeurs".

[89] Krieger S. 243 ff.; Jean Rivero / Jean Savatier, Droit du Travail, S. 308; Jean-Claude Javillier, Droit du travail, 3e édition, Paris 1990, Rz. 92.

[90] Krieger S. 264 ff.; vgl. Rivero / Savatier; Javillier Rz. 93 ff.

[91] "La convention et l'accord collectif de travail peuvent comporter des dispositions plus favorables aux salariés que celles des lois et règlements en vigueur. Ils ne peuvent déroger aux dispositions d'ordre public de ces lois et règlements."

[92] "Une convention de branche ou un accord professionnel ou interprofessionnel ne peut comporter des dispositions moins favorables aux salariés que celles qui leur sont applicables en vertu d'une convention ou d'un accord couvrant un champ territorial ou professionnel plus large. S'il vient à être conclu une convention ou un accord de niveau supérieur à la convention ou à l'accord intervenu, les parties adaptent celles des clauses de leur convention ou accord antérieur qui seraient moins favorables aux salariés."

[93] "Lorsqu'un employeur est lié par les clauses d'une convention ou d'un accord collectif de travail, ces clauses s'appliquent aux contrats de travail conclus avec lui, sauf dispositions plus favorables."

tragsdoktrin des Arbeitsrechts auf. Dahinter verbirgt sich eine widersprüchliche Entwicklung: Während individuelle Rechtspositionen des Arbeitnehmers (beispielsweise gegen einseitige Aufgabenänderungen) von der Rechtsprechung über einen Ausbau von Vertragspositionen gestärkt werden, dient der "individualisierte" Arbeitsvertrag als Vehikel, um aus der Schutzzone des Arbeitnehmerstatuts herauszuführen.[94]

Bahnbrechend für diese Entwicklung war auch in Frankreich die Regelung der Arbeitszeit, deren flexible Anpassung an Branchen- und Unternehmensbedürfnisse seit 1982 über derogierende, d.h. von hierarchisch höherem Recht abweichende Tarifverträge erfolgen kann. Die Ermächtigung zur kollektivvertraglichen Abweichung ist durch Gesetze von 1986 und 1987 sukzessive erweitert worden. Bei der Frage der Verkürzung und Lage der Arbeitszeit ist vor allem die "lokale" Gestaltungsfreiheit der Unternehmen verstärkt worden.[95] In diesem Sinne abbedingende Tarifverträge beschränken sich inzwischen nicht mehr auf die Arbeitszeit. Andere Themen der letzten Jahre sind beispielsweise die Nachtarbeit von Frauen (Art. L. 213-1 CdT) und die Arbeitsmedizin mit der probeweise eingeführten Möglichkeit, die Zeitabstände der periodischen ärztlichen Untersuchungen der Beschäftigen im Wege eines Tarifvertrages auf zwei Jahre zu verlängern[96].

Die hier erkennbare Entwicklung zu erweiterten Rechtsetzungsbefugnissen der Tarifparteien, und zwar sowohl für günstigere als auch für ungünstigere Regelungen, hat in Frankreich seit Beginn der 80er Jahre einen neuen Typus von tarifdispositivem Recht unter dem Begriff des "ordre public supplétif" entstehen lassen.[97] Herausgebildet hat sich damit eine "ergänzende" Normierungsebene zwischen ordre public absolu und ordre public relatif: Die Parteien der Kollektivverträge dürfen abweichende Regelungen treffen, aber sie dürfen auch zu Lasten der Arbeitnehmer normieren und sich damit über das Günstigkeitsgebot des ordre public relatif hinwegsetzen. Die erweiterten Dispositionsbefugnisse der Tarifparteien im Rahmen des ordre public supplétif sind eine arbeits- und tarifrechtliche Ausprägung der in Frankreich seit Beginn der 80er Jahre forcierten Flexibilisierungspolitik. Sie sind Ausdruck des zu Beginn der 90er Jahre überall in Westeuropa beobachtbaren Reflexes, arbeitsrechtliche Ordnungs- und Verteilungsbefugnisse aus dem als starr verschrieenen staatlichen Gesetzgebungsverfahren herauszulösen und an räumlich und branchenmäßig kleinere Handlungseinheiten oder gar an die Unternehmensebene zu delegieren. Es kommt nicht von ungefähr, daß diese Entwicklung, wie erwähnt, eng verknüpft ist mit dem wichtigsten Verteilungs- und Modernisierungsthema der Arbeitsbeziehungen der 80er Jahre, der Flexi-

---

94 A. Lyon-Caen S. 543.

95 Bonnechère S. 46.

96 Javillier Rz. 290.

97 Krieger S. 274 ff.

bilisierung der Arbeitszeit. So haben auch fast alle der von Krieger im einzelnen diskutierten Anwendungsbeispiele des ordre public supplétif einen Bezug zur Arbeitszeit[98]: Frauennachtarbeit, Sonntagsarbeit, Wechseldienst, Überstundenkontingent, "zyklische" und "modulierte" Arbeitszeit, Arbeit auf Abruf (travail intermittent).

Wegen der an das Verschlechterungsgebot des ordre public relatif nicht gebundenen Regelungsbefugnisse der Tarifparteien unterliegt derogierendes Tarifrecht in Frankreich besonderen Legitimationserfordernissen. Bei Branchentarifverträgen müssen, anders als nach deutschem Recht, die Voraussetzungen der Allgemeinverbindlicherklärung erfüllt sein. Firmentarifverträge dürfen im obigen Sinne einer Verschlechterung derogieren, wenn ihnen qualifiziert repräsentative Gewerkschaften nicht widersprechen.[99] Die für dieses besondere Widerspruchsrecht erforderliche "représentativité d'opposition" ist in Art. L. 132-26 CdT näher bstimmt.[100] Sie hat wegen der faktisch hohen Anforderungen an Repräsentativität im Unternehmen geringe praktische Bedeutung.[101]

Im Ergebnis veranlassen die verschiedenen Teilentwicklungen erweiterter (kollektiv)vertraglicher Abdingbarkeit zu der Feststellung, daß der absolute wie der relative "ordre public" im französischen Arbeitsrecht nicht mehr uneingeschränkt rechtliche Mindeststandards für alle abhängig Beschäftigten sichern.[102] Der "ordre public" ist zwar nicht in Marktlogik aufgegangen, aber er ist, und das ist erforschungswürdig genug, zum Gegenstand von tariflichen Verhandlungen weit unterhalb des parlamentarisch-politischen Diskurses geworden. In der verstärkten Bedeutung von Verhandlungen als Mittel der Anpassung von Unternehmensbedingungen an Umwelt liegt eine weitere interessante Hypothese, die genauere theoretische Betrachtung verdient, nämlich die, daß der *Vertrag* als Mittel der Regulierung und Anpassung an Boden gewinnt gegenüber den *Institutionen* oder auch, um eine aktuelle französische Debatte im Zwischenbereich von Recht und Ökonomie aufzugreifen, gegenüber den *Konventionen* des Arbeitsverhältnisses.[103] Auch unter diesem Blickwinkel

---

98 Krieger S. 284 ff.

99 Krieger S. 282 f.

100 Nach Art. L. 132-26 CdT können diejenigen gewerkschaftlichen Organisationen, die einen Branchen- oder Firmentarifvertrag nicht unterschrieben haben, dem Wirksamwerden des Vertrages innerhalb von acht Tagen nach Unterzeichung widersprechen, "à condition d'avoir recueilli les voix de plus de la moitié des électeurs inscrits lors des dernières élections au comité d'entreprise ou, à défaut, des délégués du personnel. ..."

101 Krieger S. 283 f.

102 Bonnechère S. 48.

103 Françoise Gaudu, La notion juridique d'emploi en droit privé, Droit Social 1987, S. 414 ff. (421). Zur Debatte um die "L'économie des conventions" siehe beispielsweise François Eymard-Duvernay, Le lien durable d'emploi: des accommodements, difficiles avec le marché, Droit Social 1988, S. 544 ff.; Robert Salais, L'analyse économique des conventions du travail, Revue économique N° 2, mars 1989, p. 199-240; derselbe, Labour conventions, economic fluctuations and flexibility, MS., November

wird das Verhältnis erweiterter Vertragsfreiheit zu den in Institutionen verkörperten Kollektivinteressen zum Thema arbeitsrechtlicher Reflexion.

V. Dezentrale Selbstregulierung

Die institutionelle Kehrseite der soeben skizzierten Deregulierung ist die Erweiterung der Rechtsetzungsbefugnisse für die in der Hierarchie der Rechtsquellen niedrigeren Handlungsstufen, d.h. für die Sozialpartner und vor allem für die Unternehmen und Betriebe. Der Trend zur Verstärkung von Verhandlungsansätzen auf den verschiedenen kollektivvertraglichen Handlungsstufen ist EG-europaweit beobachtbar. Er hat programmatische Verstärkung erfahren durch den über die Einheitliche Europäische Akte 1987 als Art. 118 b in den EWG-Vertrag eingeführten Auftrag an die Kommission, den Dialog zwischen den Sozialpartnern auf europäischer Ebene zu entwickeln, und dem daraus in Ansätzen entstandenen "sozialen Dialog von Val Duchesse". Der Gedanke des sozialen Dialogs, der durch die Möglichkeit der Delegation der Durchführung bestimmter Richtlinien im Bereich von Arbeit und Beschäftigung auf die Sozialpartner einige rechtliche Brisanz hinzugewonnen hat, hat eine ausführlichere Regelung in den Artt. 2, 3 und 4 des Abkommens über die Sozialpolitik im Zusammenhang mit dem Vertrag über die Europäische Union erlangt.[104] Die Entwicklungschancen und Auswirkungen des sozialen Dialogs sind gegenwärtig noch unbestimmt; konkreter, wenn auch in ihrer inhaltlichen Reichweite auf Partizipationsformen beschränkt, sind die grenzüberschreitend geführten Kollektivverhandlungen in einigen großen Unternehmensgruppen.[105]

Die Hypothese der Selbstregulierung kann sich - im arbeitsrechtlichen Zusammenhang - in Frankreich auf die Beobachtung einer verstärkten Bedeutung von Verhandlungen auf Unternehmensebene stützen. Während der drei Jahrzehnte 1950 bis 1980 ist die Zahl der abgeschlossenen Firmentarifverträge klein geblieben.[106] Doch für die letzten Jahre, vor allem seit der über die "lois Auroux" 1982 eingeführten Verhandlungspflicht für Unternehmen[107] im Hinblick auf Arbeitszeit und Gehaltshöhe, ist ein deutliches Anwachsen der Bedeutung von Tarifverträgen auf Firmenebene verzeichnen: Ihre Zahl ver-

---

20th, 1990 (zur Veröffentlichung vorgesehen in: A. Scott / M. Storper, Pathways to industrialization and regional developpment, 1991).

104 Abgedruckt im Bulletin Nr. 16/S. 113 ff. des Presse- und Informationsamtes der Bundesregierung, S. 175 f.

105 Antoine Lyon-Caen / Jean-Christophe Sciberras, Pratiques et perspectives de la négociation collective européenne. Impressions, Travail et Emploi N° 42, 4/1989, S. 22 ff.

106 Françoise Lozier, Une approche sectorielle des accords d'entreprise (1950-1980), Sociologie du Travail N° 1/90, S. 1 ff. (21).

107 In denen wenigstens eine Gewerkschaft repräsentiert ist.

doppelte sich allein zwischen 1983 und 1988.[108] Das spricht auch in Frankreich für eine Bestätigung des nach Streeck das Ende der fordistisch-tayloristischen Produktionsmethoden kennzeichnenden Prozesses der "institutionellen Entdifferenzierung und funktionalen Re-Integration". Dieser Formel liegt die Annahme zugrunde, daß sich die Grenzlinie zwischen dem System der industriellen Beziehungen und der wirtschaftlichen Umgebung, konkreter zwischen Tarifautonomie und Unternehmen, zurückbilde.[109] Ein auf sich wandelnde Produktionsmethoden abstellender Erklärungsversuch ist allerdings für Frankreich nicht hinreichend. Hinzugesehen werden müssen Besonderheiten der politischen und industriellen Kultur, insbesondere die erheblich älteren Kommunikations, Verhandlungs- und Vertragsmechanismen zwischen Staat und Sozialpartnern sowie die zwischen repräsentativen Gewerkschaften und Unternehmer-Verbänden.

Die Schwerpunktverlagerung bei den Kollektivverträgen, die in der französischen Diskussion auch auf die Schwächung der gewerkschaftlichen Organisation zurückgeführt wird, setzt andere Verhandlungsebenen nicht außer Kraft. Am Beispiel der Lohnverhandlungen zeigt sich, daß das Unternehmen zwar seine Bedeutung als Verhandlungseinheit verstärkt, aber umgeben bleibt von drei anderen Interventionsstufen: dem staatlichen Gesetzgeber (z.B. beim Mindestlohn "SMIC"), der Branche und der individuellen Verhandlung zwischen einzelnen Arbeitnehmern und dem Unternehmen.[110] Das dichter gewordene Geflecht von Tarifverträgen wirft weitere schwierige Rechtsfragen auf. Zwar ist die tarifliche Abdeckung durch einen oder mehrere Branchentarifverträge nach wie vor am häufigsten, namentlich in größeren Unternehmen ist jedoch immer häufiger eine Kombination zwischen Branchen- und Firmentarifverträgen festzustellen.[111]

Die durch gestiegene Zahlen von Kollektivverträgen auf Unternehmensebene indizierte Entwicklung einer arbeitsrechtlichen Dezentralisierung, deren genaues Ausmaß zu bestimmen bleibt, wirft interessante theoretische Fragen auf, die sich stets bei Veränderungen im spannungsreichen Verhältnis von universeller und partikularer Normsetzung stellen. Neben der bereits angeschnittenen Frage nach veränderten Wirkungschancen institutioneller und vertraglicher Elemente des Rechtsmodells der Arbeit sind dies Überlegungen zum Komplex Macht und Recht und damit zum Verhältnis von Risiken und Nutzen bei dezentralen Verhandlungssystemen. Bewegungen, die von den staatlich, kollektiv oder institutionell getroffenen Kompromissen der Arbeit

---

108 Nicole Lafranchi / Veronique Sandoval, Le déplacement du niveau de la négociation salariale, Travail et Emploi N° 45, 3/1990, S. 25 ff. (26); vgl. auch Sabine Erbes-Seguin / Claude Gilain, L'Etat: Un acteur de la construction du marché de l'emploi, 1990.

109 Streeck S. 133.

110 Lafranchi / Sandoval S. 27.

111 Krieger S. 131 f.

und der Risikoverteilung wegführen, erhöhen die Wahrscheinlichkeit für das Vordringen von nicht mehr allgemeinen, vielleicht auch nicht mehr verallgemeinerungsfähigen Interessen. Konkreter und an einem gegenwärtig auch in Frankreich aktuellen Beispiel: Die Rationalität des einzelnen Unternehmens - Sonntagsarbeit - steht tendenziell im Widerspruch zum Ordnungsanspruch des sozial verfaßten Marktes - Wettbewerb, Arbeitnehmerschutz - und zu allgemeinen kulturellen und politischen Strukturen der Gesellschaft - Sonntagsruhe. Wird die Entscheidung über solche allgemein definierten Themen an die Sonderinteressen des Unternehmens (und eventuell seiner Belegschaft) herangeführt und "ortsnah" getroffen, sei es durch Kollektivvereinbarung, sei es durch die regional zuständige, aber im Interessenkreis des Unternehmens liegende Verwaltung, so schwindet die Einflußkraft des gesellschaftlichen Diskurses als einer Instanz des Verallgemeinerungsfähigen. Das normative Ergebnis - Firmentarifvertrag, gewerberechtliche Sondererlaubnis - dürfte, weil stärker den partikularen Interessen des Unternehmens ausgesetzt, anders ausfallen als die auf zentraler Ebene getroffenen Festlegungen (die allerdings möglicherweise mit zahlreichen Ausnahmetatbeständen versehen sind). Damit kann verbunden sein ein Wechsel im vorherrschenden Steuerungsmedium, etwa vom Recht (der Sonntagsruhe) zum Geld (der zusätzlich verdienenden Belegschaften oder der ausgeweiteten oder jedenfalls nicht von Abwanderung bedrohten lokalen Gewerbesteuer). Die Fragestellungen liegen eng an der durch Selbstregulierung ebenfalls evozierten Thematik "reflexiver" Handlungsräume im Arbeitsrecht.[112]

VI. Resümierende und theoretische Überlegungen

Die für die westeuropäischen und amerikanischen Arbeitsmärkte insgesamt beobachteten Entwicklungsachsen der Tertiarisierung, Feminisierung und Prekarisierung bestimmen auch die Entwicklung des Arbeitsmarktes und der Arbeitsgesellschaft in Frankreich. Für eine rechtssoziologische Blickweise zusätzlich aufschlußreich sind die Veränderungen der normativen und institutionellen Kompetenz der Arbeitsrechtsetzung, die sich unter den Kategorien der Deregulierung und der dezentralen Selbstregulierung zusammenfassen lassen. Neben dem Allgemeingültigen verdienen einige Besonderhciten der Organisation der französischen Arbeitsgesellschaft hervorgehoben zu werden.

---

112 Kritisch zur "dezentralen Kontextsteuerung" vor dem Hintergrund von Entwicklungen in der Struktur tariflicher Verhandlungssystem in der Bundesrepublik: Michael Hartmann, Reflexives Recht am Ende? Zum Eindringen materiellen Rechts in die Tarifautonomie, Zeitschrift für Soziologie, Jg. 16, 1987, S. 16 ff.; derselbe, Komplexitätssteigerung und dezentrale Kontextsteuerung. Zur systemtheoretischen Bewältigung des Klassenkampfes, Arch. europ. sociol., XXIX (1988), S. 51 ff.

1. Koproduktion von Recht durch Staat und Sozialpartner

Die Schaffung und Anpassung von Arbeitsrecht geschieht in Frankreich häufig in Koproduktion von Staat und - repräsentativen[113] - Sozialpartnern und damit, rechtlich gesehen, in einem Wechselspiel von staatlicher Gesetzgebung und Kollektivverträgen. Kollektivvertragliche Regelungsmodelle werden, eventuell nach Praxiserprobung, in staatliche Gesetzgebung übernommen oder sie werden - in wachsender Zahl - durch den Arbeitsminister für allgemeinverbindlich erklärt[114]. Von besonderer Bedeutung für das Zusammenspiel berufsverbandlicher und staatlicher Rechtsetzung sind die nationalen branchenübergreifenden Tarifverträge (accords nationaux interprofessionnels)[115], die sich mit für das Arbeitsleben grundlegenden institutionellen und strukturellen Themen befassen. Beispiele sind die Reform der Kündigung aus wirtschaftlichen Gründen 1986 oder der als Ansatz der Re-Regulierung zu begreifende accord national interprofessionnel vom 24. März 1990 bezüglich der befristeten Arbeitsverhältnisse und der Zeitarbeit. Letzterer wurde durch zwei ministerielle Verordnungen (arrêtés) vom 9. Oktober 1990 für allgemeinverbindlich erklärt[116] und kurze Zeit später in wesentlichen Teilen in das bereits erwähnte Gesetz Nr. 90-613 vom 12. Juli 1990[117] übernommen. Vor allem die Ausgestaltung der industriellen Beziehungen entwickelt sich in Frankreich häufig über derartige "lois négociées", verhandelte Gesetzgebung.[118]

Über die auch anderswo die arbeitsrechtliche Normproduktion kennzeichnende Koordination zwischen Staat und intermediären Organisationen, vor allem den Sozialpartnern, geht die enger und politisch abgestimmte Funktionsteilung zwischen Staat und Sozialpartnern in Frankreich deutlich hinaus. Deren auf nationaler Ebene ausgehandelten kollektivvertraglichen Regelungsmodelle werden gelegentlich fast in Gänze und mit nur geringen Modifikationen in staatliches Gesetz transferiert (ein Beispiel ist das erwähnte Gesetz vom 12. Juli 1990 zur Regelung prekärer Arbeitsverhältnisse). Umge-

---

113 Zu den Voraussetzungen der Repräsentativität nach dem französischen Tarifvertragsrecht und zu den daraus folgenden Betätigungsprärogativen siehe Krieger S. 43 ff.

114 Zu den Voraussetzungen und Wirkungen der einfachen Allgemeinverbindlicherklärung - extension - und der qualifizierten Variante des élargissement siehe Krieger S. 205 ff.

115 Krieger S. 219 f. spricht davon, daß Tarifvertrag und formelles Gesetz sich hier bis zur funktionalen Austauschbarkeit einander annäherten. Erhellend auch die von Krieger in diesem Zusammenhang zitierten Äußerungen des französischen Arbeitsrechtlers Despax von der "irrésistible ascension du droit conventionnel du travail par rapport au droit légal du travail" und vom Tarifvertrag als "rival ou (...) 'ersatz' de la loi", S. 221 f.

116 Einzelheiten in der Sondernummer von Liaisons sociales N° 10815 vom 25. Oktober 1990.

117 JO vom 14. Juli 1990.

118 Erbes-Seguin / Gilain, S. 8

kehrt bezieht staatliche Gesetzgebung ergänzende kollektivvertragliche Regelungen stärker als etwa in der Bundesrepublik Deutschland bereits in die Konzeption und Implementation von Gesetzen ein. Die normative Arbeitsteilung wird zu einer bewußt eingesetzten Wirksamkeitsbedingung von Arbeitsrecht. In dieser Verknüpfung tarifvertraglicher Rechtsproduktion mit staatlichem Gesetzes- und Verordnungsrecht liegt eine das französische Arbeitsrecht kennzeichnende soziale Arbeitsteilung. Zahlreiche seit dem Ende der 70er Jahre neu geschaffene gesetzliche Bestimmungen übernehmen tarifvertragliche Regelungsmodelle oder verweisen auf konkretisierende tarifvertragliche Bestimmungen, wie im Falle der Arbeitnehmer-Kündigung (Art. L. 122-5 CdT), der Lohnfortzahlung oder der originellen französischen Besonderheit der "travail intermittent", eines auf unbestimmte Zeit geschlossenen Arbeitsvertrages mit unregelmäßigen Arbeitszeiten (Artt. L. 212-4-8).[119]

Die engere Verzahnung von Zuständigkeiten bei der Produktion und Ausführung von Recht sollte nicht zu der Annahme stärkerer sozialer Friedlichkeit verleiten. Ein Blick auf die Vergleichstabellen der Arbeitskonflikte in Europa[120] weist Frankreich als ein in dieser Hinsicht deutlich temperamentvolleres Land aus als etwa die Bundesrepublik (vor der Wiedervereinigung).

2. *Aspekte der Prekarisierung*

Unter dem Gesichtspunkt der Prekarisierung sollen vier Punkte für das Resümee notiert werden.

a) Zum ersten erweist sich Prekarisierung paradoxerweise als die Kehrseite der in Frankreich besonders intensiven und vielfältigen Beschäftigungspolitik. Vor allem junge Menschen, zunehmend aber auch Langzeitarbeitslose, werden über eine Vielzahl von überwiegend kurzfristigen Praktikums- und Beschäftigungsmaßnahmen (stages) in temporäre und - hinsichtlich Status, Perspektive und Entlohnung - prekäre Arbeitszustände versetzt. Allerdings muß man hinzufügen, daß die Alternative zu der so erzeugten Prekarität wohl wieder ein starkes Anschwellen der Jugendarbeitslosigkeit wäre und damit ein

119 Näher hierzu Herbert Kronke, Regulierungen auf dem Arbeitsmarkt, Baden-Baden 1990, S. 66, 72, 311, 427; Gilles Belier, Le contrat de travail à durée indéterminée intermittent, Droit Social 1987, S. 696 ff.; Jean Pelissier, Le travail intermittent, Droit Social 1987, S. 93-100.

120 Auf 1.000 Arbeitnehmer kamen im Jahr 1986 in Frankreich 31 durch Arbeitsniederlegungen verlorene Arbeitstage, in der Bundesrepublik Deutschland hingegen 1 Arbeitstag. Die Gesamtzahl der streikbedingt verlorenen Arbeitstage belief sich 1986 in Frankreich auf 568.000, in der Bundesrepublik auf 28.000. Beide Länder erweisen sich damit als vergleichsweise friedlich gegenüber Industriegesellschaften wie Italien mit, im Jahre 1986, 4.737.000 verlorenen Arbeitstagen (314 pro 1000 Arbeitnehmern) und dem Vereinigten Königreich mit 1.920.000 verlorenen Arbeitstagen (88 pro 1000 Arbeitnehmern), siehe Eurostat, Beschäftigung und Arbeitslosigkeit 1988, Tabelle V/2, S. 207 ff.

Zustand, der weniger wünschenswert wäre als die über Beschäftigungsmaßnahmen sichtbar gewordene Prekarität.

b) Zum zweiten belegt die neuere Forschung in Frankreich deutliche Zusammenhänge zwischen Feminisierung und Prekarisierung. Zugleich aber wird deutlich, daß die Aussicht auf prekäre Phasen und Bedingungen weiblicher Erwerbstätigkeit Frauen in keiner Weise von der verstärkten Suche nach Erwerbsarbeit abhält. Da Prekarität eine starke Zeitkomponente enthält (Befristung, geringfügige und/oder unregelmäßige Arbeitszeit, Arbeitslosigkeitsphasen), liegt darin möglicherweise ein wesentlicher Grund dafür, daß Frauen stärker als früher auf Kontinuität bedacht sind und in dieser Hinsicht "maskuline" Verhaltensweisen auf dem Arbeitsmarkt annehmen.

c) Zum dritten genießt Prekarität der Arbeitsverhältnisse in Frankreich höhere politische und gesetzgeberische Aufmerksamkeit als in der Bundesrepublik. Das hat durchaus ambivalente Wirkungen. Das Thema ist damit auch in höherem Maße gesetzgebungspolitisch kontingent, wie sich an den politisch bestimmten, heftigen Pendelbewegungen zwischen liberaler Beschäftigungsförderung und sozialistischem Beschäftigungsschutz zeigt.

d) Daran läßt sich als vierte Beobachtung anknüpfen, daß gesetzgeberische Interventionen innerhalb eines durch und durch widersprüchlichen Politikfeldes operieren. Sie erzeugen nämlich, über differenzierte Zielgruppen-Ansätze und aus dem grundlegenden Bemühen heraus, auch Personen mit geringer Behauptungsfähigkeit am Arbeitsmarkt zumindest kleine und zeitweilige Teilnahmechancen am Arbeitsleben zu schaffen, einen Teil eben jener Prekarität, die sie dann von Zeit zu Zeit mit erheblichem Politik- und Gesetzgebungsaufwand zu korrigieren suchen.

3. Deregulierung und Dezentralisierung der Rechtsetzung

Deregulierung ist in Frankreich ein Programmsatz neoliberaler Beschäftigungspolitik ab Mitte der 80er Jahre geworden. Die realen Effekte der Umsetzung in Gesetze bleiben indes auch hier hinter Forderungen und Versprechen in der politischen Debatte zurück. Im übrigen gehen auch die französischen Analysen von Rechtswirkungen, wie in der Bundesrepublik etwa die des Beschäftigungsförderungsgesetzes, davon aus, daß Regulierungsansätze auf dem Arbeitsmarkt mit dem Ziel der Erhöhung oder Stabilisierung von Beschäftigung eher Entwicklungen begleiten, die sich ohnehin vollziehen, als sie zu initiieren.

Die Dezentralisierung als Delegation von Rechtsetzungsbefugnissen nach unten wirft viele Fragen zu den Folgen partikularer Normbildung auf. Das

Spannungsverhältnis zwischen allgemeinen Normsätzen und partikularer, d.h. örtliche, soziale, technische oder wirtschaftliche Sonderbedingungen stärker berücksichtigender Rechtsetzung ist für das Arbeitsrecht stets von vitaler Bedeutung gewesen. Seinem historischen Wesen als schützende und homogenisierende Teilrechtsordnung nach, genauer: seinem Ansatz des Schutzes vor reinen Marktbedingungen *durch* Homogenisierung der Nutzungsbedingungen der Arbeit nach, ist das Arbeitsrecht für Differenzierungsvorgänge, für Sonderregeln und damit für Entwicklungen zur Verminderung der Einheitlichkeit von Arbeitsbedingungen besonders empfindlich. Schärfer als in anderen zivilen Lebensbereichen, die ebenfalls von Individualisierung erfaßt werden, tritt im Arbeitsrecht bei partikularer Rechtsetzung die Strukturkonkurrenz zwischen einem eher am Markt oder einem eher an der sozialen Ordnung ausgerichteten Recht zutage.

4. Verstärkte Bedeutung kontraktueller Interessenvermittlung

Getragen wird die Entwicklung von verstärkter Bedeutung kontraktueller Interessenvermittlung zu Lasten institutioneller Einwirkung auf privatwirtschaftliche Industrie- und Arbeitsbeziehungen. Übersetzt in das Analyseschema von "status and contract" weist die Entwicklung (erneut) in die berühmte, von Henry Maine angegebene Entwicklungsrichtung. Der Prozeß ist jedoch widersprüchlich. Verstärkung erfährt, dem Anschein nach, nicht die private Vertragsfreiheit von Arbeitnehmern; Kontraktualisierung auf dieser Ebene bleibt die Ausnahme. Wesentlich wichtiger ist die Zunahme von Verhandlungs- und Vertragsmacht auf der Ebene von Arbeitnehmergruppen, Unternehmen und Unternehmensgruppen sowie Branchen. Der hier, also auf intermediären bzw., rechtlich gesehen, kollektivvertraglichen Ebenen beobachtbare Bedeutungszuwachs des Vertragsrechts differenziert, gegenläufig, Beschäftigtenstatus.[121] Das gilt allerdings vornehmlich für die "Angehörigen" der internen oder primären Arbeitsmärkte, nicht für die Peripherie der Arbeitsgesellschaft. Die ohnedies vergleichsweise sicheren Status der "Kernbelegschaften" werden, darin liegt die angemerkte Widersprüchlichkeit, durch sich verstärkendes und differenzierendes Vertragsrecht zusätzlich gefestigt.

5. Bedingungen und Grenzen der Selbstregulierung

Die Verlagerung von rechtlichen Handlungsebenen und Verantwortlichkeiten zu eher kleinräumigen und, im Hinblick auf Interessenlagen, partikularen Verhandlungsfeldern führt zu Fragen nach Bedingungen und Grenzen von

121 Vgl. Streeck S. 136.

Unternehmensautonomie und Selbstregulierung.[122] Vor dem Hintergrund abnehmender gewerkschaftlicher Interventionsfähigkeit stellen sich Fragen nach Änderungen im arbeitsrechtlichen Wirkungsfeld von Macht, Nutzen und Recht.

Eine Bewertung des Differenzierungsprozesses in der arbeitsrechtlich institutionalisierten Verteilung von Nutzen und Risiken kann ohne längerfristige empirische Beobachtung nicht überzeugen. Dennoch läßt sich mit guten theoretischen Gründen die These vertreten, daß die Nutzensumme für Unternehmen bei dezentraler Selbstregulierung insgesamt höher ausfallen wird als für die betroffenen Arbeitnehmer. Das schließt nicht aus, daß sie für Gruppen von letzteren wiederum höher ausfällt als sie bei zentralisierter Regulierung von Arbeits- und Gehaltsbedingungen ausfallen würde. Die Logik der Dezentralisierung der Rechtsetzungsbefugnis verträgt sich gut mit der Logik verstärkter Differenzierung innerhalb der Großgruppen abhängig Beschäftigter. Dennoch dürfte der gesamte Zuwachs an materiellem und immateriellem Nutzen betriebsnaher Regulierung bei den Arbeitnehmern (Zeitsouveränität, optionale Vertragsgestaltungen, gegebenenfalls Sicherung von bedrohten Arbeitsplätzen) hinter dem der Unternehmen (bessere Ressourcennutzung, höhere Anpassungsfähigkeit an Auftragsschwankungen, schwächere Interessen-Koalitionen innerhalb der Belegschaft) deutlich zurückbleiben. Diese Annahme kann sich vor allem auf zwei Erwägungen stützen, die veränderte Zeitstruktur und die veränderte Haftungsstruktur des Arbeitsrechts.

Das Arbeitsrecht hat seine "Eigenzeit". Diese setzt sich zusammen aus vielen Teil-Zeiten des arbeitsrechtlichen Regelungswerkes, aus den Veränderungsfrequenzen des Gesetzes- und Verordnungsrechts, aus den Laufzeiten von Tarifverträgen und nicht zuletzt aus den Laufzeiten individueller Arbeitsverträge. Verlagert sich die Rechtsetzungsbefugnis nach unten, zu den Unternehmen und Firmen, dann verkürzt sich die Bestandsfrist selbstregulierter Festlegungen. Entweder verkürzt sich die vereinbarte Geltungsdauer von Vereinbarungen als solchen oder es erhöht sich - bei gleichbleibender Geltungsdauer der Vereinbarungen - die den Unternehmen eingeräumte Anpassungsfreiheit. Das hat seinen Grund in den durch Technik, Markt und Kosten induzierten Vorteilen höherer Flexibilität der Unternehmen. In bestimmten Fällen kann darin erhöhter Nutzen für Unternehmen *und* Arbeitnehmer liegen. Generell liegt darin aber - so unsere These - eine Schwächung des Zwanges für die Unternehmen zu längerfristiger Planung und Bewirtschaftung von Zeit und damit eine Verstärkung des Risikos für die abhängig Beschäftigten.

Der zweite Aspekt stellt eine ähnlich globale Betrachtung an. Arbeitsrecht bildet eine kollektive Haftungsstruktur. Durch den Zwang zur Generalisierung

---

122 Interessante Wahrnehmungen aus der Praxis, nämlich der von Arbeitsinspektoren, finden sich dazu in: Association Villermé, Le rôle de l'inspection du travail dans l'application du nouveau droit, Rencontre nationale des 20 et 21 novembre 1982, N° 6 Spécial INTER-D' ITS, Janvier 1983.

verteilt Arbeitsrecht in gewissem Umfang partikulare Nutzen und Risiken um. Es wirkt damit in zwei Richtungen distributiv, innerhalb der Gesamtgruppe der Arbeitnehmer und zwischen diesen und der Gesamtheit der Unternehmen, in der großen Phrase des 19. Jahrhunderts: zwischen Kapital und Arbeit. Je stärker arbeitsrechtliche Regulierungsmacht sich in die Richtung dezentraler Selbstregulierung verlagert, desto weniger kann das Recht seinem sozialen Haftungsauftrag nachkommen. Genauer: Desto kleinräumiger und, um das erste Argument mit aufzunehmen, desto kürzerfristig wird die Fähigkeit des Arbeitsrechts, arbeitsspezifische Risiken zu verteilen und damit eine von marktlichen Kontingenzen abgesetzte Haftungsstruktur zu bilden.

C. Staatliche Beschäftigungspolitik und gesetzgeberische Maßnahmen

Auch wenn Erwerbsarbeit - den öffentlichen Dienst einmal ausgenommen - im wesentlichen durch den Markt vermittelt und auf den Markt bezogen ist und damit den typischen Bedingungen privater Entscheidungsmacht unterliegt, ist sie in vielfältiger Weise staatlich und rechtlich vorgeformt. Der moderne Arbeitsmarkt ist mit seinen zahlreichen Ankoppelungen an Familie, Schule, Berufsausbildung, Konsum, Gesundheit, soziale Sicherheit, gesellschaftliche Stabilität u.a. ein zu komplexes, weil von unterschiedlichen sozialen Logiken beeinflußtes Ensemble von Institutionen, als daß er sich gänzlich selbst überlassen sein könnte. Auch wenn das Marktgeschehen als solches ökonomischer Rationalität folgt, findet es sich in - von Land zu Land unterschiedlicher - Weise institutionell eingerahmt und vorstrukturiert. Bemerkenswerte und für eine europäische Analyse bedeutsame Unterschiede zeigen sich in der Art und Dichte der politischen und institutionellen Verfassung der Arbeitsmärkte und bei den hauptsächlichen Akteuren, den Politikern und Institutionen. Es sind hauptsächlich der Staat auf seinen verschiedenen Organisationsstufen, Gewerkschaften, Arbeitgeberverbände und andere intermediäre Organisationen, sowie unmittelbar am Arbeitsmarkt handelnde Akteursgruppen, vor allem große Unternehmen mit gewichtigen Beschäftigtenzahlen und differenzierter Binnenstruktur, die sich das Politikfeld "Beschäftigung" streitig machen oder die darin in spezifischer Weise kooperieren.

I. Vergleichende Gesichtspunkte staatlicher Einwirkung auf Arbeitsmärkte innerhalb der EG

Die 12 in der EG versammelten Staaten bieten unter dem Blickwinkel der Art und Intensität staatlicher Maßnahmen in bezug auf Erwerbsarbeit und Arbeitsmärkte ein variantenreiches Bild. Die Frage der staatlichen Interventionsformen und -wirkungen im EG-Europa verdiente eingehendere vergleichende Analysen. In der Variation staatlicher Beschäftigungspolitiken dürfte ein Ansatz zum genaueren Verständnis der Transformations- und Wirkungsbedingungen von EG-Recht in den nationalen Beschäftigungssystemen liegen. Frankreich nimmt im Hinblick auf die politische und administrative Aufmerksamkeit, die den nationalen Beschäftigungsentwicklungen zuteil wird, eine obere, wenn nicht gar die oberste Stellung im Vergleich der EG-Staaten ein. Es dürfte sich damit, jedenfalls unter den großen EG-Mitgliedstaaten, auf der Interventionsskala auf der Italien entgegengesetzten Seite befinden, dessen beschäftigungspolitische Situation beschrieben wird als eine, in welcher der Staat völlig fehlt,[1] oder - wohl genauer - als eine, deren staatliche Regulierungsansätze formell bleiben und nur in schwachem Ausmaß Wirkungen zeitigen.[2]

Die in Frankreich immer wieder festgestellte "omniprésence de l'Etat" und die für dieses Land kennzeichnende "régulation par l'Etat"[3] bestimmen auch die rechtliche Ausgestaltung der Erwerbsarbeit, insbesondere der abhängigen Arbeit. Die in der politischen Kultur Frankreichs ohnehin angelegte staatliche Planungs- und Regulierungsbereitschaft ist durch die Krise des Arbeitsmarktes im Gefolge des ersten und vor allem zweiten Ölpreisschocks (1974/75 und 1980/81) stark erhöht worden. Ein nicht kleiner Teil dessen, was im Zeitvergleich zu früheren Zuständen des Beschäftigungssystems als neue Formen oder neue Bedingungen der Erwerbsarbeit erscheint, entspringt der infolge der Krise verstärkten Experimentier- und Regulierungsbereitschaft staatlicher Politik. Vor allem im Bereich der Jugendarbeitslosigkeit hat die französische Beschäftigungspolitik eine erstaunliche Fülle von, oftmals nur kurzlebigen, Formeln, Modellen und Subventionsformen entwickelt. Einige von ihnen sollen unter C.II. im Überblick dargestellt werden.

Die etwa seit 1987 auch in Frankreich wieder aufwärts weisenden Konjunktur- und Beschäftigungssignale und der damit einhergehende, wenn auch weitaus weniger dynamische Abbau des hohen Standes an Arbeitslosigkeit haben im Zusammenhang mit dem zu Ende gegangenen Krisenjahrzehnt der 80er Jahre eine Reihe von Evaluationen der Arbeitsmarktpolitik begünstigt. Trotz der dadurch verbesserten und in gewisser Weise wissenschaftlicher gewordenen Materiallage kann es nicht Aufgabe dieser Darstellung sein, die Fülle staatlicher Maßnahmen im Bereich der Erwerbsarbeit im Detail und in ihrer zeitlichen Abfolge nachzuzeichnen. Hier soll es genügen, einige beschäftigungspolitische Schwerpunktsetzungen unter den Fragestellungen des Forschungsprojekts herauszuheben.

---

1 Philippe Mehaut / Marie Claire Villeval, La mobilisation de la formation par l'entreprise dans les opérations de reconversion externe de la main d'oeuvre, Mai 1990, S. 45.

2 Emilio Reyneri, Flexibilité du marché du travail et relations industrielles, in: La flexibilité en Italie, Textes réunis et présentés par Margaret Maruani, Emmanuèle Reynaud, Claude Romani, 1989, S. 63 ff. (65). Nur zur Abrundung des Bezuges sei darauf hingewiesen, daß auch diese Beschreibung möglicherweise zu grob ist, weil sie nicht zwischen den unterschiedlichen Wirkungsstufen nationalstaatlicher, regionaler und kommunaler Industrie- und Beschäftigungspolitiken in Italien unterscheidet.

3 Calliope Spanou, Le droit instrument de la contestation sociale? Les nouveaux mouvements sociaux face au droit, in: C.U.R.A.P.P., Les usages sociaux du droit, 'p.u.f.' 1989, S. 32 ff. (39).

Ungeachtet ihres Variantenreichtums folgte auch die französische Beschäftigungspolitik in den 80er Jahren einem in den Grundzügen überall im EG-Europa beobachtbaren Interventionsmuster. Für dieses Muster spricht die Logik der Reaktion auf Funktionsschwächen des Arbeitsmarktes und auf die sich vor allem unter Krisenbedingungen verschärfenden Qualifikations- und Marktzutrittsprobleme bestimmter Personengruppen. Um auf der einen Seite den Marktzutritt für Personen mit geringerem kulturellen und sozialen Kapital[4] auch in Zeiten genereller Nachfrageschwäche auf dem Arbeitsmarkt zu erleichtern, werden auf der anderen Seite Anreizsysteme gesetzt für diejenigen, die seit langem am Arbeitsmarkt untergekommen sind und diesen vorzeitig verlassen wollen (sollen). Mit einem differenzierten Schema von Maßnahmen des vorzeitigen Ruhestandes (pré-retraites), die ab 1980 einen steilen Aufstieg nehmen und zwischen 1983 und 1985 mit jährlich jeweils erheblich über 600.000 den Arbeitsmarkt völlig oder teilweise verlassenden Personen ihr höchstes Niveau finden, reiht sich Frankreich in die Logik und Dynamik europäischer Arbeitsmarktpolitiken ein.[5]

Hintergrund der vielfältigen staatlichen Beschäftigungs- und Bildungsmaßnahmen zugunsten Jugendlicher ist eine in Frankreich, wie bereits erwähnt, vor allem im Vergleich zur Bundesrepublik Deutschland hohe Jugendarbeitslosigkeit ab Beginn der 80er Jahre. Die Zahlenübersichten[6] weisen Arbeitslosenquoten in dem besonders betroffenen Altersbereich von 15-24 Jahren aus, die für beide Geschlechter zusammen ab 1981 um 19 vH und ab Mitte 1983 durchweg oberhalb von 20 vH liegen, mit Spitzenwerten von knapp 25 vH im letzten Quartal 1984. Für junge Frauen zwischen 15 und 25 Jahren liegen die Arbeitslosenquoten seit Ende 1981 durchweg oberhalb von 25 vH und überschreiten in der 2. Jahreshälfte von 1984 die 30 vH-Grenze. Dieses für ein "nördliches" Industrieland dramatisch hohe Niveau an Arbeitslosigkeit geht nur langsam zurück und liegt für die Altersklasse 15-24 Jahre noch im März 1989 bei insgesamt 20,5 vH und für die Frauen dieses Altersbereichs bei 24,2 vH (Männer 16,9 vH).[7]

---

[4] Die in der französischen Bildungs- und Arbeitssoziologie häufig verwandten Begriffe des kulturellen oder sozialen Kapitals gehören zu den Standardreferenzen auf die theoretischen Ansätze von Pierre Bourdieu, mit denen dieser die Berufs- und Marktchancen von Menschen aus ihrer unterschiedlichen kulturellen und sozialen "Erbschaft" (l'héritage) zu erklären versucht; vgl. Pierre Bourdieu / J.C. Passeron, La reproduction, Paris 'Minuit' 1970. Eine Übersicht über die "Kapital"-Terminologie von Bourdieu gibt Pierre Ansart, Les sociologies contemporaines, 'Editions du Seuil', 1990, S. 97 ff.

[5] Zu Einzelheiten siehe das von UNEDIC herausgegebene "Bulletin de liaison" N° 118, 4ème Trimestre 1990, 4. Teil "Les allocations du régime de pré-retraite état", S. 209 ff.; Dossiers Statistiques du Travail et de l'Emploi N° 62, Septembre 1990, "Quinze ans de politique d'emploi 1974-1988", mit Zahlenübersichten auf den S. 9, 13 und 80 ff.

[6] Siehe vor allem die "Collections de l'INSEE", Série D, n° 123, Novembre 1987, S. 93, und n° 128, Octobre 1988, S. 72, sowie "Enquête sur l'emploi" vom März 1989, S. 72.

[7] INSEE, Enquête sur l'emploi de 1989. Résultats détaillés, S. 72.

Arbeitslosigkeit ist die Folge eines Mangels an Arbeitsangeboten und, praktisch noch wichtiger, einer mangelhaften Zuordnung oder Zuordenbarkeit von Arbeitskräften und Arbeitsplätzen. Auf diese simple Feststellung gründen sich zwei komplexe Architekturen von Maßnahmen staatlicher Beschäftigungspolitik, deren eine von der Zahl und Qualifikation der am Arbeitsmarkt erscheinenden Personen ausgeht, wohingegen die andere auf Art und Anzahl der angebotenen Arbeitsplätze Einfluß zu nehmen sucht. Die Zielrichtung der in diese "Architekturen" eingebauten Maßnahmen ist tendenziell gegensätzlich. Die personenbezogenen Maßnahmen haben allgemein zum Ziel, die Menge der Arbeitsuchenden zu verkleinern und damit den Nachfrageüberhang auf dem Arbeitsmarkt zu vermindern. Dagegen bemühen sich die an den betrieblich oder außerbetrieblich organisierten Arbeitsplätzen ansetzenden Maßnahmen, gerade entgegengesetzt, um Erweiterung des Angebotes.

Die Logik der beiden Kategorien von beschäftigungspolitischen Maßnahmen ist einfach und allgemeingültig. Beide Kategorien lassen sich deshalb im Grundsatz in allen in den Vergleich einbezogenen Industriestaaten finden. Allerdings erscheint das französische Maßnahmeinstrumentarium besonders variantenreich, in besonderem Maße zeitlichem und politischem Wandel unterworfen, und zugleich stärker als anderswo Teil eines mit starker politischer Aufmerksamkeit bedachten staatlichen Planungsprozesses. Darüber hinaus wird die staatliche Intervention in diesem Feld seit Jahren von einer für den Charakter der Maßnahmen und ihre Verträglichkeit mit den Prinzipien einer Marktgesellschaft aufschlußreichen Diskussion über die Vorzugswürdigkeit sozialpolitischer oder wirtschaftspolitischer Maßnahmekonzeption begleitet (traitement social versus traitement économique du chômage).

Die Entwicklungsgeschichte der beiden Gruppen von Maßnahmen ist reichhaltig und unübersichtlich, sie im einzelnen zu beschreiben ist nicht einfach und für die Zwecke des Berichts auch nicht erforderlich. Kennzeichnend für den Ende der 80er Jahre erreichten Grad an Komplexität ist das auch von Experten empfundene Bedürfnis nach Vereinfachung,[8] das mit dem 1989 verabschiedeten Beschäftigungsplan in Ansätzen verwirklicht worden ist.

Die personenbezogenen Maßnahmen richten sich, entsprechend ihrem auf sozialen Ausgleich bedachten Ansatz, hauptsächlich an Zielgruppen (publics cibles) mit erhöhten Zutrittshürden zum Arbeitsmarkt, mit unterschiedlich begründeten Schwierigkeiten der Erhaltung von Erwerbspositionen oder mit dem - gegebenenfalls nachhaltig stimulierten - Wunsch, das Beschäftigungssystem vorzeitig zu verlassen. Letztere Gruppe umfaßt die vor allem während

8 Vgl. Gilles Gateau, Les politiques de l'emploi: principales orientations, Dossiers Statistiques du Travail et de l'Emploi, N° 63-64, Octobre 1990, pp. 21-29; Anne Gauvin / Olivier Bouquillard, 1989, année charnière pour les politiques d'emploi: plus d'aides à l'emploi dans le secteur marchand, moins de TUC et de préretraites, Dossiers Statistiques du Travail et de l'Emploi, N° 63-64, Octobre 1990, pp. 13 et seq. (16).

der 80er Jahre aus beschäftigungspolitischen Gründen zum Wechsel in den Vor-Ruhestand (préretraites) ermunterten älteren Arbeitnehmer. Wie die Zahlenübersicht in Tabelle 5 für den Zeitraum 1973 bis 1988 zeigt, hatte diese Interventionsform in Frankreich einen vergleichsweise starken quantitativen Effekt mit Abgangszahlen von um oder erheblich über 600.000 pro Jahr während der Hochkonjunktur des Vorruhestandes 1983-1986. Allein für den Zeitraum der zehn Jahre zwischen 1979 und 1988 sind auf diese Weise über 4,4 Millionen ältere Arbeitnehmer in den Vorruhestand geschickt worden.

Zu der mittleren Gruppe der Arbeitnehmer, die in eine schwierige Beschäftigungslage geraten sind, rechnen Personen in Krisenbranchen oder Krisenunternehmen angesichts der Notwendigkeit, ihren Arbeitsplatz vorübergehend - etwa zum Zwecke der Umschulung - oder für immer zu verlassen.

In der ersten Gruppe der Personen mit Zutrittshürden hat sich im Laufe der letzten Jahre eine bemerkenswerte soziologische Verschiebung vollzogen. Waren die hier versammelten vielfältigen Vertrags- und Praktikumsformen (stages) "maßnahmegeschichtlich" zunächst, d.h. ab Mitte der 70er Jahre, fast ausschließlich dem besonders drängenden Problem der Jugendarbeitslosigkeit gewidmet, so gerät ab 1982 zunehmend die Gruppe der Langzeitarbeitslosen (chômeurs de longue durée, "CLD") ins Visier der staatlichen Beschäftigungspolitik. Das verdeutlicht das Zahlenverhältnis der mit staatlichen Maßnahmen bedachten beiden großen Zielgruppen. Während seit 1983 gleichbleibend ca. 50.000 Jugendliche im Jahresdurchschnitt an "stages" teilnehmen, erhöht sich die Zahl der beschäftigungspolitisch traktierten Langzeitarbeitslosen nach einem sachten Anlauf bis etwa 1985 auf 30.000 im Jahre 1986 und bereits auf 70.000 im Jahre 1988.[9] Diese Zahlenentwicklung markiert eine Problemverschiebung in der Wirklichkeit, die sich in Frankreich wie in anderen EG-Staaten kennzeichnen läßt als Tendenz zur sozialen Abkoppelung der Teilgruppe der seit mindestens einem Jahr oder gar seit mehr als drei Jahren arbeitslosen Personen von den Arbeits- und Einkommensstandards von Erwerbstätigen.

Die starke Ausdifferenzierung staatlicher Beschäftigungspolitik in Frankreich in eine Vielzahl von Maßnahmen mit teilweise sehr kleinen Teilnehmerzahlen[10] sollte nicht zur Unterschätzung der Gesamteffekte führen. Sowohl die Summe der Teilnehmerzahlen an den diversen Maßnahmen als auch die dadurch - wahrscheinlich - bewirkte Vermeidung von Arbeitslosigkeit weisen der Beschäftigungspolitik starke Steuerungseffekte zu. Darüber hinaus lassen die in Tabelle 5 über einen Zeitraum von 16 Jahren hinweg no-

---

9 G. Cornilleau / P. Marioni / B.Roguet, Quinze ans de politique de l'emploi, Travail et Emploi 2/1990, N° 44, S. 64 ff. (66), Graphique 2.

10 Beispiele sind das Programme local d'insertion des femmes (PLIF), das Ende 1988 2.500 und Ende 1989 insgesamt lediglich 2.000 Teilnehmerinnen umfaßte, oder die stages "femmes isolées" mit jeweils zu denselben Zeitpunkten 2.500 und 4.500 Teilnehmerinnen.

tierten Bestandswerte ein weiteres Charakteristikum beschäftigungspolitischer Interventionen erkennen, nämlich rasche und starke Volumenänderungen. Sie sind allem Anschein nach in doppelter Hinsicht steuerungsbedingte Anpassungen. Zum einen passen sich beschäftigungspolitische Investitionen an sich ändernde Wirklichkeitslagen an, zum anderen werden sie unter Effizienzgesichtspunkten in einem fortwährend evaluierten Verfahren von 'trial and error' korrigiert.

Tabelle 5

Beschäftigung, Arbeitslosigkeit und Maßnahmen der Beschäftigungspolitik in Frankreich (Jahresdurchschnittszahlen der Bestände in Tausend)

	Emploi intérieur (a)	Emploi marchand aidé	Emploi public spécific	Dispensés de recherche d'emploi[4] (b)
1973	21 411			
1974	21 597			
1975	21 401	1		
1976	21 565	8		
1977	21 730	94		
1978	21 818	332		
1979	21 835	331		
1980	21 847	357		
1981	21 716	470		
1982	21 752	421	8	
1983	21 668	289	8	
1984	21 467	274	8	1
1985	21 401	277	123	27
1986	21 424	460	195	99
1987	21 471	785	202	141
1988	21 599	565	204	209

Anmerkungen:

1. Abhängig Beschäftigte (Inland Konzept)
2. Unterstütze Arbeitsformen in der Privatwirtschaft
3. Besondere Beschäftigungsformen in öffentlichen Einrichtungen
4. Befreiungen von der Arbeitssuche

Tabelle 5 (Fortsetzung)

	Préretraites[5] (c)	Stages de formation professionnelle[6]	Ensemble des dispositifs[7]	Demandes d'emploi en fin de mois catégorie 1[8]
1973	44	47	91	394
1974	59	48	107	498
1975	75	62	138	840
1976	93	83	184	933
1977	102	79	275	1 072
1978	137	95	564	1 163
1979	158	89	578	1 350
1980	188	87	632	1 451
1981	180	83	833	1 773
1982	413	101	943	2 008
1983	650	112	1 069	2 068
1984	684	119	1 086	2 340
1985	637	135	1 199	2 456
1986	561	145	1 460	2 517
1987	470	149	1 747	2 622
1988	394	198	1 570	2 563

Quelle: Ministère du Travail, de l'Emploi et de la Formation professionnelle, Service d'Études et de a Statistique, sauf (a): INSEE, (b): UNEDIC pour les dispensés de recherche d'emploi indemnisés, (c): UNEDIC.

aus: Cornilleau / Marioni / Rouget a.a.D.

Anmerkungen: 5. Vorruhestand 6. Berufsbildungskurse

7. Gesamtzahl der Beschäftigungsmaßnahmen 8. Arbeitssuchende

Makroökonomische Abschätzungen bescheinigen den beschäftigungspolitischen Maßnahmen trotz erheblicher methodischer Unsicherheiten[11] beachtliche Vermeidungswirkung hinsichtlich Arbeitslosigkeit. So gehen die Schätzungen für das Jahr 1988 von 230.000 bis 500.000 "vermiedenen Arbeitslosen" aus. In dieser volkswirtschaftlichen Größenordnung hat das Instrumentarium staatlicher Beschäftigungspolitik in Frankreich zur Verhütung und Verminderung von Arbeitslosigkeit beigetragen.[12]

11 Mit hohen Unsicherheiten behaftet ist beispielsweise die Abschätzung von Substitutionseffekten (geförderte Arbeit gegen ohnehin vorgenommene nicht geförderte Einstellungen), aber auch das als "effet d'appel" beschriebene Phänomen: Das erfolgreiche Funktionieren von Maßnahmen zieht neue Nachfrager an und senkt dadurch tendenziell die Entlastungsrate.

12 Cornilleau / Marioni / Roguet S. 65.

Insgesamt nahmen am 31. Dezember 1989 rund 1,210 Millionen Menschen an einer beschäftigungspolitischen Maßnahme im metropolitanen Frankreich teil, ein Wert, der im Vergleich zu 1988 (1,219 Mio.) fast gleichgeblieben ist. Dagegen schrumpfte das Fluktuationsvolumen, das alle Ein- und Austritte in und aus beschäftigungspolitischen Maßnahmen umfaßt, im Jahr 1989 auf 1,36 Millionen gegenüber noch 1,49 Mio. im Jahr 1988, eine Entwicklung, die im wesentlichen auf die Verlagerung von kurzlaufenden Maßnahmen auf längerlaufende Maßnahmen zurückgeführt wird.[13] Die letzte vorliegende Zahl belegt die erneute Ausweitung staatlicher Beschäftigungspolitik: Im Jahr 1990 hat sich die Zahl der Personen in Beschäftigungsmaßnahmen in Frankreich um rund 70.000 auf insgesamt 1.281.000 erhöht.[14]

Setzt man die durchschnittliche jährliche Gesamtzahl der beschäftigungspolitischen Maßnahmen in Beziehung zur Gesamtzahl der abhängig Beschäftigten in Frankreich (siehe Tabelle 5), so gelangt man zu einem staatlich finanzierten und konstruierten Beschäftigungssegment neben dem Arbeitsmarkt, das seit 1983 eine Größenordnung zwischen 5 und 8 vH annimmt. Diese Werte lassen sich als vergleichsfähige Indikatoren für die beschäftigungspolitische und volkswirtschaftliche Bedeutung staatlicher Intervention im Arbeitsmarkt nutzen. Auffallend ist im europäischen Vergleich vor allem die Gegenüberstellung mit dem Vereinigten Königreich.[15] Die ersten und noch groben empirischen Hinweise sprechen für die Vermutung, daß sich eine Industriegesellschaft wie die britische, mit ihren politisch verstärkten Tradi-

---

[13] Anne Gauvin / Olivier Bouquillard S. 13 f.

[14] Alain Lebaube, "Le Monde" vom 8. Mai 1991, S. 17.

[15] Genaue Zahlenvergleiche sind wegen der erheblichen Unterschiede in Begrifflichkeit und statistischer Erfassung nicht einfach. An dieser Stelle soll nur angedeutet werden, in welche Richtung eine solche vergleichende Analyse entwickelt werden könnte. Nach dem "1990 Labour Force Survey preliminary results", Employment Gazette, April 1990, S. 175 ff., Table 1, betrug der Anteil der Personen in Großbritannien, die im Frühjahr 1990 in Beschäftigungs- und Ausbildungsprogrammen der Regierung tätig waren (447.000), an der Gesamtzahl der abhängig Beschäftigten (22.251.000) 2 vH. Selbst wenn man die unterschiedlichen Erfassungsmethoden in Rechnung stellt (Frühjahrserhebung in Großbritannien, durchschnittliche Jahresbestandszahlen in Frankreich), deutet der wesentlich geringere "englische" Anteil auf ein schwächeres staatliches Engagement im Bereich der Beschäftigungsprobleme im Vergleich zu Frankreich. Der Unterschied bleibt im Prinzip auch dann erhalten, wenn man aus den französischen Daten den Vorruhestand herausrechnet. Der Anteil der staatlich unterstützten Beschäftigungsmaßnahmen in Frankreich im privatwirtschaftlichen und im öffentlichen Sektor an der Gesamtzahl der abhängig Beschäftigten beträgt im Jahr 1989 3,2 vH (Dossiers Statistiques du Travail et de l'Emploi N° 62, Sept. 1990, Tableau 1.1). Auch dieser Wert liegt noch erheblich über dem für Großbritannien ermittelten Anteil. Diese Schätzungen sind ganz vorläufig. Sie bedürfen genauerer Durchdringung im Detail, versprechen jedoch theoretisch fruchtbaren Erkenntnisgewinn zur Rolle des Staates im nationalen Beschäftigungssystem. In die skizzierte Richtung weisen im übrigen auch andere Indikatoren, beispielsweise der Anteil der Personen, die an Qualifizierungs- und Arbeitserhaltungsmaßnahmen teilnehmen, an der Gesamtzahl der Beschäftigten (dieser Anteil betrug 1988 in Frankreich 8,6 vH, im Vereinigten Königreich 3,6 vH), sowie der prozentuale Anteil der Zahl der Teilnehmer an beschäftigungssichernden Maßnahmen an der Gesamtzahl der Arbeitslosen (Frankreich 1988: 41 vH, Vereinigtes Königreich: 22 vH); siehe hierzu OECD, Labour Market Policies for the 1990s, Paris 1990, Tables 16 und 17, S. 58 f.

tionen der Eigenverantwortung (self-reliance) und der Vertragsorientierung im Wirtschafts- und Arbeitsleben, mit der Einräumung von wohlfahrtsstaatlichen "Status" schwerer tut als die im Vergleich dazu eher korporatistisch verfaßten Länder Frankreich und Bundesrepublik Deutschland.

Ein weiterer für den Vergleich von Beschäftigungspolitiken interessanter Indikator läßt sich aus dem relativen Gewicht der für staatliche Unterstützungsmaßnahmen ausgegebenen Mittel gewinnen. Nach Berechnungen der OECD nimmt Frankreich mit einem Prozentanteil der öffentlichen Ausgaben für Arbeitsmarktprogramme am Bruttoinlandsprodukt in den Jahren 1985 bis 1988 von jeweils um die 3 vH (1985: 3.10; 1986: 3.07; 1987: 3.07; 1988: 2.87) einen der vorderen Ränge der westlichen Industriestaaten ein.[16] Dieses Anteilsniveau liegt durchweg um rund ein Drittel über dem der Bundesrepublik Deutschland im selben Zeitrahmen (1985: 2.23; 1986: 2.24; 1987: 2.36; 1988: 2.41), um rund das Doppelte über dem von Italien (1985: 1.49; 1986: 1.59; 1987: 1.49; 1988: 1.61) und um rund das Dreifache über dem von Griechenland (1985: 0.78; 1986: 0.85; 1987: 0.92; 1988: 0.83). Es wird allerdings seinerseits übertroffen von den von Dänemark, Irland, den Niederlanden und Belgien für die Finanzierung von Arbeitsmarktprogrammen bestimmten Anteilen des Bruttoinlandprodukts.

Kritisch anzumerken bleibt, daß die Erfassung und Abschätzung der volkswirtschaftlichen Effekte staatlicher Beschäftigungspolitik sowohl in den Mitgliedstaaten der EG als auch in der EG-Kommission im Hinblick auf die Wirkungen der Strukturfonds bedeutend weiter entwickelt ist als die rechtlicher und rechtssoziologischer Wirkungen.

II. Beschäftigungspolitische Maßnahmen in Frankreich im Überblick

Es gibt verschiedene Möglichkeiten, um kategoriale Ordnung in das auf den ersten Blick verwirrende Gefüge von beschäftigungspolitischen Maßnahmen in Frankreich zu bringen. Wir übernehmen in den Tabellen 5 und 6 die in der französischen Beschäftigungsdiskussion verbreitete vierfache Gliederung in

— geförderte Arbeitsformen im privatwirtschaftlichen Sektor (Emploi aidé dans le secteur marchand),
— geförderte Arbeitsformen im nicht privatwirtschaftlichen Sektor (Emploi aidé dans le secteur non marchand),
— Maßnahmen der beruflichen Bildung (Actions de formation),
— Begleitmaßnahmen bei betrieblichen Umstrukturierungen (Accompagnement des restructurations).

---

[16] OCDE, Perspectives de l'Emploi, Paris, Juillet 1989, Tableau A.1, p. 222; OECD, Labour Market Policies for the 1990s, Paris 1990, Table 14, S. 52.

Im Unterschied zu den beiden letztgenannten Maßnahmekategorien, die auf die Qualität der Arbeits*kräfte* zielen, setzen die beiden ersten Kategorien bei dem Angebot an Arbeits*plätzen* an, also auf seiten der Unternehmen. Sie versuchen hier, durch Senkung der Arbeitskosten die Einstellung von Beschäftigten zu stimulieren. Tabelle 6 gibt einen Überblick über die ausgebaute Maßnahmestruktur in den einzelnen Kategorien und zugleich ein Bild von der quantitativen Bedeutung der einzelnen Maßnahmetypen für die Jahre 1988 und 1989, unterschieden nach Eintritten und Jahresendbestand. Die bestandsbezogene Betrachtung offenbart für beide Jahre ein deutliches Übergewicht der im privatwirtschaftlichen Sektor ansetzenden Maßnahmen, deren Anteil sich von 41,3 vH im Jahr 1988 auf 46,8 vH im Jahr 1989 erhöht hat. Umgekehrt hat sich der zweitwichtigste Maßnahmetypus, Begleitmaßnahmen bei Umstrukturierungen, im Verlauf der beiden Jahre von 32,0 vH auf 28,5 vH zurückgebildet.

Aus Gründen der begrifflichen Präzision sind in den Tabellen 5 und 6 die französischen Maßnahmebezeichnungen belassen und jeweils in einer Anmerkung ins Deutsche übersetzt worden.

Tabelle 6

Hauptsächliche Beschäftigungsmaßnahmen 1988 und 1989 im metropolitanen Frankreich (in Tausend)

	Bestand Ende 1988	Zugänge insgesamt 1989	Bestand Ende 1989
A. Emploi aidé dans le secteur marchand	**503,5**	**612,5**	**567,0**
1. Embauche exonérée du premier salarié	—	69,9	56,0
2. Création d'entreprise par un chômeur	nd	52,4	nd
3. Contrat d'apprentissage	228,1	137,6	234,0
4. Contrat de qualification	78,6	92,4	117,0
5. Contrat d'adaptation	73,5	118,1	86,0
6. SIVP	87,3	90,7	27,0
7. Contrat de retour à l'emploi	—	8,,4	6,0
8. Contrat de réinsertion en alternance	36,0	43,0	41,0
9. Associations intermédiaires*	nd	(254,6)	nd

Tabelle 6 (Fortsetzung)

	Bestand Ende 1988	Zugänge insgesamt 1989	Bestand Ende 1989
B. Emploi aidé dans le secteur non marchand	**191,7**	**276,5**	**150,5**
1. TUC	181,6	262,3	143,5
2. PIL / AIG	7,6	11,8	5,0
3. PLIF	2,5	2,4	2,0
C. Actions de Formation	**133,4**	**395,2**	**149,8**
1. Stages 16 - 25 ans **	57,3	99,6	40,0
2. Stages FNE / CLD	17,0	118,6	49,0
3. Stages modulaires	34,0	77,5	27,0
4. Stages de réinsertion en alternance	19,1	43,3	20,8
5. Stages de réclassement professionnel	—	24,1	4,0
6. Stages de mise à niveau	3,5	24,8	4,5
7. Stages FNE/femmes isolées	2,5	7,3	4,5
D. Accompagnement des Restructurations	**390,7**	**79,7**	**343,1**
1. Dispositifs de conversion (conventions et congés de conversion)	8,6	31,6	10,6
2. Garantie de ressources (licenciement ou démission)	180,8	4,9	136,6
3. Allocation spéciale du FNE (préretraites)	191,5	38,7	184,1
4. Préretraite progressive	9,8	4,5	11,8
E. Ensemble	**1219,3**	**1363,9**	**1210,4**

* Mises a disposition: catégorie non cumulable dans les totaux de beneficiaires.

** Admission en rémunération, y compris au titre du programme intermediaire et du credit-formation.

Quelle: Anne Gauvin / Olivier Bouquillard, 1989, année charniére pour les politiques d'emploi, plus d'aides à l'emploi dans le secteur marchand, moins de TUC et de préretraites, Dossiers Statistiques du Travail et de l'Emploi, N°. 63-64, Octobre 1990, S. 13 ff.

Tabelle 6 (Übersetzungen)

A. Fördermaßnahmen in der Privatwirtschaft	**C. Bildungsmaßnahmen**
1. Kostenübernahme für den 1. Arbeitnehmer	1. Praktika für 16 - 25 jährige
2. Gründungshilfe für Arbeitslose	2. Praktika für Langzeitarbeitslose
3. Lehrvertrag	3 Modul-Kurse
4. Qualifizierungsvertrag	4. Wiedereingliederungspraktika
5. Anpassungsvertrag	5. Umschulungskurse
6. Berufseingliederungspraktikum	6. Wiederauffrischungskurse
7. Rückkehrvertrag	7. Kurse für isolierte frauen
8. Wiedereingliederungsvertrag	**D. Umstrukturierungsmaßnahmen**
9. Vermittlungsvereine	1. Umschulungsmaßnahmen
B. Fördermaßnahmen außerhalb der Priv.Wirtsch.	2. Gehaltsschutz für ältere Arbeitnehmer
1. Gemeinwesenarbeit ("ABM")	3. Sonderleistungen der FNE
2. Örtliche Eingliederungsprogramme	4. Teil-Ruhestand
3. Programm für isolierte Frauen	**E. Gesamtzahl**

Eine ausführliche Deskription und Evaluation der Vielzahl von Maßnahmen französischer Beschäftigungspolitik ist im Rahmen dieser Darstellung weder möglich noch sinnvoll. Nur beispielhaft und auch nur in den Grundzügen sollen im folgenden einige neuere Entwicklungen in den vier Maßnahmekategorien vorgestellt werden, um das Bild der Bedingungen und Effekte solcher Maßnahmen plastischer zu machen.

III. Geförderte Arbeitsformen im privatwirtschaftlichen Sektor

Ebenso wie die Förderansätze im nicht privatwirtschaftlichen Sektor setzen die Maßnahmen der "emploi aidé dans le secteur marchand" am Volumen und an der Struktur der Stellenangebote an und versuchen, über die selektive Senkung von Arbeitskosten die Einstellung bestimmter Zielgruppen zu fördern. Bevorzugte Mittel hierfür sind die zeitlich befristete Entlastung des einstellenden Unternehmens von Sozialabgaben sowie direkte Hilfen. Einige der Maßnahmen sind mit Aus- und Weiterbildungsanteilen verkoppelt.

Im Jahre 1989 neu aufgenommen in diese Gruppe wurde die für das Thema des Forschungsprojekts interessante Befreiung des Arbeitgebers von den Sozialabgaben bei der Einstellung des ersten Arbeitnehmers (Embauche exonérée du premier salarié). Die Maßnahme richtet sich an "kleine" Selbständige (travailleurs indépendants), die in knapp 70.000 Fällen von ihr Gebrauch machten (siehe Tabelle 6). Man schätzt, daß die Maßnahme einen Beschäftigungseffekt von netto ungefähr 25.000 Arbeitsplätzen hatte.[17] Zwei Drittel der Unternehmen, die von dem Förderangebot Gebrauch machten, sind im Dienstleistungssektor tätig, ein Viertel gehört der Baubranche an. Eine von zwei auf diese Weise eingestellten Personen befand sich offiziell auf der Arbeitsuche. Nach den für die ersten sieben Monate von 1990 vorliegenden Zahlen dürfte die Maßnahme auch im Jahr 1990 mit etwa derselben Häufigkeit abgerufen worden sein.

Ebenfalls von großem Forschungsinteresse im Zusammenhang mit "Neuen Formen und Bedingungen der Erwerbsarbeit" sind die Unterstützungsleistungen, die an arbeitslose Unternehmensgründer gezahlt werden (l'aide aux chômeurs créateurs d'entreprise, ACCRE). Die französische Maßnahme, seit 1978 in unterschiedlichen Varianten implementiert, kann wohl für sich in Anspruch nehmen, die älteste Förderkonzeption dieser Art im EG-Europa zu sein und für eine Reihe von folgenden Entwicklungen Pate gestanden zu haben. Ihr britisches Gegenstück ist das "Enterprise Allowance Scheme", in der Bundesrepublik Deutschland existiert seit 1986 das "Überbrückungsgeld" nach § 55a AFG. Die "l'aide aux chômeurs créateurs d'entreprise" soll im Zusammenhang mit der Entwicklung der Selbständigkeit in Frankreich näher erörtert werden.[18] Nach ihrer Zwitterstellung zwischen Arbeitsförderung und Wirtschaftsförderung gehört sie aber ebenfalls zu den Formen geförderter Arbeit. Für die Bestimmung der quantitativen Bedeutung dieser Fördermaßnahme ist zu unterscheiden zwischen der Anzahl der geförderten *Personen* und der Anzahl der gegründeten *Unternehmen*. Letztere bleibt wegen der Möglichkeit gemeinschaftlicher Unternehmensgründungen hinter der Personenzahl etwas zurück.

Die Anzahl der mit einer "l'aide aux chômeurs créateurs d'entreprise" unterstützten Personen blieb bis Mitte der 80er Jahre auf einem vergleichsweise hohen Niveau von um die 70.000 pro Jahr. Sie ging 1987 und 1988 infolge der Verschärfung der Anforderungen an die Tragfähigkeit der Existenz ziemlich abrupt nach unten auf 56.600 im Jahre 1988 und 52.400 im Jahre 1989.[19] 1990 sank die Zahl der geförderten Personen mit 49.300 unter die Schwelle von 50.000.[20] Die Zahlen der mit Hilfe dieses Förderregimes gegründeten *Unternehmen* liegen für 1987 bei 56.600, 1988 bei 50.000, 1989 bei 48.000 und 1990 bei 45.600.

---

17 Gauvin / Bouquillard S. 15.

18 Siehe unten D. I. 1.

19 Statistiques du Travail, juin 1990, p. 22; Simone Bangoura / Pierre Marioni, 1988: Reprise de l'emploi et maintien des dispositifs de lutte contre le chômage, Dossier Statistique du Travail et de l'Emploi, n° 51, Août 1989, S. 5 ff. (8).

20 Statistiques du Travail. Bulletin mensuel, février 1991, S. 18.

Ebenfalls eine für beschäftigungspolitische Maßnahmen kennzeichnende abrupte Volumenänderung infolge geänderter Politik- und Rechtslage haben die "Stages d'initiation à la vie professionelle" (SIVP) erfahren. Ziel dieser gem. Art L. 980-9 CdT aus öffentlichen Mitteln geförderten Unternehmenspraktika ist der Erwerb von praxisnahem Berufswissen und damit letzten Endes der erleichterte Einstieg in das Arbeitsleben für Berufsanfänger.[21] Die Maßnahme richtet sich an Jugendliche im Alter von 16 bis 25 Jahren ohne Schulabschluß oder mit einer registrierten Arbeitslosigkeit von mindestens sechs Monaten. Sie enthält ein Minimum von 75 Stunden begleitender Berufsbildung. Die Praktikanten erhalten eine aus öffentlichen Mitteln und Zuschüssen des Unternehmens variabel zusammengesetzte Vergütung, das Unternehmen wird während der Laufzeit des Praktikums zu 100 vH von den Sozialabgaben und darüber hinaus in bestimmtem Umfang von Steuerzahlungen befreit.[22] Wegen ihrer auf höchstens sechs Monate begrenzten Laufzeit fallen bei diesem Praktikumstyp die Bewegungszahlen der jährlichen Eintritte und die Bestandszahlen am Ende des Jahres besonders weit auseinander. Beide Dimensionen vermitteln einen Eindruck von der zahlenmäßigen Bedeutung dieses Praktikumstyps und zugleich von seiner Abhängigkeit von politischen Steuerimpulsen und fiskalischen Handlungsspielräumen. Die Zahl der neu abgeschlossenen Praktikumsverträge hatte sich von 1986 auf 1987 fast verdoppelt (von 175.112 auf 323.268), blieb auch 1988 noch auf hohem Niveau (289.405), fiel dann aber nach einer die Qualität verbessernden politischen und rechtlichen Anpassung[23] weit nach unten auf rund 90.000 neue SIVP-Praktika im Jahre 1989 und auf nur noch 52.000 im Jahre 1990.

Der drastische Rückgang der Teilnehmerzahlen bildet sich auch in den Bestandszahlen am jeweiligen Jahresende ab. Gab es am 31. Dezember 1988 noch rund 87.000 SIVP-Praktikanten, so war die entsprechende Jahresabschlußzahl Ende 1989 auf 27.000 Praktikanten gefallen.[24] Der Auszehrungsprozeß dieser beschäftigungspolitischen Maßnahme hat sich demnach für das Jahr 1990 fortgesetzt. Er ist exemplarisch für die geringe Zeitstabilität solcher Interventionsformen und für ihre starke Abhängigkeit von politischen und budgetären Eckdaten.

Wegen ihrer rechtlichen Besonderheiten und ihrer Position an der Grenze zwischen wirtschaftlicher und sozialer Behandlung von Arbeitslosigkeit ver–

---

21 Näher hierzu Jean-Claude Javillier, Droit du travail, 3e édition, Paris 1990, Rz. 145.

22 Einzelheiten bei Ivan Ermakoff / Raphaël Tresmontant, L'impact de la politique de l'emploi: une estimation quantitative de certains dispositifs, Economies et Prévision, n° 92-93, 1190-1/2, S. 111 ff. (123).

23 Sie wurde diskutiert unter dem Stichwort der "moralisation" der stages d'initiation à la vie professionelle und umgesetzt durch einen Vertrag der Sozialpartner im Oktober 1988 und das Gesetz vom 13. Januar 1989; siehe Gauvin / Bouquillard S. 15.

24 Alle Zahlen aus Statistique du Travail, février 1991, S. 18 f.

dienen zwei Institutionen der neueren französischen Beschäftigungspolitik besondere Beachtung, die "associations intermédiaires" und die "entreprises d'insertion"[25]. Die "zwischengeschalteten Vereine" und die "Wiedereingliederungsunternehmen" haben trotz erheblicher Unterschiede in Zahl und Qualität drei grundlegende Gemeinsamkeiten: Sie haben zur Aufgabe, Arbeitsuchende, denen der normale Zugang zum Arbeitsmarkt Schwierigkeiten bereitet, dort zu plazieren. Sie nehmen damit Scharnierfunktionen ein zwischen dem sozialen Zustand Arbeitslosigkeit und dem wirtschaftlichen Zustand Arbeit. Im Unterschied zu rein sozialstaatlichen Beschäftigungsmaßnahmen haben sie die wirtschaftliche Eingliederung zum Ziel: "L'insertion par économique".

1. Associations intermédiaires

Zahlenmäßig wesentlich gewichtiger sind die mittlerweile (1991) rund 900 "zwischengeschalteten Vereine", die associations intermédiaires, eine 1987 (nach Vorformen) geschaffene Institution, die eine Vermittlungsfunktion zwischen Nachfragern und Anbietern von Arbeit übernimmt. Ihre Aufgabe ist gemäß Art. L. 128 CdT die Einstellung von Personen mit besonderen Vermittlungsproblemen, vor allem Empfängern des sozialen Grundeinkommens RMI[26], Langzeitarbeitslosen und Arbeitslosen im Alter von über 50 Jahren, und das Zurverfügungstellen dieser Personen für natürliche und juristische Auftraggeber von zusätzlichen Tätigkeiten ("pour des activités qui ne sont pas déjà assurées"). Das Ausleihen kann sozial und ausbildungsmäßig unterstützt werden. Das Ziel ist, durch das zunächst "billige" Heranführen von arbeitslosen Personen an Arbeitgeber praxisnahe Chancen für (Wieder-)Eingliederung zu schaffen. Die Vereine sind Bausteine einer auch aus dem deutschen Recht der Arbeitnehmerüberlassung bekannten Dreiecks-Konstruktion: Sie schließen Verträge mit "Entleihern" über das zeitlich befristete Ausleihen der bei ihnen im Rahmen diverser Beschäftigungsmaßnahmen tätigen Personen. Bei diesen Personen handelt es sich allgemein um solche mit sozialen und beruflichen Schwierigkeiten (des personnes en difficulté), die ohne die beratende und ausbildende Bezugsstruktur der Vereine noch weniger Aussicht auf Eingliederung in das Erwerbsleben hätten. Zu ihnen gehören hauptsächlich

---

[25] Zu den Entreprises d'insertion siehe Jean Villalard, Les entreprises d'insertion, Dossiers statistiques du travail et de l'emploi No 75-76, 1991, "Bilan de l'emploi en 1990", S. 130-133.

[26] Revenu minimum d'insertion, eingeführt durch Gesetz vom 1. Dezember 1988, siehe hierzu Jean-Pierre Laborde, Le droit au revenu minimum d'insertion dans la loi du 1er décembre 1988, Droit Social 1989, N° 7/8, S. 589-596.

Langzeitarbeitslose und/oder ältere Arbeitslose, Empfänger des RMI, Jugendliche und Frauen mit Vermittlungsschwierigkeiten.[27]

Die Ergebnisse einer Stichproben-Befragung im Mai und Juni 1990 von knapp 10.000 Personen in sechs Regionen Frankreichs, die im letzten Quartal 1989 in associations intermédiaires tätig waren,[28] bestätigen das schwache Niveau schulischer und beruflicher Bildung bei diesem Personenkreis: Acht von zehn Beschäftigten hatten keine abgeschlossene Schulausbildung oder allenfalls einen "Hauptschulabschluß", fast zwei Drittel (63,5%) hatten keinerlei oder eine abgebrochene berufliche Bildung. Welche Bedeutung die associations intermédiaires als Brücke in das Erwerbsleben haben, verdeutlicht folgende Erkenntnis: Vor ihrer Einstellung in einer association intermédiaire waren fast drei Viertel der Männer und 80% der Frauen arbeitslos oder zu Hause, ein Drittel von ihnen suchte seit mehr als drei Jahren bereits Arbeit.[29] 12% der Befragten bezogen das soziale Mindesteinkommen RMI. Die Nutzerstruktur der von den associations intermédiaires angebotenen Leistungen wird zu fast der Hälfte (45,5%) von privaten Haushalten bestimmt, ihnen folgen die private Wirtschaft (27,3%) und die Gebietskörperschaften sowie Vereine (14,0%). An Dienstleistungen nachgefragt werden vor allem Aufgaben der Kinderbetreuung, Familien- und Haushaltshilfen (zu 97% von Frauen ausgeführt) sowie kleinere Reparatur- und sonstige Arbeiten im Haus (die zu 95% von Männern übernommen werden).[30] Im Hinblick auf den Verbleib erstaunt der relativ hohe Anteil von 36,2% der Beschäftigten, die auch sechs Monate nach dem Untersuchungszeitraum noch in einer association intermédiaire tätig waren; ein Viertel hingegen (vor allem Männer und Jüngere) hatte eine vollzeitige Beschäftigung anderswo gefunden, 8% befanden sich in einem Berufspraktikum (stage) oder in einer Beschäftigungsmaßnahme, ein weiteres Viertel, vor allem Frauen und Personen mit niedrigem Ausbildungsstand, fand sich sechs Monate nach Abschluß der Tätigkeit in einem "Zwischen-Verein" in der Arbeitslosigkeit wieder; knapp 4% schließlich, vor allem Frauen unter 30 Jahren, hatte die Arbeitsuche eingestellt.[31]

Im Unterschied zu marktbezogenen Zeitarbeitsunternehmen sind die associations intermédiaires in Frankreich nicht gewinnorientiert, sie bieten eine

---

[27] Zu Einzelheiten siehe Colette Portmann-Janodet, Les associations intermédiaires: Outils d'insertion par l'économique, Actualité de la Formation Permanente, N° 110, Janvier-Février 1991, S. 66 f., sowie die Bibliographie S. 92; Jean Claude Guergoat / Hubert du Peage, Activité des associations intermédiaires, Dossiers Statistiques du Travail et de l'Emploi, supplément au Bulletin mensuel des Statistiques du Travail n° 51, 8/89, S. 53-55.

[28] Zusammengefaßt von Jean Villalard, Les salariés des associations intermédiaires, Dossiers statistiques du travail et de l'emploi N° 75-76, 1991, Bilan de l'emploi en 1990, S. 123-129 (124).

[29] Villalard S. 125.

[30] Villalard S. 126.

[31] Villalard S. 129.

Art "intérim social", soziale Arbeitnehmerüberlassung. Dafür bedürfen sie einer Zulassung (agrément, Art. L. 128 CdT). Nach deutschem Recht (Arbeitnehmerüberlassungsgesetz, AÜG) wäre die Verleihpraxis dennoch vermutlich illegal (schon mangels unbefristeter Arbeitsverträge). In Frankreich hingegen macht dieser Ansatz der Wiedereingliederung von Arbeitslosen Karriere. 1990 wurden insgesamt 312.000 Arbeitskräfte von associations intermédiaires zur Verfügung gestellt (personnes mises à disposition), das waren im Durchschnitt 26.000 pro Monat. 1989 wurden 252.400 Personen vermittelt, ein Jahr zuvor waren es noch etwas mehr als 135.000, und 1987, dem Jahr der Einführung, begann die Maßnahme mit knapp 11.000 Vermittlungsvorgängen.[32]

Über die Art der Arbeit sollte man sich keine Illusionen machen. Es handelt sich überwiegend um Zusatz- und Aushilfsarbeiten, um das, was man in Frankreich "petits boulots" nennt: Jobs, die die Lücken privater Versorgungsarbeit oder betrieblicher Dienstleistungs- und Produktionsorganisation schließen können. Immerhin eröffnen auch solche Tätigkeiten einen Arbeitnehmer-Status, und nicht nur den eines Sozialhilfe-Empfängers, außerdem vermitteln sie den Zugang zu eventuell weiterführender betrieblicher Praxis.

Nur zur Abrundung sei darauf hingewiesen, daß die associations intermédiaires dem in Frankreich für den Arbeitsmarkt und die Beschäftigungskultur bedeutsamen und mittlerweile auch wissenschaftlich gut erforschten Sektor der Vereine (associations)[33] angehören. Interessant an den Vereins-Unternehmen ist, daß sie - ihrer Zwitterstellung zwischen "idealen" Zielsetzungen und wirtschaftlichen Funktionen entsprechend - in doppelter Hinsicht Adressaten von beschäftigungspolitischen Maßnahmen sein können. Als *Unternehmen* können sie von den Angeboten der privatwirtschaftlichen Arbeitsförderung Gebrauch machen.[34] Als *Vereine* hingegen können sie Personen beschäftigen, die im Rahmen der nicht privatwirtschaftlichen Fördermaßnahmen (Emploi aidé dans le secteur non marchand, siehe unter C.IV.) unterstützt werden.[35]

---

32 Statistiques du Travail. Bulletin mensuel, février 1991, S. 22; Simone Bangoura / Pierre Marioni S. 12; Gauvin / Bouquillard S. 17; Philippe Mehaut / Marie Claire Villeval, La mobilisation de la formation par l'entreprise dans les opérations de reconversion externe et interne de la main-d'oeuvre. Une comparaison sur six pays de la CEE, Mai 1990.

33 Siehe die nationale Untersuchung von Josette Courtois, Les associations, un monde méconnu. Poids économique et social des associations employant des salariés. Hrsg. vom Crédit Coopératif, September 1991; vgl. Emmanuelle Marchal, L'emploi dans le secteur associatif. Du salariat permanent au bénévolat, Centre d'Etudes de l'Emploi, Dossier de Recherche N° 11, Décembre 1984.

34 Beispielsweise von den contrats d'adaptation et de qualification, von den bereits erwähnten stages d'initiation à la vie professionelle (SIVP), oder von den contrats de retour à l'emploi.

35 Zu Einzelheiten siehe Emmanuelle Marchal, Du désinteressement au marché: les différentes formes d'entreprises associatives, C.E.E., Dossier de recherche n° 33, septembre 1990; dieselbe, Qualité des emploi et formes d'entreprises associatives, la lettre d'information du C.E.E., N° 17, septembre 1990.

2. Entreprises d'insertion

In quantitativer Hinsicht weniger bedeutsam, beschäftigungspolitisch und arbeitsrechtlich hingegen nicht minder interessant ist die zweite Institution der (Wieder-)Eingliederung in den Arbeitsmarkt, die "entreprises d'insertion". Ende 1991 gab es 331 solcher "Eingliederungsunternehmen", in denen im Durchschnitt knapp zehn Beschäftigte in einem Eingliederungs-Status (statut d'insertion) tätig waren.[36] Insgesamt wurden 1990 knapp sechseinhalbtausend Verträge neu abgeschlossen, auch hier durchweg mit "personnes en difficulté", Personen mit Arbeitsmarktschwierigkeiten. Nach einer statistischen Untersuchung aus dem Jahre 1990 waren rund 40 vH der einzugliedernden Personen jünger als 26 Jahre, 12 vH bezogen das Sozialeinkommen RMI, knapp ein Fünftel war auf der Grundlage des neugeschaffenen "Contrat emploi-solidarité" (Vertrag Beschäftigung-Solidarität) beschäftigt.[37]

Die erwähnte Erhebung aus dem Jahre 1990 zeigt, daß die Hälfte der Eingliederungs-Unternehmen im Bereich der nicht privatwirtschaftlichen Dienstleistungen (des services non marchands) tätig ist, ein Viertel erbringt erwerbswirtschaftliche Dienstleistungen, 17 vH gehören der Baubranche an. Im Hinblick auf die Verteilung nach Unternehmensgrößen bemerkenswert ist der relativ starke Anteil größerer Unternehmen: 34 vH der einzugliedernden Personen sind in Unternehmen mit 50 und mehr Beschäftigten tätig, die insgesamt nur einen Anteil von 9 vH aller Unternehmen stellen.[38]

3. Associations intermédiaires und entreprises d'insertion im Vergleich

Es ist auf den ersten Blick nicht ganz einfach, die beiden institutionellen Ansätze der Eingliederung von Arbeitslosen auseinanderzuhalten, zumal sich beide als Mittel der *wirtschaftlichen* Eingliederung verstehen (l'insertion par l'économique). Die Unterschiede liegen in den Zielsetzungen, aber auch in den Wirkungen.

Während die "associations intermédiaires" bestimmt sind durch das Ausleihen der bei ihnen beschäftigten Personen an wechselnde Auftraggeber ("Entleiher") und zu Zwecken, die nicht in Konkurrenz zu anderen wirtschaftlichen Aktivitäten stehen sollen, schaffen die "entreprises d'insertion" reguläre, wenn auch zeitlich befristete Arbeitsverhältnisse. Bei den letztge-

---

[36] Alle Zahlenangaben aus: "Les entreprises d'insertion", Ministère du Travail, de l'Emploi et de la Formation Professionnelle: Premières Informations, Numéro 208, Février 1991, S. 22; Ministère du travail, de l'emploi et de la formation professionnelle: Bulletin mensuel des statistiques du travail, Janvier 1992, Tabelle CPE, S. 23.

[37] Premières informations, Tableau 2; Jean Villalard, Les entreprises d'insertion, Dossiers statistiques du travail et de l'emploi N° 75-76, 1991, Bilan de l'emploi en 1990, S. 130-133.

[38] Premières informations, Tableau 4; Villalard S. 133.

nannten Eingliederungs-Unternehmen steht demnach der direkte Zugang zum Arbeitsmarkt im Vordergrund. Die Arbeit verleihenden Vereine sorgen demgegenüber für eine eher vorgeschaltete Beschäftigungssituation, die nicht unmittelbar zur Einfügung in den Arbeitsmarkt führt. Allerdings zeigen die Erfahrungen, daß Unternehmen nicht selten den ihnen von associations intermédiaires zur Verfügung gestellten jungen Beschäftigten, die sich in ihren Aufgaben bewährt haben, anschließend reguläre Arbeitsverträge anbieten.[39]

IV. Geförderte Arbeitsformen im nicht privatwirtschaftlichen Sektor

Von den Beschäftigungsmaßnahmen außerhalb des erwerbswirtschaftlichen Kontextes hoben sich die "TUC" (Travaux d'Utilité Collective) sowohl zahlenmäßig als auch von ihrer gesellschaftlichen und wissenschaftlichen Bekanntheit her deutlich ab. Diese gemeinwohlorientierten Arbeiten[40] hatten eine entfernte Ähnlichkeit mit den ebenfalls auf das "öffentliche Interesse" und auf Zusätzlichkeit verpflichteten deutschen Arbeitsbeschaffungsmaßnahmen (ABM). Im Unterschied zu diesen waren sie jedoch auf Jugendliche bis zum Alter von 25 Jahren begrenzt, hatten eine Dauer von maximal einem Jahr bei einer wöchentlichen Arbeitszeit von 20 Stunden und erbrachten ein vergleichsweise bescheidenes Praktikantengehalt von allenfalls 1750 FF, das sind etwas weniger als DM 600,-- im Monat.[41] Die "tucistes" waren im wesentlichen in vier Arbeitsfeldern tätig: im Bereich technischer und baulicher Unterhaltungs- und Renovierungsarbeiten (an öffentlichen Räumen, Gebäuden, Wohnungen, technischem Gerät, öffentlichen Wegen und Straßen), in personenbezogenen Dienstleistungen (vor allem in Krankenhäusern und Schulen, aber auch im Bereich der individuellen sozialen Betreuung), im Verwaltungsbereich (in Büros, Sekretariaten, Bibliotheken usf.), und im Feld der sogenannten technischen Assistenz (in Laboratorien, in audiovisuellen Studios, an Zeichentischen, am Computer u.ä.).[42] Ungeachtet ihres eher marginalen Zuschnitts galten die 1984 aus der Taufe gehobenen TUC, deren Vorformen bereits Ende der 70er Jahre kreiert wurden, über mehrere Jahre hinweg als Grundpfeiler der französischen Sozialpolitik gegenüber (Jugend) Arbeitslosigkeit. Kritiker der französischen Beschäftigungspolitik hingegen nahmen die TUC und die durch sie erzeugten "tucistes" nicht minder exem-

---

[39] Portmann-Janodet S. 66. Dieses Verhalten verweist auf die arbeitsrechtssoziologisch interessante Problematik der rechtlich nicht als solche deklarierten Probezeiten.

[40] Näher zu ihnen Jean-Claude Javillier, Droit du travail, 3e édition, Paris 1990, Tz. 106, 107.

[41] Ausführlich hierzu Nicolas Schmidt, Les Travaux d'utilité collective, des tâches multiples dans un dispositif mouvant, Centre d'Etudes de l'Emploi, Dossier de Recherche N° 20, Paris, Avril 1988; Ermakoff / Tresmontani S. 123.

[42] Nicolas Schmidt S. 33 ff.; siehe auch die Ergebnisse der Untersuchung zu den TUC in "La Lettre de l'IDEF (Institut de l'Enfance et de la Famille)", N° 47, Sept. 1990.

plarisch als Inbegriff einer in ihren Augen eher auf verlängerte soziale Kontrolle und Segmentierung denn Integration gerichtete Beschäftigungspolitik.[43]

Die sprachliche Vergangenheitsform bei der Beschreibung der TUC rechtfertigt sich aus dem Umstand, daß die Maßnahme mit dem Inkrafttreten des Beschäftigungsplanes 1990 zum 1. Februar 1990 aufgehört hat zu existieren. Sie ist, gemeinsam mit den beiden anderen öffentlichen Maßnahmen, den "Programmes d'insertion locale" (PIL) und den "Activités d'intérêt général" (AIG), die einen ähnlichen Charakter hatten, aber an erwachsene Langzeitarbeitslose gerichtet waren und zahlenmäßig wesentlich weniger Bedeutung hatten als die TUC, in einer neugeschaffenen Reintegrationsmaßnahme, dem "Contrat Emploi Solidarité" (CES) verschmolzen worden. Bei dem CES handelt es sich um einen Arbeitsvertrag von ihm allgemeinen 3-12 Monaten Dauer, der auf bis zu 24 Monaten Laufzeit verlängert werden kann, wenn damit eine langzeitarbeitslose Person von mehr als 3 Jahren Arbeitslosigkeit, ein(e) ältere(r) Arbeitslose(r) von mehr als 50 Jahren oder ein(e) Empfänger(in) des französischen Sozialeinkommens RMI[44] eingestellt werden kann.[45]

Der Niedergang der TUC war ein allmählicher, er zeichnete sich bereits 1988 ab und ist im wesentlichen auf die auch für Jüngere Ende der 80er Jahre verbesserte Beschäftigungskonjunktur zurückzuführen.[46] Nach einem Gipfelpunkt von über 370.000 Neuzutritten im Jahr 1987 ging die Zahl der "tucistes" rasch zurück: 1988 waren es bereits 11 vH weniger, 1989 fast 30 vH weniger Neuzugänge (insgesamt noch rund 262.300) als 1987.[47] Bemerkenswert ist, daß die von Vereinen, öffentlichen Verwaltungen und sonstigen nicht gewinnorientierten Einrichtungen durchgeführten Gemeinwohlarbeiten TUC im Laufe der Jahre zunehmend "jünger" und vor allem "weiblicher" wurden. War 1985 nur etwas mehr als die Hälfte (51 vH) der "tucistes" weiblichen Geschlechts, so waren es 1989 mehr als zwei Drittel (67 vH).[48]

Die mit Beginn des Jahres 1990 geschaffenen "Contrats Emploi-Solidarité" (CES) sollten die wegen ihrer Wirkungsschwächen zunehmend unter Kritik geratenen und in den letzten Jahren beschäftigungspolitisch abgenutzten TUC ersetzen. Bei der Einführung der CES ist von Anfang an die Zielsetzung umfassender Eingliederung in das Erwerbsleben betont worden. Im übrigen ha-

---

43 Vgl. Jean-Marie Renouard, Vers de nouveaux dispositifs de gestion de l'exclusion?, in: Problèmes de jeunesses et régulations sociales: Actes des Cinquièmes Journées Internationales, Vaucresson Mai 1985, S. 249 ff.

44 Revenu minimum d'insertion.

45 Einzelheiten in inforMISEP 29, printemps 1990, S. 10; siehe auch Gauvin / Bouquillard, S. 17.

46 Gauvin / Bouquillard S. 17; Bangoura / Marioni S 9.

47 Statistiques du Travail, septembre 1990, S. 18.

48 Statistiques du Travail, septembre 1990, S. 18.

ben die CES die Grundelemente der TUC übernommen:[49] Das Ziel der (Wieder-)Eingliederung gründet sich auf die Annahme, daß die Verschaffung von Arbeit ein Schlüsselelement in der beruflichen Bildung von Personen sein kann, die häufig durch schulischen Mißerfolg und Arbeitslosigkeit gebrandmarkt sind. Darüber hinaus geht es auch bei den CES um die Schaffung von Tätigkeiten außerhalb der privaten Wirtschaft, die zur Entwicklung nicht befriedigter kollektiver Bedürfnisse beitragen sollen. In der Praxis bedeutet das nach Auswertung der Daten für 1990 und für die erste Jahreshälfte 1991[50] zu knapp einem Drittel (30%) des CES-Arbeitsvolumens die Unterhaltung kommunaler Einrichtungen, auf jeder vierten CES-Stelle eine Verwaltungstätigkeit, meist im Rahmen öffentlicher Einrichtungen oder von gemeinnützigen Vereinen, in 15,5% eine soziale oder sozial-erzieherische Tätigkeit, in weniger als 6% eine Aufgabe im Zusammenhang mit dem Natur- und Umweltschutz, in jedem 20. Fall eine kulturelle Aktivität ("animation culturelle").

In zweierlei Hinsicht heben sich die CES von ihrem Vorgänger TUC deutlich und rechtspolitisch bewußt ab.[51] Die neuen Maßnahmen wurden erweitert auf Erwachsene und insbesondere auf Empfänger des Sozialeinkommens RMI. Die Schwerpunktverlagerung bildet sich inzwischen auch zahlenmäßig deutlich ab. Im September 1991 beträgt der Anteil der erwachsenen Maßnahmeteilnehmer knapp 41%. Die zweite, auch juristisch interessante Neuerung besteht in der Angleichung des Status der im Rahmen von CES beschäftigten Personen an den regulärer Arbeitnehmer. Im Unterschied zu den (jugendlichen) "Tucistes", die rechtlich als Ausbildungspraktikanten behandelt wurden, erhalten Personen, die auf der Grundlage von CES beschäftigt werden, einen normalen Arbeitsvertrag. Darin liegt, politisch gesehen, ein Versuch der vielfach geforderten "moralisation" dieser Beschäftigungsmaßnahme, rechtlich gesehen eine interessante Gegenbewegung in Richtung "Kontraktualisierung" innerhalb einer eher Statuselemente fördernden Maßnahmepolitik.

Die empirischen Auskünfte zur Struktur der Arbeitgeber spiegeln die konzeptionelle Plazierung der CES außerhalb oder am Rande des Marktes wider. Von den über 64.000 Einrichtungen, die in der Jahresmitte 1991 an CES-Maßnahmen beteiligt waren, hatten 58% die Rechtsform eines Vereins, 26% waren Gebietskörperschaften und 14% öffentliche Einrichtungen.[52] Im Durchschnitt hatten diese Einrichtungen 5,2 CES-Verträge bzw., nimmt man

---

49 Vgl. Pierre-Yves Bernard / Florence Lefresne, La diversité des formes d'utilisation des CES, La lettre d'information du C.E.E. N° 23, mars 1992, S. 3 ff.

50 Bernard Gomel, Qui emploie les salariés en CES?, La lettre d'information du C.E.E., N° 23, mars 1992, S. 1 ff. (3).

51 Vgl. Bernard / Lefresne S. 4.

52 Siehe Gomel S. 3; die Zahlen beziehen sich nur auf das Festland Frankreich, die entsprechenden Anteile an den insgesamt 1390 Arbeitgebern in den überseeischen Departementen DOM (Départements d'Outre Mer) betragen 69%, 9% und 19%.

die Verlängerungsverträge hinzu, 6,4 CES-Verträge abgeschlossen. Bezieht man die Anschlußverträge mit ein, belief sich die durchschnittliche Laufzeit der CES-Verträge auf 9,7 Monate. Damit bleibt die faktische Laufzeit dieses Vertragstypus im Durchschnitt um einiges unterhalb der rechtlich zulässigen Höchstdauer, die - wie oben erwähnt - 12 Monate beträgt.

V. Maßnahmen der beruflichen Bildung

Der auch in Frankreich wachsende Problemdruck der Langzeitarbeitslosigkeit verstärkte die hierauf gerichtete beschäftigungspolitische Aufmerksamkeit und den Einsatz öffentlicher Mittel. Beispielhaft kommt das zum Ausdruck in der gestiegenen Bedeutung von drei Berufsbildungskursen, den vom nationalen Arbeitsförderungsfonds[53] getragenen "stages du Fonds national de l'emploi", den "stages modulaires" und den "stages de réinsertion en alternance". 1989 wurden in allen drei Kurstypen zusammen 240.000 Langzeitarbeitslose qualifiziert, 1988 waren es rund 218.000 gewesen. Einzelheiten der Kurskonzeption sind hier schon deswegen ohne Interesse, weil auch diese drei Bildungsmaßnahmen im Zuge der mit dem Beschäftigungsplan vom September 1989 angestrebten Vereinfachung der recht unübersichtlichen "stages"-Landschaft zu einer einzigen Maßnahme zusammengefaßt wurden, den "Actions d'Insertion et de Formation" (AIF).[54] Nach den bis Juli 1990 beobachteten Charakteristika der Teilnehmer an diesen Berufsbildungsmaßnahmen setzen sich bestimmte Trends fort, die bereits in den Jahren davor erkennbar waren: ein wachsender Anteil von Frauen und ein zurückgehender Anteil jüngerer Arbeitsloser. Diese Entwicklungen scheinen hauptsächlich an den (jedenfalls bis Ende 1990 vorherrschenden) allgemeinen Beschäftigungsaufschwung gebunden zu sein. Die Maßnahmen der beruflichen Bildung müssen deshalb genauer eingestellt werden auf diejenigen, an denen die positive Beschäftigungsentwicklung weitgehend vorübergeht: die Empfänger des sozialen Grundeinkommens (RMI), Arbeitslose von mehr als 50 Jahren Le-

---

[53] Der "Fonds national de l'Emploi" (F.N.E.), mit Gesetz vom 18. Dezember 1963 gegründet, ist ein finanzpolitisches Instrument der Anpassung an sich wandelnde Wirtschafts- und Beschäftigungsverhältnisse. Dabei standen zunächst die Auswirkungen der Europäischen Wirtschaftsgemeinschaft auf die französische Volkswirtschaft im Vordergrund. Auch unter heutigen Bedingungen ist der F.N.E. eine der wichtigsten Umsetzungsagenturen staatlicher Beschäftigungspolitik. Art. L. 322-1 CdT schreibt ihm als Aufgabe vor, abhängig Beschäftigten die Fortsetzung ihrer Tätigkeit auch unter den Bedingungen wirtschaftlichen Wandels zu erleichtern und im Falle notwendiger beruflicher Änderungen Anpassungsmaßnahmen zu fördern. Die Aufgabenstellung des F.N.E. ist während der 80er Jahre sukzessive auf die Krisenproblematik des Arbeitsmarktes erweitert worden. Siehe auch G. Lyon-Caen / Pelissier Rz. 143 ff.

[54] Gauvin / Bouquillard S. 17.

bensalter und Arbeitslose mit einer Dauer der Arbeitslosigkeit von mehr als 3 Jahren.[55]

VI. Begleitmaßnahmen bei Umstrukturierungen

Ebenfalls nicht auf der betrieblichen Angebotsseite des Arbeitsmarktes, sondern auf der Seite der Stellensuchenden setzen die unterschiedlichen Maßnahmen an, die betriebliche, sektorale oder auch persönliche "Umstrukturierungen" begleiten sollen ("Accompagnement des restructions", siehe Tabelle 6, Gruppe D).

Ein Blick auf die vorhergehende Tabelle 5 genügt, um die enorme quantitative Bedeutung einer Maßnahme - genauer: einer Gruppe von Maßnahmen - festzustellen. Der vorzeitige Ruhestand (Préretraites) weist in Frankreich vor allem während der Jahre 1983-86 die mit Abstand stärksten Steuerungseffekte innerhalb des Bündels beschäftigungspolitischer Maßnahmen auf. Auch die ihm zugeschriebene Vermeidung von Arbeitslosigkeit erreicht in dieser Zeit mit 130.000 bis 150.000 Personen pro Jahr vergleichsweise hohe Effekte.[56]

Der übergeordnete Begriff der Restrukturierung verstellt mit seiner Semantik den Blick dafür, daß es sich bei den préretraites dem Wesen nach um Umverteilung entlang der Altersvariable handelt. Ältere Arbeitnehmer werden zum Verlassen ihres Arbeitsplatzes ermuntert (mit welchen Graden an Freiwilligkeit im einzelnen, sei hier dahingestellt, aber als Forschungsfrage zur Thematik Individualisierung und Privatautonomie notiert), in der Erwartung, jüngere und vor allem arbeitslose Jüngere in die geräumten Arbeitsplätze einrücken zu sehen. Wie häufig, scheitern viele solcher Kausalerwartungen an der Komplexität des Arbeitsmarktes und an intervenierenden Eigeninteressen, vor allem von Unternehmen (Verjüngung der Belegschaft, qualifikatorischer Umbau, abweichende Rekrutierungsinteressen, u.ä.). Bei einer Teilmaßnahme aus dem Bündel der préretraites ist die Idee sozialer Umverteilung allerdings rechtlich gesichert. Die 1982 eingeführten "Contrats de solidarité préretraite"[57] verknüpften Vorruhestandsleistungen mit der Einstellung eines eingeschriebenen jungen Arbeitslosen oder anderer als vorrangig eingestufter Arbeitsloser. "Prämiiert" wurde dieser Tausch von Arbeitsmarktchancen durch eine Absenkung des Alters von Anspruchsberechtigten auf 55 Jahre. Die Statistik zeigt, daß die beiden Unterformen der "Contrats de solidarité préretraite", vor allem die Formel "Démission" (CS-PRD), zwischen 1983 und 1986 erhebliche Erfolge verbuchen konnten: Insgesamt knapp 530.000

---

[55] Gauvin / Bouquillard S. 18.

[56] Cornilleau / Marioni / Roguet S. 65, Tableau 1.

[57] Mit den beiden Unterformen "démission" (CS-PRD) und "progressive" (CS-PRP).

Arbeitnehmer ab 55 Jahren gaben ihren Arbeitsplatz ganz (Formel "Démission") oder teilweise (Formel "Progressive") zugunsten der Neueinstellung eines oder einer Arbeitslosen auf.[58] Während die aus einer völligen Aufgabe des Arbeitsplatzes durch einen kündigenden Arbeitnehmer bestehende Variante des "Contrat de solidarité préretraite démission" aus Kostengründen bereits Ende 1983 wieder abgeschafft wurde und nurmehr ausläuft, gewinnt der zahlenmäßig wesentlich weniger gewichtige Solidaritätsvertrag des Typs "progressive", der die teilweise Aufgabe eines Arbeitsplatzes organisiert, seit 1982 zunehmend an Terrain (1982: 44, 1989: 11.026).

Hinter dem Rahmenbegriff der préretraites verbirgt sich eine Vielzahl von finanziellen und rechtlichen Varianten, deren Darstellung im einzelnen dem Charakter einer Übersicht nicht angemessen wäre und im übrigen infolge der raschen Änderbarkeit der Maßnahmen einen kaum lohnenden hohen Rechercheaufwand erforderte.

VII. Eingliederungsverträge und Mindesteinkommen

Im Gefolge des "Beschäftigungsplanes 1990" sind im Februar 1990 in Frankreich zwei neue Typen von Arbeits- und Eingliederungsverträgen im Grenzbereich von Sozial- und Beschäftigungspolitik in Kraft getreten. Gemeinsame Zielsetzung des "Contrat de retour à l'emploi" (CRE) und des "Contrat Emploi-Solidarité" (CES) ist die juristische Unterstützung der (Wieder)Eingliederung von Langzeitarbeitslosen und anderen arbeitslosen Personen mit besonderen Schwierigkeiten auf dem Arbeitsmarkt. Beide Vertragstypen sollen auch das wohlfahrtsstaatliche Angebot des Revenu Minimum d'Insertion (RMI), des garantierten Mindesteinkommens, um seine arbeitsvertragliche Gegenleistung ergänzen.

1. Contrat de retour à l'emploi (CRE)

Der Wiedereingliederungsvertrag CRE ist ein befristeter Arbeitsvertrag mit einer Mindestdauer von sechs Monaten. Um den Abschluß zu stimulieren, werden finanzielle Anreize eingesetzt. Den einstellenden Unternehmen wird eine Befreiung von den Sozialabgaben für die Dauer von im allgemeinen 9 Monaten gewährt. Diese Entlastung kann sich bei der Einstellung von langzeitarbeitslosen Empfängern des Mindesteinkommens RMI bis zu 18 Monaten und bei der Einstellung von älteren Langzeitarbeitslosen (50 Jahre) bis

---

[58] Dossiers Statistiques du Travail et de l'Emploi N° 62, Septembre 1990, S. 83, Tableau 4.2

zum Ende der Laufzeit des Vertrages verlängern.[59] Darüber hinaus erhalten Arbeitgeber bei Abschluß eines Vollzeitvertrages vom Arbeitsamt (in Frankreich sind dies die Dienststellen der "Agence Nationale Pour l'Emploi", ANPE) eine Pauschalsumme von 10.000 FF. Schließlich läßt sich der Arbeitsvertrag mit einem Ausbildungsprogramm kombinieren, das bis zur Höchstdauer von 1000 Stunden mit 50 FF je Ausbildungsstunde vergütet werden kann.

Auch die CRE fallen als neuer Typus des Eingliederungsvertrages in die Zuständigkeit der nationalen Evaluierungskommission (Commission nationale d'evaluation du RMI), die 1988 durch und für das RMI-Gesetz geschaffen worden ist und die dem Parlament Anfang 1992 einen Bericht über die Gesetzeswirkungen vorzulegen hatte.[60] Eine in deren Auftrag erstellte regionale Untersuchung in drei Départments der Region Rhône-Alpes (le Rhône, la Drôme, la Loire)[61] hat auf der Grundlage von 336 ausgewerteten CRE-Verträgen, von ausführlichen Telefon-Interviews mit Arbeitgebern sowie von Interviews mit Leitern von "entreprises intermédiaires", Sachbearbeitern in Arbeitsämtern und "RMIstes" unter anderem zu der Erkenntnis geführt, daß 6 von 10 Unternehmen, die CRE-Verträge mit Beziehern von RMI-Einkommen abgeschlossen haben, Kleinunternehmen mit weniger als 10 Beschäftigten sind, daß die branchenmäßigen Schwerpunkte im Hotel- und Gaststättengewerbe sowie in der Bauindustrie liegen, und daß in vermutlich 51% der mit "RMIstes" abgeschlossenen CRE-Verträge die Eingliederung in das Unternehmen erfolgreich war. Eine entscheidende Bedingung für den Eingliederungserfolg ist, wie die Studie auf der Grundlage ihres empirischen Materials hervorhebt[62], das aufeinander abgestimmte Funktionieren eines "espace intermédiaire", einer aus zwischengeschalteten Vereinen (associations intermédiaires), Eingliederungs-Unternehmen (entreprises d'insertion) kommunalen Weiterbildungseinrichtungen und örtlichen Arbeitsämtern gebauten Brücke zwischen den sozialen Problemlagen und den betrieblichen Anforderungen.

2. *Contrat Emploi-Solidarité (CES)*

Zahlenmäßig von größerer Bedeutung sind die Solidaritäts-Beschäftigungsverträge "Contrats Emploi-Solidarité" (CES). Insgesamt wurden im Jahr 1990 (ab Februar) 225.500 Verträge dieses Typs abgeschlossen, gegenüber knapp

---

59 inforMISEP Nr. 29, S. 10 (deutsche Ausgabe).

60 Mit den im Frühjahr 1992 vorgelegten zwei umfangreichen Berichtsbänden befaßt sich Jean-Jacques Dupeyroux, Faut-il augmenter le RMI?, "Le Monde" vom 3.4.1992; siehe auch "Le Monde" vom 12.3.1992 sowie "Liaisons sociales", Documents, N° 58/92.

61 Dominique Motte / Pierre Paquiet / Pascale Porcher-Stouvenel / Hugues Puel, Les bénéficiaires du RMI face aux risques de l'embauche - résistance ou implication des employeurs?, Septembre 1991.

62 Motte et al. S. 57 f.

100.000 "Contrats de Retour à l'Emploi".[63] Zwei Drittel der Solidaritäts-Beschäftigungsverträge wurden im Jahre 1990 mit Frauen abgeschlossen, bei den bis zu 25jährigen sind sogar 7 von 10 Beschäftigten Frauen. Auch die CES haben, neben sonstigen Gruppen von Langzeitarbeitslosen, als Zielgruppe die Empfänger von RMI-Einkommen im Visier. Deren Anteil an der Gesamtzahl der "Contrats Emploi-Solidarité" wächst zwar, belief sich im Dezember 1990 aber auf erst 17 vH.[64]

Die "Contrats Emploi-Solidarité" sind befristete Arbeitsverträge über Teilzeitbeschäftigung in gemeindlichen oder sonstigen öffentlichen Einrichtungen oder in nicht gewinnorientierten privaten Einrichtungen, vor allem in Vereinen und Stiftungen. Sie können eine Laufzeit zwischen 3 und 12 Monaten haben. Erneute Befristungen sind bis zur Gesamtdauer von 12 Monaten, für bestimmte Gruppen bis zu 24 Monaten möglich. Tatsächlich waren nach den letzten Auswertungen vier von zehn CES-Arbeitsverträgen über eine Dauer von einem Jahr abgeschlossen, im Mittel beträgt die vorgesehene Vertragslaufzeit 8,1 Monate.[65]

Die CES ersetzen ab 1990 ältere Eingliederungsformen wie die bereits erwähnten TUC (Travaux d'Utilité Collective), die PIL (Programmes d'Insertion locale) und die AIG (Activités d'Intérêt Général)[66]. Die Arbeitszeit ist für die CES auf 20 Wochenstunden festgesetzt, die Vergütung erfolgt auf der Basis des gesetzlich indexierten Mindestlohns SMIC[67]. Auch die CES sind mit Hilfe beachtlicher staatlicher Zuschüsse finanziell attraktiv gemacht. Die Sozialabgaben werden uneingeschränkt übernommen, hinzu kommt ein monatlicher Zuschuß von im Regelfall 85 vH des Bruttogehaltes, der aber bei besonders benachteiligten Arbeitslosen oder bei besonders finanzschwachen Einrichtungen auf bis zu 100 vH angehoben werden kann.

---

63 Statistique du Travail. Bulletin mensuel, mars 1991, S. 20, 22.

64 "Les contrats emploi-solidarité: Première année d'existence", Premières informations (Ministère du Travail, de l'Emploi et de la Formation Professionnelle), Numéro 209, Février 1991, S. 4.

65 Premières informations N° 209, S. 4.

66 Genauer hierzu Christoph Guitton / Nicole Kerschen, La règle du hors-jeu. L'insertion au carrefour de la sécurité sociale, les politiques de l'emploi du R.M.I., MS., Décembre 1990, S. 26; Premières informations N° 209; InforMISEP N° 28, 29.

67 SMIC ist die Abkürzung für den 1970 reformierten gesetzlichen Mindestlohn "Salaire minimum de croissance", dessen Stundensatz in der Regel zweimal im Jahr, entsprechend der Entwicklung der Lebenshaltungskosten in Frankreich, durch den Ministerrat neu festgesetzt wird. Zum Verfahren siehe Artt. L. 142-2 des Code du Travail. Seit 1985 wird das monatliche SMIC auf der Grundlage von 39 Wochenstunden berechnet. Am 1. April 1990 betrug der Stundensatz des SMIC 30,51 FF, ungefähr DM 9,40.- bzw., bei 169 Stunden im Monat, ca. DM 1600; siehe INSEE, Tableaux de l'Economie Française, TEF 90, 8.2, S. 83. Am 1. Juli 1992 erhielt das SMIC einen erneuten "coup de pouce" und wurde um 2,3% auf monatlich 5.756,14 FF brutto erhöht, der Stundensatz erhöhte sich damit auf 34,06 FF; vgl. "Le Monde" vom 1.7.1992. Kritisch zu den Wirkungen des über der Arbeitsproduktivität liegenden Mindestlohns die OECD in ihrem Jahresbericht 1992.

3. Revenu Minimum d'Insertion (RMI)

Mit dem durch Gesetz vom 1. Dezember 1988 (loi no 88-1088, Regierung Rocard) geschaffenen und am 1. Februar 1989 in Kraft getretenen Revenu Minimum d'Insertion (RMI)[68] hat die französische Sozialpolitik die wohlfahrtsstaatliche Diskussion in Europa um Mindesteinkommen und Grundsicherung um eine neue Variante bereichert. Allerdings war diese Einrichtung zunächst bis zum 30. Juni 1992 befristet - eine gesetzgebungssoziologisch interessante Entscheidung.[69] Ein zweiter "moderner" Aspekt verdient Beachtung. Der Gesetzgeber hat mit der zugleich eingesetzten nationalen Evaluierungskommission (Commission nationale d'evaluation du RMI) für die wissenschaftliche Beobachtung der Wirkungen und Entwicklungen dieser Maßnahme und für eine empirische Rückmeldung an das Parlament im Frühjahr des Jahres 1992 gesorgt.[70]

Wie schon über seine Bezeichnung ausgedrückt, versucht das französische Mindesteinkommen RMI konzeptionell eine Brücke zu schlagen zwischen zwei Leistungen, die tauschhaft miteinander verbunden werden: das soziale Einkommen, das "revenu", und die Arbeit der Leistungsempfänger, genauer deren Bereitschaft zur Eingliederung in eine beschäftigungspolitische Maßnahme, die "insertion". Für die Eingliederung stehen seit 1990 die beiden eben erwähnten Vertragstypen des "Contrat de retour à l'emploi" (CRE) und des "Contrat Emploi-Solidarité" (CES) sowie die "Actions d'insertion et de formation" (AIF) zur Verfügung.

Wie die Auswertungen des ersten Jahres der Umsetzung dieser Maßnahme zeigen, schlägt sich der Bogen zwischen Einkommen und Eingliederung im

---

68 Ausführlich hierzu Chantal Euzeby, Le revenu minimum garanti, Editions 'La Découverte', Paris 1991; Michel Laroque, Le revenu minimum d'insertion, droit révolutionnaire et prestation sociale d'un nouveau type, Droit Social 1989, S. 597 ff.; Jean-Pierre Laborde, Le droit au revenu minimum d'insertion dans la loi du 1er décembre 1988, Droit Social 1989, S. 589 ff.; Bertrand Fragonard, Le revenu minimum d'insertion: une grande ambition, Droit Social 1989, S. 573 ff. Zur Gesetzgebungsgeschichte lohnt die Lektüre der Berichte über die parlamentarischen Debatten in den Ausgaben von "Le Monde" vom 12., 13. und 31. Oktober 1988. Das RMI-Gesetz wurde übrigens fast einstimmig (3 Gegenstimmen) von der französischen Nationalversammlung angenommen. Das Leistungsvolumen des RMI-Gesetzes ist ausgelegt für 570.000 Haushalte, darunter 270.000 allein lebende Erwachsene und 300.000 Paare. Die Planung rechnete mit 1.520.000 Menschen (einschließlich der Kinder) als Begünstigten, das wären rund 3 vH der französischen Bevölkerung.

69 Gesetzgebungssoziologisch ebenfalls interessant ist die Tatsache, daß das RMI-Gesetz, wie üblich bei befristeten Gesetzen, nach Auslaufen der ersten Geltungsfrist verlängert worden ist; siehe Olivier Piot, Le gouvernement donne la priorité au dispositif d'insertion et à la gratuité des soins pour les pauvres, "Le Monde" vom 21.5.1992. Das verlängernde Gesetz ist als "Loi N° 92-722 du 29 juillet 1992 portant adaptation de la loi n° 88-1088 du 1er décembre 1988 relative au revenu minimum d'insertion et relative à la lutte contre la pauvreté et l'exclusion sociale et professionnelle" verabschiedet und im Journal Officiel vom 30.7.1992, S. 10215, veröffentlicht worden.

70 Siehe Dupeyroux in "Le Monde" vom 3.4.1992 sowie "Le Monde" vom 12.3.1992.

Gesetzestitel leichter als in der Wirklichkeit. Vor allem der Anteil der RMI-Leistungsempfänger mit abgeschlossenen Eingliederungsverträgen, der 1990 landesweit bei erst 19 vH lag, läßt zu wünschen übrig.[71]

Eine im Auftrag der Commission nationale d'evaluation für das RMI-Gesetz durchgeführte Untersuchung der Eingliederungserfolge in dem Département Seine-Saint-Denis[72] belegt für alle drei den RMI-Empfängern angebotenen Wege der beruflichen (Wieder-)Eingliederung schwache Erfolge. Von allen 19 900 "RMIsten" dieses Départements haben Ende April 1991 insgesamt 1 520 (das sind 7,6%) einen Eingliederungsvertrag. Gering sind auch die Anteile der offiziell als solche erfaßten RMI-Empfänger an den drei Maßnahmen des sog. Beschäftigungsplanes: Von allen 459 Contrats de retour à l'emploi (CRE), die 1991 in dem Département abgeschlossen wurden, betrafen lediglich 49 (11%) Empfänger von RMI. Fast gleich hoch (10%) ist der Anteil der 55 "RMIsten" an den 535 Contrats emploi-solidarité (CES) des Jahres 1991 und an den 1 144 "Actions d'insertion et de formation" (AIF) mit 8%. Allerdings bleiben die Anteile hinter der Wirklichkeit insofern zurück, als nicht alle RMI-Empfänger sich als solche zu erkennen geben, wenn sie aus anderen Gründen (Alter, Dauer der Arbeitslosigkeit) Anspruch auf eine der genannten Eingliederungsmaßnahmen haben. Außerdem gelingt "RMIsten" gelegentlich auch der Wechsel in ein reguläres Beschäftigungsverhältnis, meist in ein befristetes Arbeitsverhältnis, ohne Umweg über eine besondere Beschäftigungsmaßnahme. An den nach wie vor großen Schwierigkeiten, die Eingliederungskomponente des RMI zu entwickeln, die das wesentlich Neue an der französischen Variante des Mindesteinkommens darstellt, ändern die Präzisierungen der Datenlage indes wenig.

Nur am Rande sei notiert, daß die sozialistische französische Regierung mit der Einrichtung des RMI einen zweiten, sehr politischen (und symbolischen) Bogen geschlagen hat, nämlich den zwischen Arm und Reich. Ein Teil der staatlichen Finanzierung des Eingliederungs-Einkommens wird gewissermaßen auf der anderen Seite der französischen Gesellschaft, bei den Reichen und Superreichen, über eine besondere Solidaritätsteuer (l'impôt de solidarité sur la fortune, ISF)[73] erhoben.

---

71 Siehe Olivier Piot, "Le Monde" vom 21.5.1992; vgl. Premières informations (Ministère du Travail, de l'Emploi et de la Formation Professionelle), N° 209, Février 1991.

72 Zusammengefaßt bei Marie-Christine Bureau / Eliane le Dantec / Patrick Nivolle, Trois stratégies d'insertion par le RMI, La lettre d'information du C.E.E. N° 22, Décembre 1991, S. 2.

73 Zur Gesetzgebungsgeschichte dieser Solidaritätsteuer siehe beispielsweise die Ausgaben von "Le Monde" vom 8. und vom 13. September 1988. Die zunächst geschätzten Einkünfte aus dieser Steuer in Höhe von 4,1 Milliarden Francs im Jahr sollten die Ausgaben für das RMI (8 bis 9 Milliarden FF) etwa zur Hälfte decken.

4. *Vergleichende und theoretische Gesichtspunkte*

Für eine an *rechtlichen* Fragestellungen interessierte Betrachtung lädt das novellierte französische Recht der Eingliederung und des RMI an sechs Punkten zum Nachdenken ein.

a) Zum ersten drücken die neuen französischen Eingliederungsverträge das Bemühen des Gesetzgebers aus, das diffuse Reich der intermediären Status durch Rückgriff auf den Arbeitsvertrag zu klären. Die vertragliche Identifikation der Status von einzugliedernden Beschäftigten klingt bereits in der Wortwahl an, die an die Stelle der früheren Begriffe von "programmes", "travaux" oder "activités" bei beiden Vertragstypen CRE und CES die Bezeichnung "contrat" setzt. Damit reagierte die Gesetzgebung auf den Wildwuchs an Statuskreationen zwischen 1984 und 1988. Dieser folgte aus dem ausdifferenzierten Zielgruppen-Ansatz der französischen Beschäftigungspolitik und der erstaunlichen Präzision, mit der einzelnen Maßnahme-Gruppen sozial definiert wurden,[74] ohne daß dies von entsprechendem rechtlichen Definitionsaufwand begleitet gewesen wäre.

Allerdings ist der erörterte Gesichtspunkt im wesentlichen ein formaler. Materiell kann die Umbenennung eines Eingliederungsstatus in einen arbeitsvertraglichen Status an der dahinter wirkenden sozialen Segmentation und an den fortbestehenden Unterschieden zu "normalen" Arbeitsverträgen wenig ändern. Dessen ungeachtet verknüpft der Ansatz der Gesetzgebung die sozialpolitische Maßnahme enger mit der arbeitsrechtlichen Ausführung. Darin liegt eine beachtliche Entscheidung für eine stärkere Koordinierung der beiden Bereiche, aber auch eine problematische Generalisierung der Erwerbsarbeit als Bedingung sozialer Anerkennung. Die rechtliche Zwitterstellung des Revenu Minimum d'Insertion wird durch die Betonung des Vertragscharakters nicht überwunden. Die Frage, ob es sich dabei eher um eine soziale Leistung oder einen arbeitsrechtlichen Vertrag handele,[75] bleibt gerechtfertigt und damit der dogmatischen Diskussion offen. Dennoch verrückt die RMI-Konstruktion den Akzent in bemerkenswerter Weise in Richtung auf einen vertraglich definierten Beschäftigtenstatus. Dieser rechtspolitischen Verschiebung muß allerdings noch die Wirklichkeit folgen.

b) Der zweite für eine vergleichende rechtliche Betrachtung bedeutsame Gesichtspunkt ist das Bemühen des französischen Gesetzgebers, die Sozialpartner verstärkt in die inhaltliche und finanzielle Umsetzung der vertraglichen Eingliederung einzubinden. Dafür gibt es zwei konkrete Anknüpfungs-

---

[74] Vgl. Margaret Maruani, Statut social et modes d'emplois, Revue française de sociologie XXX-1, janvier-mars 1989, S. 31 ff. (34f.); vgl. Giutton / Kerschen S. 26.

[75] Sophie Mathieu-Cabouat, Le revenu minimum d'insertion: allocation ou contrat? Un choix nécessaire, Droit Social 1989, S. 611 ff.

punkte, eine Konsultationspflicht gegenüber der Personalvertretung auf Unternehmensebene und die durch ein Übereinkommen vom 31. Januar 1990 gesicherte Einfügung der CES-Beschäftigten in das von den Sozialpartnern gemeinsam getragene System der Arbeitslosenversicherung UNEDIC (Union Nationale pour l'Emploi dans l'Industrie et le Commerce).[76]

c) Der dritte und die folgenden Gesichtspunkte beziehen sich auf das garantierte Mindesteinkommen und die rechtliche Organisation der mit ihm verbundenen Eingliederung. Das Revenu Minimum d'Insertion verallgemeinert und vervollständigt bereits bestehende Ansprüche auf soziale Grundsicherung. Es substituiert frühere, vorwiegend "örtlich" verwaltete und finanzierte Unterstützungsfonds zugunsten Langzeitarbeitsloser. Darüber hinaus steht es - subsidiär - zur Verfügung beim Ausfall spezieller Sicherungssysteme für bestimmte, unter Gesichtspunkten des Arbeitsmarktes schwierige Lebenslagen (Alter, Behinderungen, isolierte Eltern, Arbeitslosigkeit).[77] In Übereinstimmung mit der Zielsetzung, ein subsidiäres, aber allgemeines Regime der Sicherung von Mindesteinkünften zu schaffen, hat das RMI-Gesetz die tatbestandlichen Anspruchsvoraussetzungen mit einer kleinen, aber weitreichenden Umformulierung von der institutionellen Verknüpfung mit dem Arbeitsmarkt abgerückt. Mit dem Ersetzen des Begriffs "Arbeitsuchender" durch "Person ohne Arbeit" hat das Gesetz darauf verzichtet, seinen Wirkungskreis auf die bei den Arbeitsämtern offiziell erfaßten Arbeitsuchenden zu beschränken.[78] Darüber hinaus erfaßt das Gesetz auch selbständige Bauern und sonstige Selbständige. Mit seinem Ansatz führt das RMI-Gesetz vom 1. Dezember 1988 die in Frankreich wie anderswo in Europa beobachtbare Tendenz fort, die Grundsicherung von Einzeltatbeständen der sozialen oder persönlichen Not abzukoppeln und in einem allgemeinen Anspruch auf Unterstützung zusammenzufassen.[79] Nach dem präambelhaften Artikel 1 des Gesetzes genügt die durch Alter, den körperlichen oder geistigen Zustand, die Wirtschafts- oder Beschäftigungssituation bedingte Unfähigkeit zur Erwerbsarbeit, wenn diese zum Unterschreiten bestimmter Einkunftsgrenzen führt, um einen Anspruch auf RMI-Unterstützung zu begründen. Als ein die Versorgungslücke füllender Leistungsanspruch ("une allocation différentielle"[80]) tritt dann das RMI in Kraft und hebt das persönliche Einkommen bis auf die jeweils fest-

---

[76] Vgl. Guitton / Kerschen S. 27, die allerdings darauf hinweisen, daß die *gemeinsame* Sorge der Sozialpartner vor "schlechten Risiken" in Anbetracht der hohen Vermittlungsschwierigkeiten der mit "Contrats Emploi-Solidarité" beschäftigten Personen zur Eröffnung eines separaten Zweiges der Arbeitslosenversicherung geführt habe.

[77] Die beiden wichtigsten Vorläuferformen für das RMI sind die "Compléments locaux de ressources" (CLR) und die "Programmes locaux d'insertion des femmes" (PLIF). Siehe zu Geschichte und Konzeption des 'RMI' Guitton / Kerschen.

[78] Guitton / Kerschen S. 25.

[79] Vgl. Fragonard S. 573.

[80] Einzelheiten bei Fragonard S. 576 f., 582 f.

gelegte Armutsgrenze an. In Artikel 1 klingt aber auch schon an, was das ganze Gesetz kennzeichnet, eine ausdrückliche Bezugnahme auf Arbeit. Das führt zum vierten Gesichtspunkt.

d) Eingeschränkt wird die Tendenz zur Verallgemeinerung des RMI durch die auffallende und in gewisser Hinsicht gegenläufige Konkretisierung des Unterstützungsanlasses auf die Unfähigkeit zur Arbeit. Das Gesetz formt daraus eine Bedingung für seine Inanspruchnahme. Im Prinzip soll nur Anspruch auf Geld- und Sachleistungen (soziale Sicherung, Eingliederungsaktivitäten) haben, wer sich im Gegenzug bereitfindet zu arbeiten oder zumindest, angesichts der beim Zielpublikum des RMI häufigen Arbeitsschwierigkeiten, sich in eine para-marktliche Beschäftigungsmaßnahme eingliedern zu lassen. Das Gesetz expliziert damit eine der europäischen Armuts- und Wohlfahrtsgeschichte seit der Industrialisierung innewohnende Tauschregel, wonach nur unterstützt wird, wer arbeitet oder sich jedenfalls arbeitswillig zeigt. Die krude Regel wird heutzutage sprachlich zurückhaltender gefaßt; eines der die Gesetzgebungsdebatten 1988 durchziehenden Stichworte war "l'assistanat", die Sorge vor einer Unterstützungskultur ohne Arbeitsmotivation.

e) Der fünfte Gesichtspunkt rückt eine spezifisch rechtliche Besonderheit der französischen Regelung des Mindesteinkommens in den Mittelpunkt. Das sozialpolitische Prinzip Unterstützung gegen Arbeit (Eingliederung) ist mittlerweile mit den "contrats de retour à l'emploi" (CRE) und den "contrats emploi-solidarité" (CES) in eine gehörige Vertragskonstruktion gefaßt worden. Unter rechtlichen Gesichtspunkten bleibt festzuhalten, daß der französische Gesetzgeber mit dem RMI und den beiden dazugehörenden Vertragstypen CRE und CES nicht nur eine neue sozialpolitische Maßnahme, sondern auch ein Rechtsformenangebot für deren arbeitsvertragliche Umsetzung bereitgestellt hat.

f) Unter dem sechsten Gesichtspunkt schließlich sollen gleichwohl fortbestehende Besonderheiten der arbeitsvertraglichen Konstruktion der CRE und des CES notiert werden. Beide sind nicht, wie bei Arbeitsverträgen ansonsten üblich, bilaterale Austauschverträge zwischen einem Arbeitgeber und einem Arbeitnehmer, sondern haben eine "trianguläre" Struktur. In beiden Vertragstypen ist der Staat der Dritte im Bunde. Die Vereinbarung ist aus diesem Grunde rechtlich auch nicht als rein privatrechtlicher Vertrag, sondern als "convention" konstruiert. Den Staat repräsentieren unterschiedlichste Fachverwaltungen; bei den "Contrats de retour à l'emploi" bildet die ANPE, die staatliche Arbeitsverwaltung, bei den "Contrats Emploi-Solidarité" die Arbeitsdirektion als dezentrale Verwaltungsbehörde auf der departementalen Ebene (la Direction départementale du travail et de l'emploi[81]) den dritten Pol

81 Aktuelle Rechtsgrundlage ist das Décret N° 77-1288 vom 24. November 1977, abgedruckt in 'Dalloz', Code du Travail (1991), Appendice VI; siehe hierzu auch Rivero / Savatier, Droit du Travail, S. 259 f.

der mit Arbeitgebern und Arbeitnehmern geschlossenen Konventionen. Das führt zu einer Aufspaltung der Arbeitgeberfunktionen in die herkömmliche Weisungsbefugnis und die von staatlichen Agenturen wahrgenommene Bewirtschaftungsbefugnis (fonction de gestion), die das Arbeitsamt oder die Arbeitsbehörde funktional in die Nähe eines Zeitvertragsunternehmens (société intérim) rückt.[82]

Hinzu kommen weitere Abweichungen von arbeitsvertraglichen Normen. Zu ihnen gehören beispielsweise bei den CRE[83] das Schriftlichkeitsgebot bei unbefristeten Arbeitsverträgen, der Ausschluß der Kündigungsmöglichkeit für den Arbeitgeber innerhalb der ersten sechs Monate, die erleichterte Befristungsmöglichkeit für den Zeitraum von 6 bis 18 Monaten, die Modifikationen bei den Sozialabgaben, die Nichtberücksichtigung der CRE-Beschäftigung für die rechtlich relevante Belegschaftsgröße, der Ausschluß des Entschädigungsanspruchs (droit à l'indemnité) für befristet Beschäftigte bei Auslaufen des Vertrages.

VIII. Die Auseinandersetzung zwischen sozial- und wirtschaftspolitischen Ansätzen der Bekämpfung von Arbeitslosigkeit

Ordnungs- wie rechtspolitisch aufschlußreich ist die in Frankreich seit Jahren bereits geführte Debatte um eher soziale oder eher ökonomische Ansätze der Beschäftigungspolitik. Der Diskurs über die beiden Ansätze der "sozialen Behandlung der Arbeitslosigkeit" (traitement social du chômage) und der "wirtschaftlichen Eingliederung" (l'insertion par l'économique) markiert zwei Pole staatlicher Beschäftigungspolitik. Im Grundsatz findet sich die Gegenüberstellung, die sich früher stärker politischen Programmen zuordnen ließ (sozialdemokratisch/konservativ-liberal), auch in der deutschen Beschäftigungsdiskussion, nur wird sie hier weniger prägnant bezeichnet.

Die beiden Begriffe erschließen sich am raschesten über die Hauptformen, die mit ihnen verbunden werden. Das bekannteste Exempel für die soziale Behandlung der Arbeitslosigkeit sind die oben (C.IV.) vorgestellten TUC, die Travaux d'Utilité Collective.[84] Diese zivilisierte Form von Notstands- oder Gemeinwesenarbeiten, die eine entfernte Ähnlichkeit mit den deutschen ABM aufweisen, boten zunächst Jugendlichen im Alter von 16 bis 21 Jahren, später auch Langzeitarbeitslosen bis zu 25 Jahren, im Rahmen von Teilzeitverträgen

---

82 Motte et al. S. 96.

83 Vgl. Motte et al. S. 98 f.

84 Vgl. Olivier Villey, Les politiques publiques en faveur de l'insertion professionnelle des jeunes, in: France-Allemagne: Débats sur l'emploi, Paris 1987, S. 184 ff.

(20 Stunden) die Möglichkeit, öffentliche Arbeiten (des tâches d'intérêt général) im nicht privatwirtschaftlichen Sektor auszuführen. In der Praxis findet diese Art von Arbeit, wie gezeigt wurde, hauptsächlich in und mit den Infrastrukturen von Kommunen und anderen Gebietskörperschaften statt, aber auch in gemeinnützigen und sozialwirtschaftlichen Einrichtungen (Vereinen, mutuelles, Genossenschaften). Entscheidend für die Zuordnung zur Kategorie der sozialen Behandlung der Arbeitslosigkeit ist die Ansiedelung der Maßnahmen außerhalb privatwirtschaftlicher Unternehmen und damit außerhalb der strukturellen Voraussetzung für eine von öffentlichen Zuschüssen (tendenziell) unabhängige wirtschaftliche Tragfähigkeit. Mit ihrer völligen oder weitgehenden Abhängigkeit von staatlichen Mittelzuwendungen und ihren definitionsgemäß marktfernen Aufgaben waren die TUC nur als staatliche Kreationen lebensfähig. Mit dem Auslaufen der befristeten Zuweisungen endete die sozialpolitische Zuständigkeit der Maßnahme. Perspektiven für eine vom staatlichen Mittelfluß unabhängige Verlängerung gab es - mangels Wirtschaftlichkeit - im allgemeinen nicht. Kritiker sehen in der sozialen Behandlung der Arbeitslosigkeit vor allem die Wirkung, daß die Neuzugänge in Arbeitslosigkeit sichtbar vermindert werden, auf der anderen Seite aber die Zahl der vom traditionellen Arbeitsmarkt ausgeschlossenen Personen wächst.[85]

In neuerer Zeit setzte die Beschäftigungspolitik in Frankreich, übrigens auch die der sozialistischenen Regierungen seit Rocard, verstärkt auf markt- und unternehmensbezogene Ansätze der Eingliederung von Arbeitslosen. Die beiden herausragenden Beispiele dafür sind die oben (C.III.) vorgestellten "Associa-tions intermédiaires" und die "entreprises d'insertion", die vormaligen "entreprises intermédiaires". Kennzeichnend für die hier verfolgten Ansätze ist der Versuch des Brückenschlags zwischen Zuständen der sozialen Ausgliederung und wirtschaftlichen Tätigkeitsformen. Auch hier werden öffentliche Mittel eingesetzt, vor allem zur zeitweiligen Verbilligung der angebotenen Arbeitskräfte. Aber im Unterschied zur sozialen Behandlung der Arbeitslosigkeit bestehen hier reale Chancen der Eingliederung in das Erwerbsleben, weil die Arbeit innerhalb eines betrieblichen Praxisfeldes stattfindet und damit Aussicht auf wirtschaftliche Reproduktion hat.

Die Evaluation der verschiedenen Maßnahmen tendiert zu höheren Eingliederungserfolgen bei den wirtschaftlich orientierten Ansätzen. Zugleich legt sie jedoch zwei Einschränkungen offen, die eine massive Umsteuerung staatlicher Beschäftigungspolitik in diese Richtung hemmen. Die Wirkungen der wirtschaftlichen Ansätze zur Bekämpfung der Arbeitslosigkeit benötigen mehr Zeit für ablesbare Erfolge und sie sind, weil marktnäher, auch im Hin-

---

[85] Francis Bailleau, L'insertion des "jeunes en difficulté". Une approche comparative au niveau européen, in: Bernard Lorreyte (Hrsg.), Les politiques d'intégration des jeunes issus de l'immigration, Paris 1989, S. 62 ff. (70).

blick auf die Arbeitskosten, teurer.[86] Damit sind sie für die eher an raschen und vergleichsweise kostengünstigen Erfolgen bei der Bekämpfung der Arbeitslosigkeit interessierte Politik, von ordnungspolitischen Problemen wie Transfereffekten zugunsten von Unternehmen abgesehen, weniger attraktiv.

Der Diskurs über die Vorzugswürdigkeit sozialer oder wirtschaftlicher Ansätze der Wiedereingliederung von Arbeitslosen wirft, über seine unverkennbar ideologische Tönung hinaus, Fragen von struktureller Bedeutung auf. Ist die über den anspruchsvoll gewordenen Arbeitsmarkt alleine nicht mehr zu lösende Frage der Arbeitschancen für weniger Leistungsfähige eine ausschließliche Aufgabe der staatlichen Fürsorge? Also eine Art modernisierte soziale Frage, deren Beantwortung hauptsächlich den Sozialadministrationen zur Aufgabe gemacht ist? Oder sollte Beschäftigungspolitik verstärkt auf wirtschaftliche oder zumindest gemischt-wirtschaftliche Mechanismen der Vermittlung zwischen sozialen Feldern und Erwerbssystem setzen und damit Vorzimmer des Arbeitsmarktes neu öffnen, wie es sie traditionell immer gegeben hat? Die Beantwortung der Frage hängt erkennbar mit der Bewertung der Arbeitslosigkeit als eines Krisenphänomens oder als einer dauerhaften Struktur der Erwerbsgesellschaft zusammen. In dem Maße, in dem großflächige Arbeitslosigkeit sich chronifiziert und damit dem Wesen einer Struktur annähert, verlieren rein soziale Interventionsformen an Überzeugungskraft (und an Finanzierbarkeit). Die Praxiserfahrungen mit den höheren, wenn auch längerwierigen Eingliederungserfolgen bei wirtschaftlichen Ansätzen in Frankreich zeigen im übrigen, daß moderne Arbeitsmärkte durchaus für schwächere Arbeitskräfte aufnahmefähig sind, wenn deren Qualifikationsrisiken für die Unternehmen durch geeignete institutionelle Vermittlungsformen gemindert werden.

IX. Resümierende und theoretische Überlegungen

Das facettenreiche Bild der französischen Beschäftigungspolitik seit Mitte der 70er Jahre erfordert theoretische Distanz, um aus der verwirrenden Fülle von Einzelheiten und kurzlebigen Maßnahmen brauchbare wissenschaftliche Erkenntnisse für eine vergleichende und rechtssoziologische Analyse zu gewinnen.

Fünf Gesichtspunkte sollen als Zwischenergebnis und als zu vertiefende theoretische Aspekte notiert werden.

---

[86] G. Cornilleau / P. Mationi / B. Roguet, Quinze ans de politique de l'emploi, Travail et Emploi 1990, N° 44, S. 64 ff. (68); Ermakoff / Tresmontant, Economie et Prévision n° 92-93, 1990-1/2, S. 111 ff.

1. Starkes Engagement von Staat und Politik

Zum ersten wird das Bild der Arbeitsmarkt- und Beschäftigungspolitik in Frankreich bestimmt durch ein vergleichsweise starkes Engagement des Staates und durch hohen Politikaufwand. Beschäftigungspolitik ist in Frankreich nicht nur Expertensache, sondern ein nationales Politikthema, dem auch in den allgemeinen Medien gebührende Aufmerksamkeit zuteil wird. Zugleich ist die Politik aber auch stets bestrebt, sich die Last der Verwirklichung und der Verantwortung mit anderen Akteuren in diesem Feld, vor allem mit den Sozialpartnern, aber auch "dezentralen" Körperschaften und Verwaltungen, zu teilen. Zum Ausdruck gebracht werden soll das mit einer Begrifflichkeit, die ausdrücklich das Vertragsmodell in Bezug nimmt. Es sind dies die Beschäftigungspakte (pactes pour l'emploi), von denen zwischen 1977 und 1981 drei Wellen mit jeweils neuen Variationen von Beschäftigungsmaßnahmen lanciert wurden.

Begleitet wurden die Beschäftigungspakte und die sonstigen politischen und rechtlichen Maßnahmen gegen Arbeitslosigkeit, vor allem Anfang bis Mitte der 80er Jahre, von einer Rhetorik, die deutlich Züge der nationalen Mobilisierung trug. Sie verkündete die Elemente einer "konzentrierten Aktion mit dem Ziel, die größtmögliche Mobilisierung der gesellschaftlichen Akteure hervorzurufen" und bediente sich einer gewissen Dramatisierung des Themas durch sprachliche Formeln wie "nationale Verpflichtung" (obligation nationale), "nationale Pflicht" (devoir national, impératif national).[87]

Einen aktuellen Ausdruck gefunden hat der Ansatz des politischen Vertrages in dem im Herbst 1990 geschlossenen "Fortschrittsvertrag" (contrat de progrès) zwischen dem Staat und der Nationalen Anstalt für Beschäftigung (ANPE), der Teil der Regierungspolitik der Modernisierung der öffentlichen Verwaltung ist. Der Vertrag, der in dieser Form erstmalig zwischen Staat und einer öffentlichen Körperschaft geschlossen wurde, verpflichtet die ANPE zur Fortentwicklung ihrer internen Strukturen und zur Erfüllung bestimmter Zielvorgaben hinsichtlich Unternehmen und Einzelpersonen mit Beschäftigungsproblemen.[88]

Die Kehrseite der vergleichsweise hochrangigen politischen Plazierung der Beschäftigungspolitik in Frankreich ist deren Abhängigkeit von den Kontingenzen der Regierungspolitik, genauer von dem in Frankreich stärker ausgeprägten Wechsel von Links-Rechts-Mustern der Regierungspolitik. Ein Exempel für Abhängigkeit von politischen Orientierungen ist das Schicksal der oben (C.III.) erwähnten Maßnahme der "entreprises d'insertion". Die - wegen

---

[87] Vincent Peyre / Joseph Pineau, Insertion: Construction et usages, "Annales de Vaucresson" 1991, S. 12 f.

[88] inforMISEP Winter 1990, Nr. 32, S. 3.

ihrer engen Verzahnung von sozial- und wirtschaftspolitischen Förderansätzen politisch möglicherweise besonders anfechtbare - Beschäftigungsmaßnahme wurde im April 1985 unter der (sozialistischen) Regierung Fabius in Kraft gesetzt, im September 1986 von der (konservativen) Regierung Chirac außer Kraft gesetzt und im September 1988 im Rahmen des damaligen Beschäftigungsplanes von der (sozialistischen) Regierung Rocard wieder in Kraft gesetzt. Insgesamt allerdings hat es den Anschein, daß das politisch motivierte Rein-Raus von Beschäftigungsmaßnahmen die Ausnahme geblieben ist. Ein Großteil des Maßnahmegebäudes hat die politischen Kurswechsel der letzten 10 Jahre relativ unbeschadet überstanden und ist wohl von seinem Wesen her auch nicht ohne weiteres (partei-)politisch identifizierbar.

2. Kultur der Planmäßigkeit staatlicher Beschäftigungspolitik

Eine zweite Besonderheit der französischen Beschäftigungspolitik liegt in ihrer - jedenfalls sprachlich suggerierten - Planmäßigkeit. Auch hier gibt es politische Akzentverschiebungen. Es kommt nicht von ungefähr, daß der erste nationale Beschäftigungsplan (plan pour l'emploi) im September 1988, wenige Monate nach der Wiedererlangung der Regierungsmacht durch die Sozialisten, lanciert wurde.[89] Ihm sind mittlerweile zwei weitere Beschäftigungspläne gefolgt, der vierte war für September 1991 vorgesehen. Doch auch hier griffe eine rein parteipolitische Zuordnung zu kurz. Die Idee der gesellschaftlichen und wirtschaftlichen Planbarkeit steht in einer parteiübergreifenden, die politische Kultur Frankreichs seit Jahrzehnten, jedenfalls seit dem 1. Plan 1947-1952, prägenden Tradition der "planification".[90] Die sozialistische Variante der Planung besteht daher eher in der Verstärkung und Ausdifferenzierung der Planungskultur zugunsten der Beschäftigung als in der Erfindung des Instruments als solchem.

3. Faktische Instabilität der Beschäftigungsmaßnahmen

Alle Rhetorik und Logik des Planes kann indes eine dritte Beobachtung nicht verhindern, nämlich die einer außerordentlich großen Instabilität der meisten Beschäftigungsmaßnahmen. Als instabil erweisen sie sich vor allem in zeitlicher Hinsicht, aber auch in ihrer inhaltlichen und finanziellen Ausstattung. Die Instabilität trägt wesentlich zur Unübersichtlichkeit des Maß-

---

89 Ihm war in den Jahren 1981-82 ein auf die Jugendarbeitslosigkeit zentrierender Plan "Avenir-Jeunes" vorausgegangen.

90 Einen guten Überblick über Geschichte, Inhalte und Funktionen des Plans gibt Pierre Bauchet, Le plan dans l'économie française, 'Economia' 1986.

nahmesektors bei. Nicht nur ist es für jeden Nicht-Experten einigermaßen schwierig, verschiedene beschäftigungspolitische Maßnahmen zu einem gegebenen Zeitpunkt voneinander abzugrenzen, sondern auch das Verfolgen der einzelnen Maßnahme über ihren jeweiligen Entwicklungsgang hinweg bereitet Mühe. Da es sich bei den "Empfängern" solcher Maßnahmen im Zweifel um Nicht-Experten handelt, ist deren Fähigkeit, die Maßnahmen in ihrer erwerbsbiographischen, qualifikatorischen und arbeitsmarktpolitischen Bedeutung richtig zu beurteilen, vermutlich stark eingeschränkt. Das erhöht, anders gesehen, die Bedeutung der die Maßnahmen verwaltenden Experten und staatlichen Bürokratien bei der Beratung und Zuweisung.

Die rasche Veränderbarkeit des Maßnahmesektors des Arbeitsmarktes gibt der häufig zu lesenden kritischen Feststellung einer Arbeitsgesellschaft mit zwei Geschwindigkeiten (société à deux vitesses)[91] einen doppelten und inversen Sinn. Paradoxerweise zeichnet sich gerade der vom klassischen "ersten" Arbeitsmarkt abgespaltene "zweite" Markt der atypischen Arbeit,[92] jedenfalls in seinen staatlich inspirierten und verwalteten Beschäftigungsformen, durch erhöhtes Tempo der Veränderungen und der kurzfristigen Anpassung an geänderte Parameter aus. Das ändert aber nichts daran - und insofern bedarf das Bild der "société à deux vitesses" keiner Korrektur -, daß der Sektor der Beschäftigungsmaßnahmen die Vorsprünge des ersten Arbeitsmarktes in bezug auf Leistung, soziales und berufliches Prestige, soziale Sicherheit und Vergütung nicht einholen kann.

Die Unübersichtlichkeit der französischen Beschäftigungspolitik[93] steht im Mittelpunkt der Kritik. Sie wird auf verschiedene Ursachen zurückgeführt, auf mangelnde Kohärenz der Maßnahmekonzeptionen, auf ungenügende Koordination einer Vielzahl von Verwaltern, auf das Vorherrschen quantitativer Erfolgsmaßstäbe bei der Bewertung der Maßnahme (Zahl der Zuweisungen), vor allem aber auf die ausgeprägte Ausrichtung der Maßnahmen auf Zielgruppen und auf die rasche Abfolge neuer Maßnahmekreationen.[94] Die letzten beiden Kritikpunkte weisen auf ein interessantes und vermutlich verallgemeinerbares Dilemma der maßnahmeorientierten Beschäftigungspolitik hin. Sie wird in dem Maße instabil und damit ineffizient, in dem sie sich verfeinert; andererseits muß sie sich verfeinern, um effizient zu werden. Damit soll die Kritik an Konzeption und Organisation der Maßnahmen nicht in Frage gestellt werden. Es bleiben dennoch erhebliche Zweifel, daß - ihre Abhilfe unterstellt - die staatliche Intervention in Arbeitsmarkt und Beschäftigung dadurch wesentlich an Übersichtlichkeit gewänne. Als Grundproblem

---

[91] Francis Bailleau S. 62 ff. (68).

[92] Vgl. Bailleau S. 80.

[93] Raymond Hara spricht von dem "manque de lisibilité", siehe derselbe, Les dispositifs d'insertion et de réinsertion des demandeurs d'emploi, Travail et Emploi 4/1989, N° 42, S. 74 ff. (78).

[94] Hara S. 75 f., 78.

moderner arbeitsmarktbezogener Steuerung bleibt der im Effizienzgebot liegende Zwang zur Feineinstellung. Fein eingestellt werden muß das Instrumentarium der Beschäftigungsmaßnahmen zum einen auf eine Vielzahl von wenig stabilen Parametern des Arbeitsmarktes. Dazu gehören die Konjunkturdaten, die Auftragslage der Wirtschaft und die Nachfragelage des Arbeitsmarktes, die berufliche Qualifikation wie die Reorganisation von Branchen und Unternehmen. Zu den Daten staatlicher Intervention gehört aber auch die gewachsene Heterogenität der Zielgruppen. Individualisierung findet sich nicht nur auf der dynamischen Seite der Arbeitsgesellschaft, auch die Not ist individualisiert. Langzeitarbeitlose von über 50 Jahren lassen sich nicht mit denselben Maßnahmen traktieren wie delinquenzgefährdete 19jährige, isolierten Frauen muß auf andere Weise der Zugang zum Arbeitsmarkt eröffnet werden als Immigrantenkindern ohne Schulabschluß. Hier wird ein Steuerungsdilemma sichtbar, daß sich möglicherweise auch in anderen Abteilungen des ausdifferenzierten Wohlfahrtsstaates finden läßt. Die oben vorgestellte Dilemmaformel müßte dann lauten: Wohlfahrtsstaatliche Steuerung muß sich ausdifferenzieren, um ihre Zielgruppen zu erreichen; sie erreicht ihr Ziel umso weniger, je stärker sie sich ausdifferenziert.

Eine zweite Bedingung staatlicher Beschäftigungspolitik muß hinzugesehen werden, um die rasche Abfolge von Änderungen und Neukonzeptionen verständlicher zu machen. Infolge der vielen Unbekannten des Ausbildungs- und des Erwerbssystems und vor allem der heiklen Zwischenzone des Übergangs von der Schule bzw. der Berufsausbildung in die Berufstätigkeit entwickelt sich staatliche Beschäftigungspolitik durch Suchen und Tasten. Dieses "tâtonnement" wird von einer - für staatliche Verwaltung nicht selbstverständlichen - Experimentierbereitschaft begleitet, unterliegt aber auf der anderen Seite erhöhter Abänderbarkeit oder gar Widerruflichkeit. Die dadurch eingeführte Instabilität kann politisch motiviert sein, sie ist jedoch mit größerer Wahrscheinlichkeit durch Evaluation der Maßnahmen[95] und/oder eine veränderte Haushaltslage bestimmt. Beschäftigungspolitik trägt deutliche Züge eines politisch legitimen Suchens und Irrens, das, gerade weil es rechtlich wenig strukturiert ist, ohne allzu großen Aufwand und ohne allzu viel Öffentlichkeit angepaßt werden kann.

---

95 Das Geflecht der Maßnahmeevaluationen der Beschäftigungspolitik in Frankreich ist dicht. Neben der laufenden zahlenmäßigen Erfassung aller Zugänge zu den einzelnen Maßnahmen liefern verschiedene wissenschaftliche Disziplinen, teils im Rahmen staatlicher Verwaltung oder Statistik, teils im Rahmen von Grundlagenforschung, seit Jahren umfangreiche Analysen der Politikansätze. Nur beispielhaft sei hingewiesen auf die bereits zitierten Arbeiten von Françoise Amat, Itinéraire dans le dispositif de formation et situation à la sortie des stages, Formation Emploi N° 9, Janvier-Mars 1985. Ein weiteres aktuelles Beispiel ist die bereits mehrfach erwähnte Commission nationale d'evaluation du RMI.

4. *Diffuse neue Status*

Mit dem vierten Gesichtspunkt des Resümees soll die Aufmerksamkeit auf die Ausbreitung neuartiger Beschäftigtenstatus zwischen Ausbildung und Erwerbstätigkeit bzw. zwischen Arbeitslosigkeit und Erwerbstätigkeit gelenkt werden. Vor allem in der Periode 1984-1988 entstanden aus dem feingesteuerten Zielgruppen-Ansatz der französischen Beschäftigungspolitik zahlreiche neue Beschäftigtenstatus bzw., genauer, Maßnahmestatus, die im wesentlich nur gemein hatten die Zielsetzung der (Wieder-)Eingliederung in den Arbeitsmarkt.[96] Diese Status sind alles andere als rechtlich und arbeitssoziologisch klar konturiert. Sie bezeichnen zunächst nur die wohlfahrtsstaatliche Zuweisung von vergüteten Arbeits- und Ausbildungsformen an den heiklen Schnittstellen zwischen Schulsystem und Arbeitsmarkt sowie zwischen Arbeitslosigkeit und Arbeitsmarkt. Guitton und Kerschen sprechen von einer "sphère de l'insertion", die sich im Verlauf der Jahre neben der "sphère de l'emploi" entwickelt habe und die begonnen habe, ein soziales und normatives Eigenleben zu führen.[97]

Exemplarisch für diese Entwicklung ist die Vielzahl der befristeten Arbeitspraktika (stages). Dieser Status, ursprünglich beschränkt auf den Bereich der beruflichen Bildung (Buch IX des Code du Travail), ist zum Statusmodell für den gesamten Bereich der intermediären Eingliederungsformen geworden.[98] Deren quantitative Bedeutung ist beträchtlich: Seit 1987 nehmen jährlich mehr als eine halbe Million Arbeitspraktikanten an "stages" in Unternehmen oder Ausbildungseinrichtungen teil. Die Variation der sozialen und beruflichen Situationen, die sich hinter der weiten Kategorie der "stagiaires" verbergen, hat sich, nicht zuletzt durch die wachsende Bedeutung der Langzeitarbeitslosigkeit und das dadurch bedingte Erscheinen einer neuen Zielgruppe, vergrößert. Vergrößert hat sich damit auch das Problem der rechtlich und sozial unklaren Identität der Arbeitspraktikanten, auf deren Suche sich mittlerweile nicht nur diese selbst,[99] sondern auch Sozial- und Rechtswissenschaft sowie Statistik begeben haben.[100] Abgrenzungsbedürftig ist der Status

---

[96] Vgl. Guitton / Kerschen S. 16, die von einem "éclatement" und einem "éparpillement des statuts" sprechen.

[97] Guitton / Kerschen S. 3, 12 f.

[98] Guitton / Kerschen S. 19.

[99] Jean-Christophe Sciberras, Le stagiaire à la recherche de son identité, in: Document Travail Emploi, L'Évolution des formes d'emploi, Paris 1989, S. 261 ff.

[100] Für die Sozialwissenschaften sei verwiesen auf eine aufschlußreiche Panel-Untersuchung bei 8200 Praktikanten im Alter von 16-18 Jahren im Sommer 1984, siehe hierzu Françoise Amat S. 48-65; für die neu entstandenen Probleme der Beschäftigungsstatistik mit den "situations intermédiaires" siehe J.-L. Heller, Enquête Emploi: Un nouveau questionnaire pour la série 1990, Courrier des Statistiques N° 53, Mars 1990, S. 15 ff. (20 f.); für die Rechtswissenschaft siehe N.Kerschen / F. Kessler / M. Legrand / F. Feyssler, Les statuts juridiques intermédiaires, Actes du Colloque "L'évolution des formes d'emploi", Revue Travail et Emploi, Paris, novembre 1988 (Documentation française 1989).

des "stagiaire" nach wenigstens drei Seiten hin: Zur Arbeitslosigkeit, zur beruflichen Bildung und zur Erwerbstätigkeit hin. Für die arbeitsrechtliche Analyse dieses Zwischenstatus erscheint im übrigen bedeutsam, daß der Begriff weitgehend außerhalb des Verhandlungsfeldes der Sozialpartner entstanden ist und deshalb eher wohlfahrtsstaatliche als arbeitsrechtliche Züge trägt. Hinzu kommt, daß sich die französischen Arbeitsgerichte bisher kaum mit dem Status des "stagiaire" zu befassen hatten. Damit fehlt weitgehend auch eine die Konturen des Begriffs bearbeitende arbeitsgerichtliche Rechtsprechung.

5. *Status and Contract*

Die Herausbildung eines, ungeachtet der vertraglichen Form, substantiell durch Statusbedingungen gekennzeichneten Sektors der Arbeitsgesellschaft wirft Fragen auf, die über die mangelhafte rechtliche Konsistenz der verschiedenen Statustypen hinausgehen. In der analytischen Gegenüberstellung von Status und Kontrakt muß die Vielfalt der Eingliederungs- und Ausbildungsstatus der französischen Beschäftigungspolitik grundsätzlich eher dem Statussektor als dem Vertragssektor zugeordnet werden. Denn auch wenn die meisten der vorgestellten Beschäftigungsformen technisch über Arbeits- oder Praktikantenverträge umgesetzt werden, ist ein kontraktuelles Element in ihnen tatsächlich kaum vorhanden. In diesen Verträgen ist, um eine Formulierung von Antoine Lyon-Caen aufzugreifen, die Sprache eine vertragliche geblieben, während die Grammatik die der Regeln geworden ist.[101] Die Frage ist nur: Welche Regeln beherrschen die Eingliederungs- und Ausbildungsstatus? Finanzielle Voraussetzungen wie berufliche, soziale und organisatorische Inhalte der Maßnahmen sind staatlich, nämlich beschäftigungspolitisch vorkonzipiert. Individuell-vertragliche Gestaltungsspielräume sind nicht vorhanden, allenfalls werden gelegentlich die Sozialpartner in die Konzeption und Implementation der Maßnahmen eingeschaltet.

Diese Überlegung führt zur Notwendigkeit der Differenzierung des Status-Begriffs innerhalb einer Erwerbsgesellschaft. Denn auch die gutsituierten Arbeitsverhältnisse der "Kernbelegschaften" beruhen, von vertragsfähigen Individualisten abgesehen, normalerweise auf einem Status. Die Arbeitsverträge, die stets "sprachliche" Grundlage geregelter Arbeitsbeziehungen sind und deren inhaltliche Anforderungen durch die neuere französische Gesetzgebung verstärkt wurden, sind durch eine Vielzahl von außervertraglichen, "konventionellen" Elementen und Regeln stabilisiert. Auf Unternehmensebene bilden sich solche den Vertrag umschließenden Konventionen aus dem

---

101 Antoine Lyon-Caen, Droit Social 1988, S. 540 ff. (541): "En somme, la terminologie est demeurée contractuelle, alors que la grammaire est devenue celle de règles."

wesensgemäß unvollständigen Charakter des Arbeitsvertrages, der sich über die Zeit entwickeln muß und dafür einer komplexen sozialen, zeitlichen und inhaltlichen Verfestigung bedarf.[102] Diese Überlegungen stehen erkennbar, was ihren soziologischen Gehalt betrifft, in der von Durkheim begründeten vertrags- und solidaritätstheoretischen Tradition der Einbettung rechtlicher Phänomene in komplexere soziale Verflechtungen.[103]

Der interessante Befund ist demnach: Statusbestimmte Arbeitsverhältnisse finden sich in zwei verschiedenen Zonen der gegenwärtigen Industriegesellschaft, im relativ gesicherten Kernbereich und an den fragilen Rändern. Eine globale Gegenüberstellung von Status und Kontrakt wird der Wirklichkeit ebensowenig gerecht wie eine simple historische Abfolge. Vielmehr beherrschen Gleichzeitigkeit und unterschiedliche *Qualitäten* von Status innerhalb ein und derselben Arbeitsgesellschaft das Bild.

Worin unterscheiden sich die beiden hier gegenübergestellten Statusformen? Zwei Merkmale jedenfalls lassen sich angeben, beide verdienen empirische wie theoretische Vertiefung. Zum ersten fehlt den beschäftigungspolitisch erzeugten Status jegliches Element von wirtschaftlicher Gegenseitigkeit. Im Unterschied zu den Regeln und Konventionen des "industriellen" Arbeitsvertrags, bei denen wirtschaftliche Stabilität gegen Loyalität und Effizienz der Arbeitnehmer getauscht wird, fehlt den "wohlfahrtsstaatlichen" Arbeitsformen die Wechselbezüglichkeit der Interessen. Angeboten wird ein befristeter Eingliederungszustand, der zu nichts weiter verpflichtet und auch nicht verpflichten kann, weil ihm jede ökonomische Perspektive fehlt. Das macht die Eingliederungs- und Ausbildungsstatus nicht nur staatlich, sondern auch statisch. Anpassungs- und Entwicklungsinteressen wegen sich wandelnder wirtschaftlicher oder technischer Arbeitsbedingungen gibt es nicht, der jeweilige Status wird sozialstaatlich konzipiert, verwaltet und verteilt. Zum zweiten, mit dem eben Ausgeführten zusammenhängend, fehlen den sozialstaatlichen Eingliederungsstatus weitgehend die kollektiven Akteure des Tauschs, nämlich die Sozialpartner. Diese novellieren in institutionalisierten Kommunikations- und Verhandlungsformen beständig die dann kollektivvertraglich fixierten Regeln und Konventionen des Arbeitsvertrages. Damit werden die Status der "normalen" Arbeitnehmer, im Unterschied zu den sozialstaatlich verwalteten Statusformen, in einem dynamischen und öffentlichen Prozeß der Interessenabstimmung entwickelt.

---

102 François Eymard-Duvernay, Le lien durable d'emploi: des accommodements, difficiles avec le marché, Droit Social 1988, S. 544 ff. (546); Robert Salais, L'analyse économique des conventions du travail, Revue économiqe, N° 2, mars 1989, p. 199-240, unterscheidet "convention de productivité" und "convention de chômage" und definiert: "Une convention est un système d'attentes réciproques sur les compétences et les comportements, conçus comme allant de soi et pour aller de soi" (213).

103 Emile Durkheim, De la division du travail social, 1930, S. 184 ff.

D. Selbständigkeit und Unternehmensgründungen

Die Beschäftigungskrise auf den europäischen Arbeitsmärkten hat seit dem Ende der 70er Jahre einen Erwerbsstatus wieder stärker in das Blickfeld (und in die Praxis) rücken lassen, aus dem dieser mit fortschreitender Industrialisierung zunehmend geschwunden war, den der Selbständigen. Von ihrer Reduktion auf ein Krisenphänomen hat sich diese Erwerbsform wieder befreit. Sie wird inzwischen nicht nur mehr in erster Linie als beschäftigungspolitisch dringend zu fördernder Entlastungspfad für insuffiziente Arbeitsmärkte angesehen,[1] sondern auch als sich erweiterndes Segment in einer individualisierten Arbeitsgesellschaft. Begünstigt wird der Zugang zur Selbständigkeit durch eine Vielzahl von Strukturangeboten, aber auch durch einen beachtlichen Wandel in den gesellschaftlichen Wahrnehmungsmustern. War die kulturelle Epoche "1968" bestimmt durch Kritik des Kapitals und seiner Verwertungsformen, durch Distanzierung von Groß- und Kleinbourgeoisie und ihren Erwerbsformen und demgemäß karrierepolitisch gewissermaßen durch Orientierung auf den Öffentlichen Dienst ("Marsch durch die Institutionen"), so hat der Status des Selbständigen und auch des Unternehmers bzw. der Unternehmerin in den letzten Jahren deutlich an gesellschaftlicher Reputation zurückgewonnen. Dessen ungeachtet bleibt freilich typenbestimmend für die Industriegesellschaften des ausgehenden 20. Jahrhunderts die abhängige Beschäftigung, die beispielsweise 1989 in Frankreich 85 vH der Erwerbsbevölkerung ausmacht.[2]

Die Entwicklung der Selbständigkeit in Frankreich folgt den großen Linien der europäischen Entwicklung. Auch hier geht der Anteil der Selbständigen seit Jahrzehnten zurück, vor allem aufgrund des seit langem sinkenden Anteiles der Erwerbspersonen in der Landwirtschaft. Beschränkt man sich auf die Zeit nach dem Zweiten Weltkrieg, so war der Anteil der Selbständigen an den hauptberuflich Erwerbstätigen in Frankreich zwischen 1960 und 1975 um rund ein Drittel, nämlich von 19,7 vH auf 13,1 vH, geschrumpft.[3] Noch stärker, nämlich um fast zwei Drittel zurückgegangen war der Anteil der Mithelfenden Familienangehörigen in Frankreich, ein interessanter, wenn auch wis-

---

1 Eine Ausnahme bildet sicherlich Ostdeutschland ab 1990.

2 INSEE Résultats, Enquête sur l'emploi de 1989, S. 62.

3 Sozialindikatoren für die Europäische Gemeinschaft 1960-1975, S. 106.

senschaftlich wenig genutzter Indikator für die Struktur von Frauenerwerbstätigkeit. Er sank im selben Zeitraum von 13,6 vH auf 5,1 vH. Nimmt man beides zusammen, so stellt man für einen Zeitraum von 20 Jahren, nämlich von 1960 bis 1980, für die Gruppe der Arbeitgeber, Selbständigen und Mithelfenden Familienangehörigen in Frankreich eine Kontraktionsbewegung von 30,5 vH auf 17,0 vH und damit um fast die Hälfte des ursprünglichen Anteiles fest.[4]

Für 1989 werden in Frankreich insgesamt 2,7 Millionen Selbständige und Arbeitgeber gezählt, bezogen auf die Gesamtzahl der zivilen Erwerbstätigen sind das 12,5 vH.[5] Nimmt man die rund 650.000 Mithelfenden Familienangehörigen hinzu, kommt man auf einen Anteil 15,5 vH (zum Vergleich: Bundesrepublik Deutschland 11,2 vH, Spanien 27,7 vH, Italien 29,0 vH).[6]

I. Unterstützung für arbeitslose Unternehmensgründer

1. L'aide aux chômeurs créateurs d'entreprise

Der Zusammenhang zwischen Beschäftigungskrise und verstärkter Selbständigkeit ist historisch nicht neu. Neu ist auch nicht die wirtschaftspolitische Unterstützung von Unternehmensgründungen und deren Verstärkung in Krisenzeiten. Eine bemerkenswerte Innovation ist hingegen die primär unter arbeitsmarktpolitischen Gesichtspunkten konzipierte Förderung des Überganges aus der Arbeitslosigkeit in die Selbständigkeit. Dieses Förderregime, bei dem Frankreich 1979 mit der Einführung der "l'aide aux chômeurs créateurs d'entreprise" (abgekürzt ACCRE, Hilfe für arbeitslose Unternehmensgründer) in Europa eine Vorreiterrolle gespielt hat, schlägt nicht nur eine soziologisch interessante Brücke zwischen den nicht gerade benachbarten Feldern der Arbeitslosigkeit und der Selbständigkeit, sie schlägt auch eine rechtsdogmatisch interessante Brücke. Die rechtliche Verfassung der Arbeitslosigkeit und des Status der arbeitslosen Leistungsempfänger beruhen auf der Annahme der möglichst kurz zu haltenden Unterbrechung einer abhängigen sozialversicherungspflichtigen Beschäftigung, die ihrerseits Voraussetzung für den Bezug von Leistungen der Arbeitslosenversicherung ist. Das Modell ist versicherungstechnisch und rechtlich geschlossen, ein Statuswechsel kommt darin nicht vor, wird er dennoch vorgenommen, ist er rechtswidrig.

---

4 Sozialindikatoren für die Europäische Gemeinschaft. Ausgewählte Reihen, 1986, Tab. VI-1, S. 84.

5 INSEE, Enquête sur l'emploi de 1989. Résultats détaillés, Tableau PA 13, S. 60.

6 Eurostat, Erhebung über Arbeitskräfte. Ergebnisse 1989, Tabelle 27, S. 96 f.

Mit der 1979 eingeführten Überbrückungshilfe für arbeitslose Unternehmensgründer hat Frankreich den geschlossenen Kreislauf aus beschäftigungspolitischen Gründen unterbrochen und finanzielle Mittel (bis 1984 Versicherungsmittel, seitdem Staatsmittel), für diejenigen Arbeitslosen zur Verfügung gestellt, die ein Unternehmen gründen oder übernehmen wollen. Das französische Modell hat in Europa Pate gestanden für eine Reihe ähnlicher Förderansätze, nicht zuletzt für das 1982 in Großbritannien eingeführte "Enterprise Allowance Scheme" und das 1986 in der Bundesrepublik eingeführte Überbrückungsgeld nach § 55a Arbeitsförderungsgesetz.[7]

Die französische Maßnahme enthält zwei Förderkomponenten. Zum einen stellt sie eine Finanzhilfe zur Verfügung, deren Betrag abhängig ist von der vorhergehenden Tätigkeit des Leistungsempfängers und der Dauer der registrierten Arbeitslosigkeit. Dieser Betrag, der im Unterschied zum deutschen Überbrückungsgeld als einmalige Starthilfe und nicht als Fortzahlung der Versicherungsleistungen konzipiert ist, konnte zum 1. April 1985 zwischen 10.750 FF und 43.000 FF (ca. 3.100 DM bis 12.300 DM) betragen; er kann nachträglich um einen Maximalbetrag von ca. 6.200 DM erhöht werden, falls mit der Unternehmensgründung zusätzliche Arbeitsplätze geschaffen werden.[8] Die Obergrenze des Zuschusses ist in der Folgezeit etwas angehoben worden. Tatsächlich erhielt 1988 annähernd die Hälfte der so geförderten Unternehmen einen Zuschuß zwischen 40.000 FF und 45.000 FF (ca. 11.500 DM bis 13.000 DM), mehr als ein Drittel erhielt einen Zuschuß bis zur Höhe von 15.000 FF (ca. 4.300 DM).[9] Zum anderen finanziert die Fördermaßnahme während der ersten sechs Monate die soziale Sicherung, die die Unternehmensgründer während der vorausgegangenen Arbeitslosigkeit genossen.

Vor allem drei Änderungen in der Regulierungsgeschichte dieser Maßnahme verdienen Beachtung. Aufgrund eines 1984 geschlossenen Abkommens zwischen den Sozialpartnern und dem Staat wurde die Finanzierungslast für die Maßnahme auf den Staat übertragen. Damit ging einher eine Ausweitung des Fördertatbestandes und eine verstärkte Bekanntmachung der Maßnahme durch die französische Arbeitsverwaltung. Das schlug sich prompt nieder in einer drastischen Steigerung der Zahl der Förderempfänger, die zwi-

---

7 Einen Vergleich der vier EG-Mitgliedstaaten Belgien, Frankreich, Großbritannien und Niederlande enthält die von der EG-Kommission vorgelegte Studie "Chômeurs créateurs. Analyse des origines et motivations des créateurs d'entreprises bénéficiaires de programmes publics de soutien à la création d'emploi dans la Communauté européenne". Rapport final, Luxembourg 1988. Im folgenden als "EG-Studie" zitiert.

8 Félix Dossou / Didier Folquès, L'aide aux chômeurs créateurs d'entreprise en 1985: Bilan de la réforme de 1984, Dossiers Statistiques du Travail et de l'Emploi No 23-24, Décembre 1986, S. 85 ff.; Brigitte Michel, L'aide aux demandeurs d'emploi créant ou reprenant une entreprise, Dossiers statistiques du travail et de l'emploi 1991, N° 75-76, Bilan de l'emploi en 1990, S. 119-121.

9 Didier Folquès / Jean Villalard, L'aide aux chômeurs créateurs d'entreprise en 1988, Dossiers Statistiques du Travail et de l'Emploi No 51, Août 1989, S. 49 ff.

schen 1984 und 1985 von 35.000 auf etwas über 70.000 hochschnellte und sich damit binnen Jahresfrist verdoppelte.[10]

Entgegengesetzte Wirkungen hatte eine gesetzliche Anpassung im März 1987, deren Ziel eine Verbesserung der Lebensfähigkeit der vorgelegten Projekte mittels einer genaueren Überprüfung der Erfolgsaussichten durch die Verwaltung war. Diese Restriktion ließ die Zahl der Leistungsempfänger zwischen 1987 und 1990 von 64.633 auf 49.316 (- 24 vH) zurückgehen, und die Zahl der neu gegründeten bzw. übernommenen Unternehmen von 56.643 auf 45.581 (- 19,5 vH).[11]

Im Hinblick auf die Qualitätsverbesserung der Unternehmensgründung von Interesse ist zum dritten der im März 1989 eingeführte "Beratungsscheck" (chèquier-conseil), der Existenzgründern innerhalb eines Jahres ein Kontingent von 15 Stunden wirtschaftlicher, rechtlicher, steuerlicher und finanzieller Beratung bei anerkannten Beratungseinrichtungen zur Verfügung stellt. Der Stundensatz für diese Leistungen ist auf 400 FF festgelegt, von denen der Staat 300 FF (knapp 100 DM) übernimmt.[12]

Am Gesamtvolumen neugegründeter bzw. übernommener Unternehmen haben die mit Hilfe von ACCRE geförderten Unternehmensgründungen seit 1988 einen Anteil von rund 17%.[13]

Der Vergleich der französischen Daten zu den Personen und den von ihnen gegründeten oder übernommenen Unternehmen mit den inzwischen vorliegenden Ergebnissen der Untersuchungen des Instituts für Arbeitsmarkt- und Berufsforschung (IAB) in Nürnberg für das Überbrückungsgeld in der Bundesrepublik Deutschland[14] offenbart überwiegend Gemeinsamkeiten (siehe Tabelle 7), allerdings auf unterschiedlichem Zahlenniveau: Mit knapp 10.000 Überbrückungsgeldempfängern in der Bundesrepublik 1987 und knapp 18.000 im Jahre 1988 erreichte die deutsche Maßnahme nur etwa ein Sechstel bzw. ein Drittel der entsprechenden Zahlen in Frankreich.

---

10 Dossou / Folquès S. 87, Tableau II.

11 Michel S. 119; Statistiques du Travail. Bulletin mensuel, janvier 1992, Tabelle CPE, S. 22.

12 Folquès / Villalard S. 49; Michel S. 122.

13 Michel S. 120, Tableau 2.

14 Manfred Kaiser / Manfred Otto, Übergang von Arbeitslosigkeit in berufliche Selbständigkeit. Erste Ergebnisse aus IAB-Verlaufserhebungen bei Überbrückungsgeld-Empfängern nach § 55a AFG der Jahre 1986-1988, Mitteilungen aus der Arbeitsmarkt- und Berufsforschung (MittAB) 2/90, S. 284 ff.

Tabelle 7

Vergleich deutscher Überbrückungsgeldempfänger und französischer Empfänger von Gründungshilfen für arbeitslose Existenzgründer (l'aide aux chômeurs créateurs d'entreprise) nach ausgewählten Strukturmerkmalen (in Prozent) 1986 - 1988.

		Deutschland		
		1986	1987	1988
Gesamt	N	**5 728**	**9 996**	**17 985**
	%	100	100	100
Geschlecht				
männlich		80,7	79,1	77,6
weiblich		19,2	21,0	22,4
Familienstand				
ledig		28,8	31,3	33,9
verheiratet		56,9	53,9	51,9
geschieden/getrennt lebend		13,1	13,5	13,0
verwitwet		0,7	0,6	0,7
Sonstige		0,5	0,7	0,5
Staatsangehörigkeit				
deutsch/französisch		95,2	94,1	93,6
EG-Angehörige(r)		1,6	2,1	2,4
Sonstige		3,2	3,9	4,0
Stellung im Beruf vor Selbständigkeit				
Arbeiter[1]		28,5	30,9	33,4
Meister[2]		8,4	7,7	5,8
Angestellte[3]		53,4	54,8	54,2
Sonstiges		2,1	2,3	2,2
keine Angabe		6,6	3,3	3,1
Wirtschaftszweig				
Land- und Forstwirtschaft, Tierhaltung & Fischerei[4]		2,3	2,4	2,6
Verbleibendes Gewerbe (ohne Baugewerbe)[5]		15,9	15,9	14,0
Baugewerbe[6]		10,0	9,0	8,5
Handel		29,6	29,2	28,1
Verkehr & Nachrichtenübermittlung		4,0	4,1	4,1
Dienstleistungen, soweit anderweitig nicht genannt		30,5	32,9	34,2
Sonstige[7]		3,8	2,2	3,3
Dauer der Arbeitslosigkeit bis zur Aufnahme einer selbständigen Tätigkeit				
≤ 6 Monate		49,4	50,5	54,0
≥ 6 Monate		50,6	49,5	46,0
Art der Gründung				
Neugründung		84,1	83,5	83,2
Übernahme[8]		13,0	13,3	13,1
Sonstiges		2,8	3,1	3,7
Rechtsform				
Einzelunternehmen, individ. Selbständigkeit		—	—	—
GmbH[9]		—	—	—
Andere Gesellschaftsformen		—	—	—

Tabelle 7 (Fortsetzung)

Gesamt		Frankreich 1986[10]	1987	1988
	N	**70 908**	**63 159**	**55 634**
	%	100	100	100
Geschlecht				
männlich		79,0	78,0	77,0
weiblich		21,0	22,0	23,0
Familienstand				
ledig				
verheiratet				
geschieden/getrennt lebend				
verwitwet	nachrichtl.:	Der Anteil der ausländischen Selbständigen an allen Selbständigen im metropolen Frankreich beträgt ca. 5 v.H.[11]		
Sonstige				
Staatsangehörigkeit				
deutsch/französisch				
EG-Angehörige(r)				
Sonstige				
Stellung im Beruf vor Selbständigkeit				
Arbeiter[1]		45,3	—	40,0
Meister[2]		12,1	—	13,0
Angestellte[3]		42,5	—	44,0
Sonstiges		—	—	—
keine Angabe		—	—	—
Wirtschaftszweig				
Land- und Forstwirtschaft, Tierhaltung & Fischerei[4]		0,9	—	—
Verbleibendes Gewerbe (ohne Baugewerbe)[5]		5,0	—	—
Baugewerbe[6]		19,0	—	18,0
Handel		25,5	—	25,0
Verkehr & Nachrichtenübermittlung		3,5	—	—
Dienstleistungen, soweit anderweitig nicht genannt		29,5	32,0	33,0
Sonstige[7]		18,6	—	—
Dauer der Arbeitslosigkeit bis zur Aufnahme einer selbständigen Tätigkeit				
≤ 6 Monate		63,2	—	66,0
≥ 6 Monate		36,8	—	34,0
Art der Gründung				
Neugründung		78,3	—	80,0
Übernahme[8]		16,3	—	18,0
Sonstiges		5,4	—	2,0
Rechtsform				
Einzelunternehmen, individ. Selbständigkeit		80,0	—	69,0
GmbH[9]		14,0	16,0	18,0
Andere Gesellschaftsformen		6,0	—	13,0

Quellen: Die deutschen Daten sind der Untersuchung von Manfred Kaiser und Manfred Otto, Übergang von Arbeitslosigkeit in berufliche Selbständigkeit, Mitt. AB 2/1990, S. 284ff, entnommen.

Die französischen Daten haben drei Quellen:
Félix Dossou / Didier Folques, L'Aide aux chômeurs créateurs d'entreprise en 1985, Dossiers Statistique du Travail et de l'Emploi N° 23-24, Décembre 1986, S. 85 ff; dieselben, Bilan de l'aide aux chômeurs créateurs d'entreprise, Dossiers Statistique du Travail et de l'Emploi N° 34-35, Octobre 1987, S. 115 ff.; Didier Folques / Jean Villalard, L'Aide aux chômeurs créateurs et d'entreprise en 1988, Dossiers statistique du travail et de l'Emploi, 1989, S. 49 ff.

Anmerkungen zu Tabelle 7

1. In den französischen Daten unterschieden nach ungelernten und gelernten Arbeitern, wobei der Anteil der ungelernten Arbeiter (ouvriers non qualifiés) zwischen 1981 und 1985 von 12,5 v.H. auf 10,8 v.H. gesunken ist.
2. Im Französischen "Technicien, agent de maîtrise".
3. In den französischen Daten unterschieden nach "employés" (ca. 24 v.H.) und "cadres", höheren Angestellten, deren Anteil zwischen 1983 und 1985 von 18 v.H.auf 14 v.H. leicht zurückgegangen ist.
4. Die entsprechende französische Klassifikation lautet: Agriculture, pêche, sylviculture. Deren Anteil ist zwischen 1983 und 1985 von 2,5 v.H. auf 0,9 v.H. zurückgegangen.
5. Die entsprechende französische Klassifikation lautet: Industries de biens de consommation courante.
6. Die Kategorie umfaßt für Frankreich sowohl die allgemeine als auch die auf Landwirtschaft bezogene Bautätigkeit.
7. In den französischen Daten für 1985 aufgeschlüsselt nach:
Agriculture, pêche, sylviculture 0,9 v.H.; d'equipments intermédiaire 1,8 v.H.; Industries agricole et alimentaire 1,4 v.H.
8. In den deutschen Daten unterschieden nach "Übernahme des elterlichen Betriebes" (zwischen 0,9 und 1,2 v.H.) und "Übernnahme eines Fremdbetriebes"; in den französischen Daten unterschieden nach "Reprises d'entreprises en difficulté" (zwischen 0,8 und 1,0 v.H.).
9. Im Französischen: SARL, Société à responsabilité limitée.
10. Die Angaben für das Jahr 1986 sind entnommen aus: Felix Dossou / Didier Folques, Bilan de l'aide aux chômeurs créateurs d'entreprise, Dossiers Statistiques du Travail et de l'Emploi N° 34-35, Octobre 1987, S. 115 ff.

Gemeinsam ist beiden Maßnahmen zunächst das "männliche" Profil der geförderten Gründer. 1988 betrug deren Anteil in Frankreich 77 vH, in der Bundesrepublik 78 vH. Allerdings läßt sich in beiden Ländern seit mehreren Jahren ein Ansteigen des Anteils von Existenzgründerinnen beobachten. Er betrug im Jahre 1984 in Frankreich 17 vH[15] und steigt seit 1986 im selben jährlichen Rhythmus wie in der Bundesrepublik: 21 vH, 22 vH 1987, 23 vH im Jahre 1988 (Tabelle 7). 1990 war der Frauenanteil bereits bei einem Viertel angelangt.

---

15 Dossou / Folquès S. 88.

Hinsichtlich des Lebensalters der Gründer sind die Daten nicht unmittelbar vergleichbar. Hier scheint sich allerdings eine unterschiedliche Entwicklung abzuzeichnen. Während die deutschen Überbrückungsgeld-Empfänger im Durchschnitt "ständig jünger geworden" sind und der Anteil der unter 30jährigen zwischen 1986 und 1988 erheblich gestiegen ist (von 28,8 vH auf 32,2 vH),[16] sank der Anteil der unter 25jährigen Existenzgründer in Frankreich von 14,5 vH im Jahre 1986 auf 11,5 vH 1988[17].

Starke Ähnlichkeit ist hingegen festzustellen bei einer zweiten zeitbezogenen Variablen, der Dauer der Arbeitslosigkeit. Sowohl in Frankreich als auch in der Bundesrepublik realisiert mittlerweile eine deutliche Mehrzahl der arbeitslosen Unternehmensgründer ihr Projekt vor Ablauf eines halben Jahres Arbeitslosigkeit. In Frankreich ist der Anteil der in diesem Sinne "jungen" Arbeitslosen bis zum Jahr 1988 auf zwei Drittel angestiegen[18], eine Tendenz, die auch von vertiefenden Regionalstudien bestätigt wird[19]. In der Bundesrepublik betrug der Anteil der Überbrückungsgeldempfänger, die ihr Unternehmen innerhalb von sechs Monaten Arbeitslosigkeit gründeten, im Jahr 1988 54 vH; der Anteil ist über den Zeitraum der Jahre 1986-1988 angestiegen.[20] Beide Länder liegen mit der Tendenz zur relativ frühen Selbständigkeit offenkundig in einem europäischen Trend.[21]

Die Entwicklung zu frühzeitigem Wechsel aus der Arbeitslosigkeit in die Selbständigkeit ist soziologisch mitteilsam. Sie verweist zum einen auf beträchtliche soziale und berufliche Selektion. Aussichtsreicher Gründerelan entsteht, objektiv wie subjektiv, dem Anschein nach eher während kurzer Arbeitslosigkeit. Auch hier finden sich Langzeitarbeitlose in doppelter Hinsicht, nämlich nicht nur allgemein, sondern auch innerhalb der sozialen Skala von Beschäftigungsmaßnahmen, ans Ende versetzt. Zu der internen Schichtung passen französische Daten zur beruflichen Qualifikation der arbeitslosen Unternehmensgründer, bei denen vor allem der Anteil der höheren Angestellten (cadres supérieurs) mit 14 vH erheblich über deren Anteil an den Arbeitslosen (ca. 2 vH), aber auch an den Arbeitnehmern insgesamt (ca. 5 vH im Jahr 1989) liegt. Der Anteil der Arbeiter an den arbeitslosen Unternehmensgrün-

---

16 Kaiser / Otto S. 288.

17 Folquès / Villalard S. 49.

18 Folquès / Villalard S. 49.

19 Michel-François Delannoy, Qui sont les chômeurs-créateurs d'entreprise? Le cas de l'agglomération lilloise, Cahiers Lillois d'Economie et de Sociologie No 11, 1988, S. 25 ff. (28); Christian Harzo / Marie-Pierre Clerget, Du chômage à la création d'entreprise, Facultés Catholiques de Lyon, Octobre 1987, S. 68 f.

20 Kaiser / Otto S. 290.

21 EG-Studie, S. 33: Insgesamt 2/3 der geförderten Unternehmensgründungen aus Arbeitslosigkeit in Großbritannien, Belgien, Frankreich und den Niederlanden erfolgten nach weniger als sechs Monaten Arbeitslosigkeit.

dern liegt in Frankreich immer noch bei etwas über 40 vH und damit höher als in der Bundesrepublik Deutschland, wo er bis 1988 auf ein Drittel angestiegen war.[22] Der Zusammenhang von Dauer der Arbeitslosigkeit und Gründungsinitiative läßt, neben der Frage nach dem "kulturellen Kapital" von arbeitslosen Unternehmensgründern, die in psychisch-sozialer wie beruflicher Hinsicht entmutigende Wirkung längerdauernder Arbeitslosigkeit ins Blickfeld treten.

Zum anderen legt der zeitlich enge Zusammenhang zwischen Beginn der Arbeitslosigkeit und Wechsel in die Selbständigkeit die Frage nach gelegentlicher "Mitnahme" solcher Leistungsangebote für ohnehin geplante Wechsel des Erwerbsstatus nahe. Kaum jemand bestreitet die Existenz von Mitnahmeeffekten (im Französischen "effets d'aubaine", "Glücksfall-Effekte"). Sie sind bei großdimensionierten Leistungen des Wohlfahrtsstaates wohl nie auszuschließen. Wissenschaftliche Auskünfte hierzu sind spärlich,[23] und nach Auffassung von Kaiser und Otto aus methodischen Gründen auch nicht zuverlässig beizubringen.[24]

Der Vergleich der *Wirtschaftszweige*, in denen Arbeitslose sich selbständig machen, zeigt - wie nicht anders zu erwarten - deutliche Schwerpunkte bei den Dienstleistungen und im Handel. In Frankreich entsteht mehr als ein Drittel der geförderten Unternehmen im Dienstleistungssektor und etwa ein Viertel im Handel.[25] Die deutschen Daten für 1988 entsprechen dem ziemlich genau. Eine größere Abweichung läßt sich nur für das Baugewerbe beobachten, in dem in der Bundesrepublik deutlich seltener (8,5 vH gegenüber 18 vH der Existenzgründer in Frankreich) Unternehmen aus Arbeitslosigkeit gegründet werden (siehe Tabelle 7).

Hinsichtlicher der gewählten *Rechtsform* zeigen die französischen Daten einen bis Mitte der 80er Jahre im großen und ganzen stabil bleibenden Anteil von vier Fünfteln Einzelunternehmen, der sich allerdings in den letzten Jahren zugunsten der "GmbH" (in Frankreich: SARL, Société à résponsabilité limitée) zurückbildet.[26] Vergleicht man die Verteilung der Rechtsformen bei den aus Arbeitslosigkeit gegründeten Unternehmen mit der Gesamtheit der pro Jahr (ca. 250.000) in Frankreich neugegründeten Unternehmen, so fällt der

---

22 Kaiser / Otto S. 290.

23 Nach der EG-Studie, S. 85, hätten zwischen 40 und 60 vH der Empfänger solcher Gründungshilfen ihr Unternehmer nicht gegründet, wenn es die Hilfen nicht gegeben hätte, 10-20 vH hätten in jedem Falle gegründet, der Rest war unentschieden. Die "Glücksfälle" wären demnach im Bereich von 10-20 vH zu suchen.

24 Kaiser / Otto S. 285. Da ein und dieselbe Person nicht gleichzeitig zwei Verhaltensweisen realisieren könne (Gründen mit oder ohne Überbrückungsgeld), sondern immer nur eine, verbleibe die zweite allenfalls als Option. In der Retrospektive seien solche Optionen aber immer nur unzuverlässig erinnerbar.

25 Folquès / Villalard S. 50.

26 Für 1988 beträgt der Anteil der Einzelunternehmen 69 vH, die SARL haben 18 vH erreicht, siehe Dossiers Statistiques du Travail et de l'Emploi, No 51, Août 1989, S. 50.

deutlich höhere Anteil von Einzelunternehmen bei den "arbeitslosen" Neugründungen auf. Während diese in vier von fünf Fällen nur aus der Gründerperson bestehen, beträgt der entsprechende Anteil in der Gesamtheit der Existenzgründungen ab 1983 etwa zwei Drittel. Umgekehrt liegt der Anteil der Gesellschaften mit beschränkter Haftung (SARL) bei den allgemeinen Unternehmensgründungen um etwa das Anderthalbfache über dem Anteil dieser Rechtsform bei den mit Hilfe von ACCRE gegründeten Unternehmen.[27] Diese Beobachtung verweist auf eher kleindimensionierte Gründungsprojekte bei Arbeitslosen und damit vermutlich auf höhere Fragilität. Die Rechtsform ist - nicht als solche, aber als Organisationsform der Kapitalausstattung - für die Überlebensaussichten des Unternehmens von Bedeutung. Neuere Untersuchungen zur Unternehmensmortalität belegen deutliche höhere Scheiterrisiken für Einzelunternehmen im Vergleich zu Gesellschaften.[28]

Häufiger als in der Bundesrepublik werden in Frankreich Unternehmen von Empfängern der Gründungshilfe für Arbeitslose nicht ex nihilo gegründet, sondern übernommen. 1988 lag der Anteil der Übernahmen bei knapp einem Fünftel der so geschaffenen Unternehmen, in der Bundesrepublik betrug der entsprechende Anteil in den Jahren 1986 bis 1988 jeweils rund 13 vH.[29] Dieser Punkt verdient Vertiefung. Es erhebt sich die Frage, ob neben denkbaren soziokulturellen Gründen für die in Frankreich höhere Übernahmerate, die übrigens für die Gesamtheit der neu registrierten Unternehmen in Frankreich noch um einiges höher ist als für die Teilmenge der "arbeitslosen" Unternehmensgründungen,[30] rechtliche Bedingungen die Übernahme von Unternehmen einfacher machen als in der Bundesrepublik.

Für beide Länder gilt, daß der Übergang aus der Arbeitslosigkeit in die Selbständigkeit einen soziologisch außergewöhnlichen Wechsel des Erwerbsstatus beinhaltet. Selbständige rekrutieren sich eben für gewöhnlich nicht aus Arbeitslosen, und noch seltener verlassen Arbeitslose die Pfade abhängiger Arbeit. In der Bundesrepublik Deutschland hat in den Jahren 1986 bis 1988 jeweils nur 1 vH der Empfänger von Überbrückungsgeld angegeben, bereits *vor* der Unternehmensgründung einmal selbständig gewesen zu sein.[31] Diese Rarität kontrastiert deutlich mit "selbständigen" Vorerfahrungen bei etwa 28 vH der regulären Selbständigen im Zeitraum 1985/86 in der Bundesrepu-

---

27 Félix Dossou / Didier Folquès, Bilan de l'aide aux chômeurs créateurs d'entreprise, Dossiers Statistiques du Travail et de l'Emploi, N° 34-35, Octobre 1987, S. 115 ff., Tableau 3, S. 122.

28 Jean-Marie Callies, Une entreprise sur deux disparaît avant cinq ans, Economie et Statistique No 215, novembre 1988, S. 45 ff. (47); Henri Viennet, Survivre: Premier souci des jeunes entreprises, INSEE Première N° 110, Novembre 1990.

29 Folquès / Villalard S. 49; Dossou / Folquès 1986, Tableau IV, S. 90; Kaiser / Otto S. 291.

30 Vgl. Henri Viennet, Comment crée-t-on ou reprend-on une entreprise?, Economie et Statistique n° 215, novembre 1988, S. 33 ff. (35).

31 Kaiser / Otto S. 290, 292.

blik.[32] Das deutet auf soziologisch erheblich unterschiedliche Zugangswege zur Selbständigkeit für arbeitslose und nicht arbeitslose (zumindest nicht geförderte) Unternehmensgründer(innen), spiegelt aber auch den Umstand wider, daß unter den Überbrückungsgeldempfängern Angehörige aus land- und forstwirtschaftlichen Berufen unterrepräsentiert sind.[33] Entsprechende Auskünfte zu den mit ACCRE unterstützten Unternehmensgründungen liegen aus Frankreich nicht vor. Die Kategorie "Selbständige" taucht in den Bezeichnungen des vorherigen Berufes überhaupt nicht auf, was wohl dem Umstand geschuldet ist, daß per definitionem Zugang zu diesem Leistungssystem nur hat, wer unmittelbar vorher sozialversicherungspflichtig beschäftigt war. Die interessante Frage nach früheren Erfahrungen mit Selbständigkeit wurde bisher nicht gestellt.

Interessante qualitative Einblicke in Motivlagen und Gründungssituationen, vor allem auch zu der in der öffentlichen Diskussion wichtigen Frage der Erzwungenheit oder Freiwilligkeit solcher Statuspassagen liefert eine neuere Untersuchung von 90 auf diese Weise gegründeten Unternehmen in der Picardie.[34] Die Studie gruppiert ihr Fallmaterial in einer der allgemeinen Wirklichkeit wohl nahekommenden Weise entlang einer Achse, deren einer Pol aus maximaler Erzwungenheit (ca. 15 von 115 Arbeitslosen) und deren anderer Pol aus "zwangloser" Unternehmensgründung besteht. Wie zu vermuten, hält sich die Mehrheit der Fälle in dem nuancierten Mittelfeld auf, in dem der äußere Anlaß einer Kündigung oder einer sonstigen Arbeitslosigkeit sich auf vielfältige Weise mit eigenen Aspirationen, alten Wünschen und Plänen bezüglich Selbständigkeit verbindet. Die Studie macht auch deutlich, daß zu den Überlebensstrategien solcher meist klein gebliebenen Unternehmen aus Arbeitslosigkeit heraus der Rückgriff auf zahlreiche arbeitsrechtlich fragwürdige Formen der Mitarbeit gehören, vor allem auf befristete Arbeitsverträge[35], Aushilfsarbeit und Zeitarbeit, sowie Unteraufträge (sous-traitance) und - wohl ein allgemeines Kennzeichen kleiner Unternehmen - starke Inanspruchnahme familiärer Mithilfe.[36] In gewissem Umfang verstärken damit Kleinunternehmen dieser Art eben jene Prekarität der Arbeit, die ein ursächliches Element ihrer eigenen Gründungsgeschichte ist.

---

32 Kaiser / Otto S. 292.

33 Kaiser / Otto S. 292.

34 François Brun, La création d'entreprises par les chômeurs, in: Brun / Mouriaux / Schmidt, Créations d'entreprises: Le cas de la Picardie, C.E.E., Dossier de Recherche N° 34, Septembre 1990, S. 59-91.

35 Bemerkenswert ist die wörtlich zitierte Äußerung eines ehemals arbeitslosen Unternehmensgründers zur Funktion der befristeten Arbeitsverträge (CDD): "nous ne recrutons jamais directement, nous commençons toujours par offrir un CDD ... il faut toujours un certain nombre de CDD pour trouver quelqu'un de valable", Brun S. 86.

36 Brun S. 73, 85 ff.

In quantitativer Hinsicht ist die Förderleistung des französischen Sozialstaates auf dem Gebiet der Unternehmensgründung durch Arbeitslose eindrucksvoll. In den zwölf Jahren zwischen 1979 und 1990 erhielt mehr als eine halbe Million arbeitsloser Existenzgründer eine "l'aide aux chômeurs créateurs d'entreprise" und gründete damit über 450.000 Unternehmen.[37] Vielleicht noch aussagekräftiger als die absoluten Zahlen ist der Anteil der auf diese Weise geförderten Unternehmensgründungen an allen Unternehmensgründungen in Frankreich. Er ist bis zum Jahr 1985 auf fast ein Viertel angestiegen, nachdem er noch in den Jahren davor um 15 vH herum schwankte.[38] Nach der restriktiven Gesetzesänderung von 1987 ist der Anteil, wie oben vermerkt, auf ca. 18 vH zurückgegangen sein. Dennoch bleibt zu konstatieren, daß die mit staatlichen Mitteln geförderte Passage aus der Arbeitslosigkeit in die Selbständigkeit in Frankreich eine vergleichsweise große Rolle spielt.

Das entsprechende deutsche Resultat nimmt sich demgegenüber, ungeachtet der auch hier wirkenden Wachstumsdynamik, bescheiden aus. Das liegt in der wesentlich kürzeren Geltungsdauer der Maßnahme "Überbrückungsgeld" begründet, in der abrupten Drosselung der Maßnahme ab Oktober 1988 aufgrund erschöpfter Etats, möglicherweise aber auch in einer den Wechsel in die Selbständigkeit weniger fördernden Beschäftigungspolitik. Insgesamt erhielten in der Bundesrepublik in den vier Jahren 1986 bis 1989 rund 45.000 Personen Überbrückungsgeld nach § 55a AFG.

2. *Le Fonds départemental pour l'initiative des jeunes*

Neben der in der Öffentlichkeit bekannteren Unterstützung für arbeitslose Unternehmensgründer (ACCRE) existiert in Frankreich ein zweites Förderregime für Unternehmensgründungen, das allerdings nur etwa ein Siebtel der jährlichen Förderzahlen der "l'aide aux chômeurs créateurs d'entreprise" erreicht (knapp 7.000 Empfänger 1990). Der "Fonds départemental pour l'initiative des jeunes" (FDIJ), der Anfang 1985 geschaffen wurde, richtet sich, wie der Name anzeigt, vorrangig an junge Menschen, die sich individuell oder kollektiv selbständig machen wollen. Von Beginn der Maßnahme an bis 1990 wurden insgesamt 25.000 Projekte unterstützt, allein in den Jahren

---

37 Genau genommen waren es 526.308 Personen und 458.103 Unternehmen; eigene Berechnungen nach den Angaben der "Mission Promotion de l'Emploi" des französischen Arbeitsministeriums und nach Statistiques du Travail, mars 1991. Das Differenzverhältnis von 1,15 erklärt sich aus gemeinschaftlichen Gründungen mehrerer geförderter Personen.

38 Dossou / Folquès 1986, S. 86, Tableau I; vgl. Henri Viennet, Créations et reprises d'entreprise en 1985, Tabelle 2-6, S. 24, der bei einer Stichprobenerhebung für 1984/85 16 vH auf diese Weise geförderte Unternehmensgründungen ermittelt hatte.

1988-1990 jeweils rund 6.000.[39] Seit 1987 können auch Langzeitarbeitslose Fördermittel aus diesem Fonds beanspruchen, seit 1990 arbeits- und unterstützungslose Frauen im Alter von mehr als 25 Jahren. Das hat allerdings wenig geändert an der vergleichsweise jugendlichen und überwiegend männlichen Nutzerstruktur der von den Departementen bereitgestellten Mittel. Fast 60 vH der Leistungsempfänger waren im Jahr 1988 nicht älter als 25 Jahre, wohingegen fast neun von zehn mit einer "l'aide aux chômeurs créateurs d'entreprise" unterstützten Existenzgründer älter als 25 Jahre waren.[40] Allerdings zeichnen sich auch hier zwei bemerkenswerte Entwicklungen ab, das Alter der Existenzgründer nimmt zu, der Frauenanteil steigt. Im Jahre 1990 war der Anteil der jungen Empfänger von Fördermitteln im Altersbereich von 18 bis 25 Jahren zugunsten Älterer auf 34% zurückgegangen, der Anteil der Existenzgründerinnen auf 42% angestiegen.[41] In etwa gleichgeblieben ist der hohe Anteil von 60% Langzeitarbeitslosen unter den Existenzgründern, also von Personen, die vorher 12 Monate und länger als Arbeitslose eingeschrieben waren. Der Anteil wäre möglicherweise noch gestiegen, wenn die Öffnung des Förderprogramms 1990 für "benachteiligte Frauen" (femmes défavorisées), für die das Erfordernis langer Arbeitslosigkeit nicht besteht, diesen Trend nicht teilweise ausgeglichen hätte.[42] Die Daten sprechen jedenfalls für eine relativ hohe Zielgenauigkeit dieser Förderansätze auf departementaler Ebene. Wenig geändert hat sich in den Jahren 1989 und 1990 an der Verteilung der Rechtsformen der auf diese Weise geförderten Existenzgründungen. Mehr als drei Viertel (77%) der neugegründeten oder übernommenen Unternehmen waren 1990 Einzelunternehmen, 17% hatten die Rechtsform einer "GmbH" (SARL: Société à responsabilité limitée); unter dem Blickwinkel der Wirtschaftszweige machen sich 7 von 10 geförderten Existenzgründern im Dienstleistungsbereich (36%) und im Handel (33%) selbständig.[43]

3. Probleme der Statuspassage

Die Konzeption der Statuspassage von der Arbeitslosigkeit in die Selbständigkeit wirft ordnungspolitische, ökonomische und rechtliche Fragen auf.

a) Ordnungspolitisch problematisch erscheint die Maßnahme, weil nicht nur die von ihr geförderte Klientel, sondern auch sie selbst Grenzen überschreitet, in diesem Fall die Ressort- und Rationalitätsgrenzen zwischen Be-

---

[39] J. Villalard, Le Fonds départemental pour l'initiative des jeunes en 1990, Dossiers statistiques du travail et de l'emploi 1991, N° 75-76, Bilan de l'emploi en 1990, S. 115-118 (115).

[40] Folquès / Villalard S. 50.

[41] Villalard S. 115.

[42] Villalard S. 116.

[43] Villalard S. 117.

schäftigungspolitik und Wirtschaftspolitik. Zum Wesen der Maßnahme gehört, daß sie einen sozialpolitischen Ausgang nimmt (Arbeitslosigkeit) und eine wirtschaftliche Wirkung hat (Neugründung eines Unternehmens). Diese Schnittstelle erzeugt strukturelle Unsicherheiten, wie die französischen Erfahrungen zeigen.[44]

Bezeichnend ist zunächst, daß die Fördermaßnahme in Frankreich wie in anderen OECD-Staaten dem Arbeitsministerium bzw. ihren nachgeordneten Dienststellen anvertraut ist. Diese Ressortentscheidung bringt zum Ausdruck, daß Ziel der Maßnahme nicht Unternehmensgründungen als solche sind, sondern im Vordergrund die Wiedereingliederung von Arbeitslosen in das Erwerbsleben mit Hilfe einer selbständigen Existenz steht.

Ein zweiter Aspekt der Grenzlage der Maßnahme ACCRE besteht darin, daß sie, bei Vorliegen der entsprechenden Voraussetzungen, einen Rechtsanspruch gewährt.[45] Im Unterschied zu der das Wirtschaftsrecht kennzeichnenden "décision en opportunité" gibt es in den Entscheidungsverfahren über einen Antrag auf Gründungshilfe keinen Ermessensspielraum. Von illegalen Aktivitäten abgesehen, muß gefördert werden, was immer von dem oder der Gründungswilligen an wirtschaftlichem Projekt vorgelegt wird, vorausgesetzt, die seit 1987 erforderliche Bestätigung der Erfolgsaussichten liegt vor. In diesem Fall hat die mit der Mittelvergabe betraute staatliche Kommission im Departement keinen Ermessensspielraum.[46] Sie muß die Fördermittel auch für wirtschaftspolitisch oder -ethisch fragwürdige Vorhaben wie beispielsweise Sex-Shops oder Kabinette "mit obskuren Heilbehandlungen" (Ranchon) bereitstellen.

Zum ordnungspolitischen Problemkreis gehören die Wettbewerbsfolgen der Gründungshilfe. Aus der Ressortierung beim Arbeitsministerium und der rechtlichen Konstruktion eines Leistungsanspruchs in Frankreich folgt, daß eventuelle marktliche Verdrängungseffekte ("effets d'éviction") für die Entscheidung ohne Belang sind. Sie würden außerdem vermutlich die sozial- und arbeitspolitische Kompetenz der Entscheider überschreiten. Auch wenn es bislang keine gesicherten Erkenntnisse zu den Konkurrenz- und Verdrängungseffekten der Maßnahme gibt (Ranchon), die überdies erheblichen Un-

---

44 Interview am 22. November 1990 mit Patrick Ranchon vom Ministère du Travail, de l'Emploi et de la Formation Professionelle, Délégation à l'Emploi, der für das Programm verantwortlich ist. Monsieur Ranchon ist außerdem der französische Experte in einer international zusammengesetzten Arbeitsgruppe der OECD zu Fragen der Förderung arbeitsloser Unternehmensgründer.

45 Art. L. 351-24 CdT: "... ont droit à une aide de l'Etat ..."

46 Nach Art. R. 351-43-1 CdT entscheidet der Präfekt des Departements nach Anhörung eines Komitees, das zusammengesetzt ist aus vier Beamten (dem Finanzdirektor des Departements, dem für Arbeit und Beschäftigung zuständigen Direktor, dem für Landwirtschaft und Forsten zuständigen Direktor, dem Direktor der nationalen "Banque de France" bzw. jeweils deren Vertreter) und vier weiteren, aufgrund ihrer Sachkenntnis ernannten Personen, die meist aus den Industrie- und Handelskammern bzw. den Handwerkskammern kommen.

tersuchungsaufwand erforderten, ist der Verdacht nicht auszuräumen, daß die Sozialpolitik mit ACCRE und ähnlichen Maßnahmen der Wirtschaftspolitik und dem Markt gelegentlich ins Handwerk pfuscht. Ob und mit welchen gesamtwirtschaftlichen Wirkungen das geschieht, müßte fallunabhängig und systematisch geprüft werden.

b) Diese Überlegungen führen zum zweiten, dem ökonomischen Erfolgsmaßstab, genauer zur Effizienz der Existenzgründungshilfe für arbeitslose Unternehmensgründer. Stehen die für den Statuswechsel aufgewendeten öffentlichen Mittel in einem vernünftigen Verhältnis zum Erfolg? Für wie lange? Oder erhöhen sie das letzten Endes teuerere Risiko wenig aussichtsreicher Gründungsprojekte, die doch wieder in Arbeitslosigkeit enden? Solche Fragen rechtfertigen sich aus dem Umstand, daß Fördermaßnahmen dieses Typs Menschen zur Verfügung gestellt werden, die dem Anschein nach keinen direkten Weg zur Selbständigkeit gefunden haben, sondern durch eine Krisenerfahrung - Arbeitslosigkeit - zum Statuswechsel veranlaßt worden sind. Daraus könnten höhere berufliche und soziale Anpassungsschwierigkeiten resultieren als bei Existenzgründern, die mit mehr Planung, Ruhe und Vorlaufzeit auf ihre Erwerbsentscheidung hinwirken konnten.

Ein einigermaßen handfester Maßstab für das Gelingen oder Scheitern solcher Projekte ist die Rückkehr der Existenzgründer in die (gemeldete) Arbeitslosigkeit. Aus Frankreich sind keine Untersuchungen hierzu bekannt. Die ausführlichen Analysen der Überlebensraten von Unternehmen auf der Grundlage des Datensytems "SIRENE"[47] vermittelt interessante Erkenntnisse zur (Über)Lebensfähigkeit von Unternehmen im allgemeinen, liefert aber keine spezifischen Erkenntnisse zu den mit Hilfe von ACCRE gegründeten Unternehmen. Ob die allgemeinen Untersuchungen zur Lebenserwartung neugegründeter Unternehmen[48] auf die Teilmenge der mit Hilfe von ACCRE gegründeten Existenzen übertragbar sind, ist gerade die Frage. Eine interessante Position hierzu vertritt der bereits zitierte Programmverantwortliche im französischen Arbeitsministerium, Ranchon. Sein Kommentar spiegelt die Ansiedelung der Maßnahme im Grenzbereich von Arbeits- und Wirtschaftspolitik wider. Die Aufgabe eines neugegründeten Unternehmens nach einiger Zeit bedeutet für ihn nicht unbedingt einen Mißerfolg. Eine selbständige Existenz über eine gewisse Zeit hinweg könne durchaus eine "rôle d'étape" ge-

---

47 Die Datei "SIRENE" umfaßt die Gesamtheit der Unternehmen und Betriebe der privaten Wirtschaft Frankreichs (im wesentlichen außerhalb der Landwirtschaft), die öffentlichen Verwaltungen und einen Teil der privaten Verwaltungen. Jede erfaßte Einheit erhält eine Identifikations-Nummer (l'identifiant numérique), unter der wirtschaftsorganisatorische Informationen, Firmenname und Geschäftssitz, Rechtsform, Gründungsdatum, Belegschaftsgröße u.a. gesammelt werden; siehe Georges Bigata, Un portrait des travailleurs indépendants, Economie et Statistique no 215, novembre 1988, S. 39 ff. (43). Leider gibt es in der Bundesrepublik Deutschland keine entsprechende Sammlung von Unternehmensdaten.

48 Callies S. 45 ff.; Henri Viennet, INSEE Première N° 110, Novembre 1990.

spielt und die Arbeitslosigkeit auf sinnvolle Weise unterbrochen haben. Nicht selten schließe sich im übrigen an eine "selbständige" Phase eine erneute abhängige Beschäftigung an. Aber selbstverständlich gebe es auch geförderte Unternehmensgründer, die mit ihrem Projekt "aufs Kreuz fielen"[49].

Für die Bundesrepublik Deutschland zeigt die Auswertung der Forschungsdaten des Instituts für Arbeitsmarkt- und Berufsforschung (IAB) in Nürnberg einen erstaunlich geringen Anteil von Empfängern von Überbrückungsgeld nach § 55a AFG, die sich später wieder arbeitslos melden. Allerdings ist die Rate nicht gleichbedeutend mit der Beendigung der selbständigen Tätigkeit.[50] Sie dürfte um einiges unter dem tatsächlichen Ausmaß unternehmerischen Mißerfolgs liegen, vermittelt aber immerhin gewisse Anhaltswerte. Kaiser und Otto haben in einer nach Monatskohorten der Förderung unterscheidenden Analyse für die Geförderten des Jahres 1988 eine Quote erneuter Arbeitslosmeldung von knapp 6 vH ermittelt, für das Förderjahr 1987 waren es noch 7,8 vH und für 1986 11,5 vH gewesen.[51] Gemessen wurde hier die Zahl derjenigen Leistungsbezieher, die sich jeweils bis zum 30.4. des folgenden Jahres irgendwann einmal erneut arbeitslos gemeldet haben. Es handelt sich mithin um eine zeitraumbezogene Angabe zur erneuten Arbeitslosigkeit.

Für das deutsche Förderregime fällt das Effizienz-Urteil positiv aus. Der Entlastungseffekt für die Arbeitslosenversicherung liegt vermutlich um fast das Doppelte über der Kostenbelastung durch die Zahlung von Überbrükkungsgeld.[52] Für Frankreich läßt sich die Frage nach der Wirtschaftlichkeit der Maßnahme ACCRE nicht beantworten, jedenfalls nicht auf der Grundlage neueren Materials. Hier spricht allenfalls die gesetzliche Korrektur der Vergabepraxis 1987 für gewachsenes Kostenbewußtsein. Eine Untersuchung aus dem Jahre 1982 zeigte, daß die Überlebenschancen der durch ACCRE geförderten Existenzen sich kaum von denen anderer Kleinbetriebe unterschieden.[53] Geht man auch für die Gegenwart von dieser Hypothese aus, dann würden von 100 neugegründeten Unternehmen weniger als 50 ihren vierten Geburtstag erreichen und jedes sechste wäre bereits nach dem ersten Jahr verschwunden.[54] Für beide Länder gilt, daß die Datenlage zur Effizienz und zu den gesamtwirtschaftlichen Kosten und Nutzen der Fördermaßnahmen zugunsten arbeitsloser Existenzgründer ungenügend sind. Vorhandene Auswertungen haben die Tendenz, sich auf den institutionellen Rahmen der Maß-

---

49 "qui se cassent la figure".

50 Weil nicht jede Aufgabe der selbständigen Existenz zur Arbeitslosigkeit führen muß, und weil nicht jede Arbeitslosigkeit eine beim Arbeitsamt gemeldete ist.

51 Kaiser / Otto S. 291, 293 ff.

52 Kaiser / Otto S. 298.

53 "Arbeitslose Existenzgründer erfolgreich", Internationale Chronik Nr. 27, Februar 1987, S. 8 f. (9).

54 Viennet 1990; Callies S. 45 ff.

nahmen zu beschränken, also nach der Sinnhaftigkeit der Maßnahme für die sie verwaltende Behörde zu fragen.

c) Unter rechtlichen Gesichtspunkten interessieren vor allem Statusfragen. Mit ihrem Förderangebot schiebt die "l'Aide aux chômeurs créateurs d'entreprise", ebenso wie das "Überbrückungsgeld" in der Bundesrepublik Deutschland oder das "Enterprise Allowance Scheme" in Großbritannien,[55] den sozial- und arbeitsrechtlich definierten Status arbeitsloser Leistungsempfänger eine Zeitlang in das Statusfeld der Selbständigkeit hinein. Das ist in Frankreich in zumindest zweierlei Hinsicht von Bedeutung. Zum ersten wird der für die Existenzgründung ausbezahlte Betrag nachträglich erhöht, wenn das Projekt zur unmittelbaren und eindeutigen Schaffung von zumindest *einem* entgoltenen Arbeitsverhältnis führt.[56] Die nachträgliche Erhöhung wird allerdings nur gewährt - ein interessantes Detail - bei Abschluß eines Vertrages über ein unbefristetes und vollzeitiges Arbeitsverhältnis. Zu dem besonderen Status des (ehemals) arbeitslosen Existenzgründers gehört also eine nachwirkende Prämienchance unter beschäftigungspolitischen Zielsetzungen.

Zum zweiten hält der Status dieser Gruppe von Selbständigen, im Unterschied zu nicht mit ACCRE geförderten Selbständigen, Rückkehr-Optionen in die Arbeitslosenversicherung offen. Kehren die Personen in das Versicherungssystem der Arbeitslosigkeit zurück, so können sie eventuelle Restansprüche auf Arbeitslosengeld ausschöpfen, wobei aus diesen zunächst die ausgezahlte Gründungshilfe erstattet wird (Art. L. 351-24 Abs. 2 CdT). Kehren sie hingegen in das sogenannte Solidaritäts-Regime für Langzeitarbeitslose zurück (deren Versicherungsansprüche erschöpft sind), so müssen sie eine Karenzzeit von wenigstens 250 Tagen nach Aufnahme der selbständigen Tätigkeit vorweisen, bevor sie wieder Anspruch auf Solidaritäts-Beihilfe erheben können (Art. R. 351-49 CdT).

II. Selbständigkeit - Selbstbeschäftigung und Beschäftigung von anderen

1. Allgemeine Entwicklung der Selbständigkeit in Frankreich

Bei einem flüchtigen Blick auf die Zahlen würde man der Selbständigkeit in Frankreich keine große Zukunft einräumen. Jedenfalls hätte man einige Mühe, sie generell als "neue Erwerbsform" zu qualifizieren. Historisch gesehen, scheint das schiere Gegenteil der Fall zu sein. Frankreich folgte mit ähnlicher Geschwindigkeit den Kontraktionsbewegungen der Selbständigkeit wie

---

55 Vgl. Internationale Chronik Nr. 27, Februar 1987, S. 8 f.

56 Art. R. 351-48: "...lorsque le projet comporte au minimum une création nette et immédiate d'emploi salarié."

sie sich in den meisten nordeuropäischen Industriestaaten, mit Ausnahme des Vereinigten Königreichs, nach dem Zweiten Weltkrieg beobachten lassen. Es genügt, relativ kurze Zeiträume in den Blick zu nehmen, um zu kräftigen relativen und absoluten Rückgängen der Selbständigenzahlen zu gelangen. Nimmt man den Abstand der zwanzig Jahre zwischen 1960 und 1980, so hat sich der Anteil der Arbeitgeber, Selbständigen und Mithelfenden Familienangehörigen in Frankreich fast halbiert: von 30,5 vH auf 17,0 vH.[57] Dieser Rückgang fiel noch kräftiger aus als in der Bundesrepublik (hier von 22,8 vH auf 13,8 vH), startete allerdings auch von einem höheren Niveau. Auch an den absoluten Zahlen läßt sich das stetige Schrumpfen der Erwerbstätigenkategorie "Arbeitgeber, Selbständige und Mithelfende Familienangehörige" ablesen. Im Jahr 1970 wurden hiervon in Frankreich noch 4.387.000 gezählt, 17 Jahre später, 1987, war die Zahl auf 3.290.000 zurückgegangen.[58]

Der flüchtige Blick auf die Zahlenentwicklung der Selbständigkeit trügt. Abgesehen davon, daß sich auch in Frankreich in den letzten beiden Jahren ein leichter Wiederanstieg der Selbständigenzahlen und eine deutliche Zunahme bei den Unternehmensneugründungen beobachten läßt,[59] verbirgt die nicht aufgeschlüsselte Sammelkategorie der Arbeitgeber, Selbständigen und Mithelfenden Familienangehörigen zwei überaus wichtige Entwicklungen. Zum ersten geht die Selbständigkeit in der Landwirtschaft - einem säkularen Trend folgend - deutlich rascher zurück als die Gesamtzahl der Selbständigen. Zum zweiten weist die industriesoziologisch und arbeitsrechtlich zu wenig beachtete Kategorie der "Mithelfenden Familienangehörigen", zu 83 vH Frauen, ebenfalls ein übermäßiges Schrumpfen auf, das zu einem erheblichen Teil mit dem ersten Prozeß verknüpft ist.[60] Mit anderen Worten bedeutet das:

---

57 Eurostat, Sozialindikatoren für die Europäische Gemeinschaft. Ausgewählte Reihen, 1986, Tabelle VI-1, S. 84.

58 Eurostat, Beschäftigung und Arbeitslosigkeit 1989, Tabelle II/10, S. 108. Die Vergleichszahlen für die Bundesrepublik Deutschland betragen 4.422.000 (1970) und 3.264.000 (1987). Der umgekehrte Trend allerdings bestimmt die Entwicklung im Vereinigten Königreich: Im genannten Zeitraum stieg die absolute Zahl der Selbständigen und Mithelfenden Familienangehörigen von 1.902.000 auf 2.861.000, also um exakt die Hälfte, an.

59 Eurostat, Erhebung über Arbeitskräfte. Ergebnisse 1988, Tabelle 25, S. 129, nennt für Frankreich 1988 eine Zahl von 2.757.000 Arbeitgebern und Selbständigen sowie von 720.000 Mithelfenden Familienangehörigen, insgesamt also 3.447.000. Zur Zahl der neugegründeten Unternehmen siehe die über das Datensystem "SIRENE" erfaßten Zahlen ab 1983 bei Dossou / Folquès, Dossiers Statistiques du Travail et de l'Emploi N° 34-35, Octobre 1987, Tableau 3, S. 122.

60 Der übermäßige Rückgang der Zahl der Mithelfenden Familienangehörigen (M.F.) in Frankreich läßt sich beispielsweise aus der "Stichprobenerhebung über Arbeitskräfte" von Eurostat, 1980, Tabelle III/1, S. 92, errechnen. Zwischen 1973 und 1977 ging danach die Zahl der Selbständigen insgesamt um 3,2 vH zurück, die Zahl der M.F. hingegen um 8,2 vH. Das übermäßige Schrumpfen der landwirtschaftlichen Selbständigkeit erschließt sich beispielsweise aus der Zahlenübersicht in Eurostat, Beschäftigung und Arbeitslosigkeit 1973-1979, Luxemburg 1980, Tabelle II/4, S. 90. Danach ging die Gesamtzahl der Arbeitgeber, Selbständigen und Mithelfenden Familienangehörigen in Frankreich in den sieben Jahren von 1973 bis 1979 um 9 vH zurück, die entsprechende Zahl für die Landwirtschaft hingegen um 17,7 vH.

Der Rückgang der Zahl der Selbständigen in Frankreich ist, wie übrigens auch in der Bundesrepublik Deutschland, vor allem ein Rückgang zweier Elemente dieser Erwerbskategorie, der landwirtschaftlichen Selbständigkeit und der Zahl der Mithelfenden Familienangehörigen. Löst man die beiden Sonderentwicklungen aus der Datenbetrachtung heraus, entsteht ein ganz anderes Bild, nämlich das einer Stabilisierung der Zahl der Selbständigen und ein Wiederanstieg in wirtschaftlichen Teilbereichen, vor allem in den Dienstleistungen. Hinter dem zahlenmäßigen Rückgang der Selbständigkeit steckt demnach ein qualitativer Umbau dieser Kategorie von Erwerbstätigkeit in Richtung auf Dienstleistungs- und Handelstätigkeiten bei weiterhin zurückgehender Unterstützung durch familiäre Mitarbeit.

Von den vielen Dimensionen wirtschaftlicher Selbständigkeit interessieren für das Forschungsthema der "Neuen Formen und Bedingungen der Erwerbsarbeit" vornehmlich die arbeitsbezogenen. Selbständigkeit ist eine Form von Erwerbstätigkeit, die sich ihre Arbeit selbst organisiert und gegebenenfalls zusätzliche Arbeit schafft. Beide Aspekte sollen mit Hilfe des französischen Datenmaterials in knappen Strichen vertieft werden.

Die französische Rechts- und Statistiksprache unterscheidet zunächst, wie überall, zwischen Gesellschaften (sociétés) und Einzelunternehmern (travailleurs indépendants). Auch in Frankreich entfällt die ganz überwiegende Mehrzahl der Unternehmen auf Einzelunternehmen, zwei Drittel sind es nach der Unternehmensdatei "SIRENE", wobei sich erhebliche Branchenunterschiede feststellen lassen.[61] Erwähnenswert ist, daß der Anteil der individuellen Selbständigen seit Jahren bereits zugunsten der Gründung von Gesellschaften, vor allem der "GmbH" (SARL), zurückgeht.

Definiert werden die "travailleurs indépendants", in Abgrenzung zu den Gesellschaften, als natürliche Personen, die auf eigene Rechnung eine nicht abhängige Erwerbstätigkeit der Gütererzeugung oder der Dienstleistungen ausüben. Ihr genauer rechtlicher Status wird maßgeblich bestimmt von der Eintragung in das Handwerksregister (répertoire des métiers) oder/und in das Handelsregister (registre du commerce).[62]

Für die oben erwähnten beiden Dimensionen der Arbeit im Zusammenhang mit Selbständigkeit von Interesse ist die weitere Unterscheidung der "travailleurs indépendants" in solche, die alleine arbeiten und nur für sich Ar-

---

61 Bigata S. 42. Der Anteil der Unternehmen mit 1 Person als Inhaber liegt in der Bundesrepublik Deutschland nach den Ergebnissen der Arbeitsstättenzählung von 1987 mit 77,3 vH um einiges höher, allerdings sind die Kategorien möglicherweise nicht deckungsgleich (Einmann-GmbH?). Siehe Statistisches Bundesamt, Unternehmen und Arbeitsstätten, Fachserie 2, Heft 8 "Unternehmen und Beschäftigte nach Rechtsformen", Wiesbaden 1990.

62 Bigata S. 40.

beit schaffen ("auto-emploi", "micro-entreprises"[63]), und solche, die anderen Arbeit geben ("employeurs"). Nach einer Auswertung der "SIRENE"-Daten aus dem Jahr 1988[64] beschäftigen von den rund 1.420.000 Einzelunternehmern nur vierzig Prozent andere Personen. Auf diese entfallen im Mittel 2,5 Arbeitnehmer, wobei sich deren Gesamtzahl wiederum asymmetrisch verteilt: 70 vH der Selbständigen beschäftigen nur eine(n) oder zwei Arbeitnehmer(innen), weniger als 10 vH beschäftigen mehr als 5. Die Entscheidung zur Anstellung anderer Personen ist, wie empirische Untersuchungen zeigen, entwicklungsabhängig. Der Anteil der tatsächlichen oder zumindest zu Einstellungen entschlossenen "employeurs" wächst mit der Lebenszeit des Unternehmens.[65]

Hinter dem abstrakten Vorgang der Gründung einer selbständigen Existenz verbirgt sich eine Vielfalt von Motiven und Bedingungen. Interessant ist die aus französischen Untersuchungsdaten entwickelte Gegenüberstellung zweier unterschiedlicher Logiken der Unternehmensgründung. Nach vertiefenden typologischen Studien[66] hat ein knappes Fünftel der Existenzgründer von vornherein nicht die Absicht, zusätzliche Arbeitsplätze zu schaffen. Die Entwürfe dieser "micro-entrepreneurs" dementieren die dem Begriff der Selbständigkeit in Marktwirtschaften typischerweise innewohnende Erwartung der Vergrößerung, sei es im Hinblick auf Umsatz und Ertrag, sei es im Hinblick auf Arbeitskräfte. Die Gründung eines "micro-entreprise" hingegen beabsichtigt nicht Wachstum, sondern wirtschaftliche Selbstgenügsamkeit, und das auch nur für *einen* Arbeitsplatz. Gelingt das Projekt, so entsteht daraus ein "auto-emploi", eine Selbst-Beschäftigung, die von den Vertrags- und Arbeitsbedingungen wie vom wirtschaftlichen Ertrag her eher abhängiger Arbeit ähnelt als der mit dem Bild des Unternehmers üblicherweise verbundenen ökonomischen und sozialen Eigenständigkeit. Keineswegs alle diese kleinen selbständigen Existenzen entstehen aus purem eigenen Entschluß, und nicht alle verzichten von sich aus auf Expansion. In der erwähnten französischen Studie finden sich Beispiele dafür, daß "micro-entreprises" im Grunde nur einen anderswo verlorengegangenen oder bedrohten Arbeitsplatz ersetzen. In diesen Fällen legt die empirische Beobachtung den Eindruck nahe, daß die im wesentlichen durch äußere Umstände veranlaßten Unternehmensgründungen eher den Charakter eines Arbeitsplatzwechsels annehmen als den veritabler Selbständigkeit.[67] Solche Situationen entstehen beispielsweise bei der vom früheren Arbeitgeber "angeregten" Umstellung der abhängigen Beschäftigung

63 Nicolas Schmidt, Créations d'entreprises et créations d'emplois, La lettre d'information du C.E.E. N° 13, Septembre 1989, S. 2.

64 Die folgenden Angaben stammen aus Bigata S. 39 ff. Vgl. auch N. Schmidt 1989.

65 N. Schmidt 1989, S. 3 f.

66 N. Schmidt 1989, S. 3 f.

67 N. Schmidt 1989, S. 3.

auf ein Auftragsverhältnis (sous-traitance).[68] Die auf diese Weise zu Selbständigen gewordenen Personen nehmen ihre Situation wahr als die von "Arbeitnehmern ohne regelmäßiges Einkommen und ohne die sozialen Vorteile von Arbeitnehmern, die ihre Sozialbeiträge entrichten".[69]

2. Typen von Gründungssituationen - Forschungsergebnisse

Interessante Einblicke in die Motivlagen von arbeitslosen Existenzgründern und damit in die hier besonders aufmerksam beobachtete Position der Gründungsmotive zwischen "Notwendigkeit" und "Freiheit" liefert die in der Picardie entstandene qualitative Studie von François Brun.[70] Sie spannt zwar, wie auch bei allgemeinen Existenzgründungen, eine breite Palette von Motiven und Bedingungen zwischen den beiden Polen auf, verlagert das Schwergewicht allerdings deutlich auf die Seite der durch äußere Umstände, vor allem Kündigungen, erzwungenen Unternehmensgründungen.

Ein markanter Unterschied zeigt sich bei den Entwicklungsperspektiven zwischen Unternehmen, die von Arbeitslosen gegründet wurden, und sonstigen Unternehmensgründungen. Während nach den Ergebnissen der erwähnten Erhebung in der Picardie sechs von zehn neugegründeten Unternehmen eine Wachstumsstrategie verfolgen, sieht nur etwas mehr als ein Sechstel der arbeitslosen Existenzgründer dies als vorrangige Zielsetzung an; für sie hat das neu aufgemachte Unternehmen hingegen viel stärker die Aufgabe, den Lebensunterhalt zu sichern und ihnen jenseits der Arbeitslosigkeit einen anerkannten Platz in der Erwerbsgesellschaft zu verschaffen.[71]

Zu einer interessanten Typologie von Existenzgründungen hat die Befragung von 232 Gründern im späten Frühjahr 1988 in der nordfranzösischen Region Picardie verholfen.[72] Ausgehend von der Feststellung, daß es bislang keine anerkannte Definition der Unternehmensgründung gibt, sortiert dieses Studie die von ihr untersuchten Gründungsfälle unter drei Typen: die Ersatzgründungen (créations de substitution), die peripheren Gründungen (créations périphériques) und die echten Neugründungen (créations "ex nihilo").

---

68 Mit einem daraus folgenden Kontinuum von "weißen" bis "schwarzen" Arbeitsformen, siehe hierzu Jean-François Lae, Travailler au Noir, 1989, S. 33 ff.

69 N. Schmidt 1989, S. 4.

70 François Brun, La création d'entreprises par les chômeurs, C.E.E., Dossier de Recherche N^O^ 34, Septembre 1990, S. 59-91.

71 Brun S. 79.

72 François Brun / Marie-Françoise Mouriaux / Nicolas Schmidt, unter Mitarbeit von Geneviève Gontier, Créations d'entreprises: Le cas de la Picardie. Pour un recentrage de la notion de création, C.E.E., Dossier de Recherche N^O^ 34, Septembre 1990, S. 5-38.

Als Ersatzgründungen werden solche angesehen, die von vormaligen Unternehmensleitern oder von Angestellten, die ihre Beschäftigung freiwillig oder unfreiwillig verlassen haben, in die Wege geleitet werden.[73] Kennzeichnend für sie ist, daß ein bestehendes Unternehmen geschlossen und an anderer Stelle oder mit anderer Ausrichtung wieder eröffnet wird; sei es, daß der Chef persönlich sein Unternehmen schließt und anderswo neu eröffnet, sei es, daß - wie in der Mehrzahl der Fälle - Angestellte aus einem von Schließung bedrohten Unternehmen ausscheiden und sich im selben wirtschaftlichen Tätigkeitskreis selbständig machen, häufig unter Mitnahme der Kundschaft. Zu diesem Typus, der 28% aller 232 Fälle umfaßt, rechnet die Studie auch die Fälle erzwungener Ausgliederungen von Unternehmensfunktionen in Sub-Unternehmen (sous-traitance), bei denen die Freiwilligkeit der Entscheidung für die davon betroffenen Arbeitnehmer angesichts der Alternative der Entlassung gegen Null geht. Das näher beschriebene Beispiel der Ausgliederung des Fuhrparks eines Textilunternehmens in die unternehmerische Verantwortung der vormals angestellten Kraftfahrer[74] entspricht amerikanischen und deutschen Beispielen[75].

Das Wesen der peripheren Gründungen (20%) besteht darin, daß sie aus fortbestehenden Unternehmen hervorgehen, die sich diversifizieren oder ausdehnen.[76] Die Existenzgründer können Ehegatten oder Kinder eines Unternehmers sein, die von diesem unter marktstrategischen Gesichtspunkten anderswo plaziert werden, nicht ohne dafür angebotene steuerliche Erleichterungen, Gründungsprämien etc. zu nutzen. Die "Peripherie" kann sich aber auch aus marktmittelnden Personen, vor allem Franchisenehmern entwickeln.

Mehr als die Hälfte (52%) der in der Picardie untersuchten Gründungsfälle sind "ex nihilo" entstanden und damit als echte Neugründungen anzusehen. Das schließt externe Unterstützung nicht aus, etwa in Form von Gründungshilfen für arbeitslose Gründer oder von Anlaufhilfen von Lieferanten, Kunden oder auch Familienmitgliedern. Im Unterschied zu den beiden erstgenannten Gründungstypen beziehen sich die echten Neugründungen jedoch nicht auf früher oder anderswo existierende Unternehmen. Fast drei Viertel (72%) der Gründungen "ex nihilo" führen zu Kleinstunternehmen (micro-entreprises), die vom Gründer bzw. der Gründerin persönlich geführt werden oder allenfalls ein oder zwei Angestellte beschäftigen.[77] Diese Kleinstunternehmen sind

---

[73] Françoise Mouriaux, Les conditions des entreprises nouvelles, in: Brun / Mouriaux / Schmidt S. 14 ff.

[74] Mouriaux S. 16.

[75] Udo Mayer, "Neue" Selbständigkeit in Nordamerika, WSI Mitteilungen 2/89, S. 80-88.

[76] Mouriaux S. 18 ff.

[77] Mouriaux S. 22.

zwar im allgemeinen wenig entwicklungsfähig, erweisen sich auf der anderen Seite aber, wie Überlebensanalysen zeigen, als vergleichsweise stabil.

Unter dem Gesichtspunkt der Erzwungenheit oder Freiwilligkeit der Unternehmensgründung unterscheiden sich die drei Gründungstypen ebenso deutlich wie unter dem der ökonomischen Abhängigkeit. Während von den echten Neugründungen weniger als ein Drittel (30%) als erzwungen angesehen werden können ("créations forcées"), sind es bei den Ersatzgründungen fast zwei Drittel (64%).[78] Den höchsten Grad an Selbstbestimmtheit erreichten interessanterweise die "peripheren" Existenzgründungen, von denen fast 9 von 10 (89%) freiwillig sind.

Im Hinblick auf die wirtschaftliche Abhängigkeit von anderen Firmen nehmen umgekehrt die "peripheren" Gründungen mit 64% völliger oder teilweiser Abhängigkeit einen Spitzenplatz ein, während die echten Neugründungen sich lediglich zu 12% als abhängig, zu 88% als frei von wirtschaftlicher Abhängigkeit bezeichnen. Eine Mittelposition hatten in dieser Hinsicht die Ersatz-Gründungen (créations de substitution) mit 61% Unabhängigkeit und 39% wirtschaftlicher Abhängigkeit.[79]

3. Sozio-demographische und regionale Daten der Selbständigkeit

72 vH aller Selbständigen sind Männer. Dieser Anteil setzt sich mit kleineren Abweichungen über alle Wirtschaftszweige hinweg durch, kennt aber zwei interessante Ausnahmen: Bei den jungen Freiberuflern (25 Jahre) sind die Frauen mit 56 vH, bei den älteren Händlerinnen (60 Jahre) sind die Frauen mit 54 vH in der Mehrheit.

Das durchschnittliche Alter der Selbständigen beträgt 43 Jahre, die diesbezüglichen Unterschiede zwischen Männern und Frauen sind gering.

Auf Frankreichs Kolonialgeschichte verweist folgende Besonderheit. Annähernd 15 vH der individuellen Selbständigen sind im Ausland geboren, aber nur ungefähr 5 vH der Selbständigen im metropolitanen Frankreich sind im Sinne des Staatsangehörigkeitsrechts Ausländer.[80]

Bei den neuen Selbständigen, die sich gegenwärtig niederlassen, wächst der Anteil junger Selbständiger - fast zwei Drittel (62 vH) sind jünger als 35 Jahre - und der Anteil der Frauen, die mittlerweile ein Drittel der neuen Selbständigen stellen.

---

[78] Mouriaux S. 26, Tableau 2.

[79] Mouriaux S. 30, Tableau 5.

[80] Dieser Wert wird von Bigata S. 41 als Schätzwert auf der Grundlage anderer Erhebungen angegeben. Die Datei "SIRENE" fragt nicht nach der Nationalität.

Betrachtet man nicht den Bestand, sondern die Neugründungen bzw. Übernahmen von Unternehmen,[81] so zeigt sich mit 72 vH dieselbe Mehrheit von Männern wie im Bestand der Selbständigen. In der Wahl des wirtschaftlichen Tätigkeitsbereichs gibt es deutliche Geschlechterunterschiede. Männliche Selbständige wählen in 41 vH die Dienstleistungen, in einem Drittel der Fälle das Handwerk und im verbleibenden Viertel den Handel. Demgegenüber bevorzugen Frauen den Handel (45 vH), aber auch die Dienstleistungen (44 vH). Frauen engagieren sich wenig im Handwerk (11 vH), das allerdings zu mehr als der Hälfte aus dem Bauhandwerk besteht.

Die neuen Existenzgründer haben ein durchschnittliches Alter von 35 Jahren, und sie weisen ein im Vergleich zur gesamten Erwerbsbevölkerung höheres schulisches Bildungsniveau auf.

Betrachtet man die regionale Verteilung der Unternehmensgründung in Frankreich, so tun sich Mitte der 80er Jahre drei Regionen als besonders gründungsfreudig hervor: Die beiden am Mittelmeer gelegenen Regionen "Provençe-Alpes-Côte d'Azur" und "Languedoc-Roussillon" sowie die um Paris herum gelegene "Ile-de-France".[82] Alle Regionen zeichnen sich umgekehrt durch vergleichsweise niedrige Überlebensraten der neugegründeten Unternehmen aus. Die Hälfte der hier entstandenen selbständigen Existenzen ist vor dem Erreichen von dreieinhalb Jahren bzw. vier Jahren im Languedoc-Roussillon wieder verschwunden.

4. *Erfolgsaussichten neugegründeter oder übernommener Unternehmen*

Ausdruck der auch in Frankreich in den letzten Jahren verstärkten Aufmerksamkeit der Forschung für die mikroökonomischen, arbeitsmarktlichen und arbeitsrechtlichen Bedingungen von Existenzgründungen sind Verlaufsstudien zu den Überlebensaussichten neugegründeter oder übernommener Unternehmen.[83]

---

[81] Die folgenden Daten sind entnommen aus der Untersuchung von Henri Viennet, Qui crée son entreprise ou reprend une affaire, Economie et Statistique N° 215, novembre 1988, S. 27 ff., sowie aus der vom selben Verfasser erstellten Untersuchung "Création et reprises d'entreprise en 1985. Les acteurs et leur projet", INSEE Résultats, 1989. Untersucht wurden 142.000 Personen, die zwischen September 1984 und August 1985 ein Unternehmen gegründet oder erworben hatten.

[82] Michel Fleury, Les régions au palmarès de la création d'entreprise, Economie et Statistique n° 215, novembre 1988, S. 51 ff.

[83] Für die Bundesrepublik Deutschland siehe die Untersuchungen von Josef Brüderl / Peter Preisendörfer / Axel Baumann, Determinanten der Überlebenschancen neugegründeter Kleinbetriebe, MittAB 1/91, S. 91-100; für das Vereinigte Königreich siehe Jill Rubery / Jill Earnshaw / Brendan Burchell, New Forms and Patterns of Employment: The Role of Self-Employment in Britain, Baden-Baden 1992.

Neben den bereits erwähnten Statistikanalysen, nach denen von 100 im Jahre 1985 gegründeten Unternehmen nach vier Jahren weniger als die Hälfte noch am Leben war,[84] verdient eine neuere qualitative Studie aus Frankreich zu diesem Thema Erwähnung. Es handelt sich um eine Folgeerhebung des Centre d'Etude de l'Emploi bei der soeben vorgestellten Stichprobe von 232 Existenzgründungen in der Picardie im Winter 1989/90 und damit rund zwei Jahre nach der Ersterhebung 1987/88.[85]

Von den 232 Unternehmen der Ausgangsstichprobe haben 40, das entspricht 17% zwei Jahre später wieder zugemacht. Die überlebenden 192 Unternehmen machen im allgemeinen einen vergleichsweise stabilen Eindruck, hinter dem sich allerdings ganz unterschiedliche Existenzzustände verbergen. So befanden sich nach den Ergebnissen der Folgestudie von den 192 Unternehmen 47 in einem Zustand der Stagnation, 70 auf dem Wege der Konsolidierung, 51 in der Expansion, 7 in einer ungewissen Situation, 15 Unternehmen waren zwischenzeitlich verkauft worden, 2 hatten die Antwort verweigert.[86]

Vier Ergebnisse der Studie sollen an dieser Stelle herausgegriffen werden.

Als die hauptsächlichen Schwierigkeiten der selbständigen Existenz, mit denen sowohl die gescheiterten Unternehmen zu kämpfen hatten als auch die überlebenden Unternehmen zu kämpfen haben, erweisen sich die Zahlungsrückstände säumiger Kunden, die vor allem bei größeren Beträgen rasch Liquiditätsschwierigkeiten für Kleinunternehmen entstehen lassen, Unstimmigkeiten zwischen Mitunternehmern, sowie private Unglücksfälle und Störungen wie Tod, Krankheit und Überdruß (der Unternehmer oder ihrer Ehegatten) bezüglich der Anforderungen einer unternehmerischen Existenz.[87] Alle diese Störungen können von der finanziell und personell schwachen Infrastruktur kleiner Unternehmen nicht oder nur mit Mühe aufgefangen werden und führen deshalb rasch in Existenzkrisen hinein.

Ordnet man die Ergebnisse der Verlaufsstudie den drei oben vorgestellten Gründungstypen zu, so zeigt sich, daß die zunächst wenig aussichtsreich erscheinenden Gründungen "ex nihilo" sich in stärkerem Maße als die anderen Typen behaupten konnten. Insbesondere die selbstgenügsamen "micro-entrepreneurs" erwiesen sich als überaus stabile Existenzform.[88] Die als "peripher" bezeichneten Existenzgründungen, die auf den ersten Blick gut ausgestattet erschienen, erwiesen sich im Zeitverlauf als wenig dynamisch und vor allem

---

84 Vgl. Henri Viennet, INSEE Première, N° 110, Novembre 1990.

85 Marie-Françoise Mouriaux, Les créations d'entreprises à l'épreuve du temps. L'échantillon picard, C.E.E., Dossier de Recherche N° 42, Décembre 1991

86 Françoise Mouriaux 1991 S. 14.

87 Mouriaux 1991 S. 14 ff.

88 Mouriaux 1991 S. 20 f.

als wenig autonom in ihren Entwicklungsentscheidungen. Eine ganze Reihe von ihnen war nach zwei Jahren verkauft, einige auch einfach geschlossen worden, und diejenigen, die überlebt hatten, zeigten Anzeichen einer gewissen Erstarrung.[89]

Die Ersatzgründungen bieten ein gespaltenes Bild. Ein erheblicher Anteil von ihnen (16 von 64) war nach zwei Jahren gescheitert, auf der anderen Seite fand sich fast ein Drittel von ihnen (20 von 64) unter den dynamischsten überlebenden Unternehmen.[90] Eine genaue Analyse des Scheiterns führt zu dem dritten interessanten Ergebnis, daß die Wahrscheinlichkeit für das Mißlingen des Unternehmenstransfers bei denjenigen Gründungen am höchsten war, die sich als erzwungene Gründungen darstellten, wohingegen die freiwilligen, auf eigener Initiative vormaliger Angestellter beruhenden Neugründungen eine beachtliche Erfolgsquote aufweisen.[91]

Die vierte Beobachtung bezieht sich auf die Entwicklung von Arbeitsverhältnissen. Aus ihr erhellt, daß sich an den Optionen der Gründungssituation im Zeitverlauf wenig geändert hat. Die Hypothese hierzu lautet: Wer Arbeitskräfte benötigt, stellt sie bereits zu Beginn oder sehr bald nach der Gründung des Unternehmens ein, wohingegen diejenigen, die sich als Einzelselbständige (créateurs indépendants) niederlassen, dies im wesentlichen auch bleiben. Passagen zwischen den beiden Typen von Selbständigkeit sind mit insgesamt 11 vH selten.[92] Die Beschäftigungsbilanz bei der kleinen picardischen Stichprobe ist insgesamt negativ: Den 266 in den überlebenden Unternehmen fortbestehenden Arbeitsplätzen stehen 318 infolge von Unternehmensschließungen verlorengegangene Arbeitsplätze gegenüber.[93] Die Zahlen sind selbstverständlich in Anbetracht der kleinen Stichprobe nicht verallgemeinerbar.

Zur Beschäftigungslage junger und kleiner Unternehmen gehört schließlich ein vor allem arbeits- und familiensoziologisch interessanter Aspekt, der bereits mehrfach Erwähnung gefunden hat. Ein charakteristisches und bleibendes Merkmal vor allem der Ein-Personen-Unternehmen ist der häufige Rückgriff auf unentgeltliche familiäre Mitarbeit, insbesondere von Ehegatten. Fast zwei Drittel (62 vH) der Einzelselbständigen bejahten die Frage nach dem "recours au bénévolat", bei Unternehmen mit 3 bis 5 Beschäftigten waren es 26,5 vH und in den etwas größeren Unternehmen mit mehr als 5 Beschäftigten arbeiteten noch in fast jedem fünften (18 vH) andere Personen unentgeltlich mit.[94] Hinter diesen, mit entsprechenden Daten aus anderen europäischen

89 Mouriaux 1991 S. 21.

90 Mouriaux 1991 S. 21.

91 Mouriaux 1991 S. 21 f., 25.

92 Mouriaux 1991 S. 39 f.

93 Mouriaux 1991 S. 39.

94 Mouriaux 1991 S. 42.

Ländern vergleichbaren Zahlen deutet sich eine erforschungswürdige Fortsetzung der vor allem in der Landwirtschaft traditionellen Erwerbskategorie der "Mithelfenden Familienangehörigen" im modernen Kleinunternehmertum an. Wobei sich vermutlich schon in Anbetracht des immer noch überwiegend männlichen Gründerprofils an der Rollenteilung zwischen Selbständigen und Mithelfenden Familienangehörigen in diesem Bereich weniger geändert hat als in anderen Bereichen des Erwerbslebens.

5. Selbständigkeit und Reorganisation der Unternehmen

Vertiefender Analyse bedarf der Zusammenhang zwischen den quantitativen und qualitativen Entwicklungen der Selbständigkeit in Frankreich und der Reorganisation der Unternehmen. Nicht nur in der Erwerbsarbeit, sondern auch in der institutionellen Stätte dieser Arbeit, den Unternehmen, vollzieht sich seit Jahren ein folgenreicher Prozeß der Anpassung und Änderung. Er ist sowohl von der Industrie- und Arbeitssoziologie als auch vom Arbeitsrecht bislang zu wenig in den Blick genommen worden.[95] Das Arbeitsrecht geht, meist unausgesprochen, von der Einheitlichkeit und Autonomie des Unternehmens beziehungsweise des Arbeitgebers als der wichtigsten Zurechnungsfigur für Direktions-, Haftungs- und Pflichtenthemen aus. Es erweist sich damit als nur eingeschränkt ordnungsfähig gegenüber Entwicklungen zur Einfügung von Arbeitsaufgaben und Arbeitsstätten in unternehmerische Verbundordnungen. Auch wenn deren Konstruktion im wesentlichen in das Wirtschafts- und Unternehmensrecht fällt, ist das Arbeitsrecht auf dem Feld der dogmatischen Verteilung von Zuständigkeiten für die rechtliche Bewältigung der Reorganisation von Unternehmen zu wenig präsent. Auch die Unternehmen "bröckeln". Der Prozeß des Zerbröckelns der Erwerbsarbeit, bereits vor dem Zweiten Weltkrieg von Georges Friedmann beschrieben,[96] findet seine institutionelle und organisatorische Entsprechung auf seiten der Unternehmen. Auch hier wird eine "Erosion der traditionellen Firmenabgrenzungen"[97] konstatiert und, in Analogie zur Arbeit, vom "zerplatzten Unternehmen" gesprochen[98]. Wesen dieser Entwicklung ist die Auslagerung von produktiven oder administrativen Aufgaben der Unternehmensorganisation, die "externalisation". Ihre Erscheinungsformen sind unter anderem die Schaffung

95 Vgl. die (Selbst-)Kritik bei Sabine Erbès-Seguin, Mutations et permanences de la sociologie du travail, L'Homme et la Société, N°. 97, 1990/3, S. 133 ff. (136).

96 Georges Friedmann, Le Travail en miettes, 1935.

97 Horst Kern / Charles F. Sabel, Gewerkschaften und offene Arbeitsmärkte, Soziale Welt 2/90, S. 144 ff. (146).

98 Vgl. Alain Lebaube, "L'entreprise éclatée - Les dirigeants jouent la division", "Le Monde", Beilage "Initiatives-Emploi, 24. April 1991. Der Autor hat 1988 ein Buch verfaßt mit dem Titel "L'emploi en miettes" ("Die Arbeit in Krümeln").

oder Verstärkung von Filialunternehmen, die Kooperation mit (oder Subordination von) Unterauftragnehmern (sous-traitants), das "Aussähen" von Tochter-Unternehmen (l'essaimage), das Integrieren von marktmittelnden Funktionen wie die der Franchise-Nehmer in die Unternehmensorganisation, oder auch die juristische Herstellung der in Frankreich als "faux travailleurs indépendants" bezeichneten Schein-Selbständigen. Die Zusammenhänge bedürfen näherer Prüfung. Aber sicherlich läßt sich schon jetzt sagen, daß viele der "neuen Erwerbsformen" Folge von "neuen Unternehmensformen" sind, wobei sie ihrerseits diese Formen teilweise reproduzieren.

III. Heimarbeit und télétravail

Heimarbeit (travail à domicile, TAD) ist auch in Frankreich eine atypische Erwerbsform mit (Industrie-)Geschichte. Wenn sie gleichwohl in den Interesssenkreis eines Forschungsprojektes über neue Erwerbsformen Eingang findet, dann hat das vor allem drei, die traditionelle Beschäftigungsform der Heimarbeit transzendierende Gründe. Zum ersten läßt sich an der Heimarbeit unter arbeitsrechtlichen Gesichtspunkten die Herausbildung eines Beschäftigungsstatus verfolgen, der in der Grenzzone von abhängiger Arbeit und Selbständigkeit liegt und damit eine normative Orientierung liefern kann für moderne Übergangsformen zwischen Abhängigkeit und unternehmensbezogener Selbständigkeit. Der zweite Vorteil der Befassung mit Heimarbeit liegt, wie Bruno Courault in einer umfassenden Studie aus dem Jahre 1981 anmerkt,[99] darin, daß sich an der Heimarbeit alle Bewegungsvorgänge von Externalisierung und Internalisierung studieren lassen, die die Beschäftigten in ihrer Arbeitsplatzbeziehung zum Unternehmen berühren. Zum dritten knüpft auch in Frankreich an die traditionelle, vorkapitalistische Erwerbsform der Heimarbeit eine durch moderne Kommunikations- und Informationstechnologie induzierte Debatte zu künftigen Entwicklungen der "Distanz-Arbeit" und "Tele-Arbeit" an. Der letzte Gesichtspunkt deutet bereits darauf hin, daß das Ende der 70er Jahre in Frankreich wiedererwachte Interesse an der alten Erwerbsform Heimarbeit paradoxerweise in einen Modernisierungszusammenhang gestellt wird. So hat den Anstoß zu dem in Frankreich bekannten Bericht von Gérard Braun aus dem Jahre 1980 über "travail à domicile" der Wunsch des damaligen Premierministers gegeben, der Auftrag möge das Studium der Heimarbeit "als Zukunftsform der Organisationsmethoden einer modernen Industriegesellschaft" gestatten.[100] Unter diesem Blickwinkel steht die neuere

---

99 Bruno Courault, Le travail en domicile en 1981: Des formes passéistes du travail à des nouvelles formes hypothétiques d'emploi?, C.E.E., Paris 1982, S. 150.

100 "Je souhaite, que votre mission permette l'étude du travail à domicile comme forme d'avenir des méthodes d'organisation d'une société industrielle moderne." Zitiert aus dem Brief des Premierministers R. Barre an den Abgeordneten G. Braun vom 10. Juni 1980; in Auszügen abgedruckt bei Michel Lallement, Des PME en chambre. Travail et travailleurs à domicile d'hier et d'aujourd'hui, 1990, S. 11 f.

französische Diskussion zur Heimarbeit von vornherein in dem Anfang der 80er Jahre bereits voll entwickelten Bedingungsfeld von Arbeitsmarktkrise, Flexibilisierung und Umstrukturierung der Märkte und Produktionsweisen hin zur "flexiblen Spezialisierung".

Die genannnten drei Aspekte sollen im folgenden in sehr gedrängter Darstellung behandelt werden, der rechtliche in der Form eines knappen Rechtsvergleichs, die Evaluation der bisherigen Entwicklung der Auslagerung betrieblicher Produktionsvorgänge in Heimarbeit auf der Grundlage französischer Forschungsergebnisse aus den frühen 80er Jahren, die Entwicklungsmöglichkeiten schließlich anhand aktueller Diskussionen in Frankreich zur "télétravail".

1. Zahlenvergleich zur Heimarbeit

Die Zahlenentwicklung der offiziell registrierten Heimarbeit[101] verläuft in Frankreich ähnlich wie in der Bundesrepublik Deutschland, allerdings auf niedrigerem Niveau. Von 1960 bis 1981 sank die Zahl der Heimarbeiter in Frankreich von knapp 120.000 auf unter 40.000 ab, sprang 1981/82 auf 70.000 und bewegt sich seitdem um 60.000.[102] Damit stellen die Heimarbeiter(innen) heute knapp 0,3 vH der Erwerbstätigen in Frankreich. Auch für die Heimarbeit in der Bundesrepublik ist charakteristisch die anhaltende Schrumpfungsbewegung ab Mitte der 60er Jahre, die sich als kleine Gegenbewegung zur Entwicklung der Vollbeschäftigung nach dem 2. Weltkrieg lesen läßt. Mit 230.413 angemeldeten Heimarbeiter(innen) hatte die deutsche Statistik im Jahr 1965 ihren höchsten Stand erreicht. Bis 1981 war die Zahl um 40 vH auf 138.227 abgesunken, hatte allerdings in der Folgezeit wieder leicht zugenommen und lag im Jahr 1989 bei 162.062.[103]

Die französische Statistik offenbart vier soziologisch interessante Merkmale der Zusammensetzung und der Vergütung der Heimarbeit.[104] Das erste besteht in dem zurückgehenden Anteil der Arbeiter(innen) und dem entsprechenden langsamen Vordringen der Angestellten (seit 1960) und, seit etwa

---

101 Heimarbeit ist in beiden Ländern meldepflichtig. Nach französischem Recht muß der Auftraggeber nach Art. L. 721-7 CdT dem Arbeitsinspektor (l'inspecteur du travail et de la main-d'oeuvre) eine detaillierte An- oder Abmeldung übermitteln. Das deutsche Heimarbeitsgesetz enthält eine entsprechende Mitteilungspflicht in § 7 HAG gegenüber der Obersten Arbeitsbehörde des Landes oder der von ihr bestimmten Stelle, in der Regel die Gewerbeaufsichtsbehörde. Dessen ungeachtet vermuten alle empirischen Berichte in diesem Bereich in schwer quantifizierbarem Ausmaß nicht registrierte Heimarbeit.

102 Siehe Lallement S. 103 ff.

103 Arbeits- und Sozialstatistik. Hauptergebnisse 1991, S. 25. Die Zahlenentwicklung bis 1988 ist ausführlich dokumentiert in: Annegret Döse / Armin Höland / Petra Schallhöfer, Neue Formen und Bedingungen der Erwerbsarbeit - Eine erste Forschungsbilanz, ZERP-DP 2/1990, S. 89.

104 Lallement S. 105 f.

1970, der Höheren Angestellten (cadres supérieurs) sowie der neuen Dienstleistungsberufe (professions intermédiaires). Das zweite Merkmal ist der anhaltend hohe Frauenanteil an Heimarbeit von mehr als 80 vH, der allerdings niedriger ist als der entsprechende deutsche Anteil von durchweg um die 90 vH. Eine dritte Abweichung betrifft die Altersverteilung. Das Durchschnittsalter der Heimarbeiter(innen) liegt traditionell über dem entsprechenden allgemeinen Wert der Erwerbstätigen, sinkt allerdings deutlich, so beispielsweise im Vergleich von 1970 zu 1984 von 47 Jahren auf 41 Jahre. Mit dieser Verjüngung geht einher, das ist die vierte Veränderung, ein Anstieg des Bildungsniveaus. So hatten etwa im Jahre 1985 12 vH aller Heimarbeiter(innen) Abitur oder ein Hochschuldiplom, zehn Jahre vorher, 1985, war diese Kategorie praktisch noch nicht existent.

2. *Rechtsvergleichende Aspekte*

Die rechtliche Stellung der Heimarbeiter (travailleurs à domicile) ist in Frankreich in den Grundzügen sehr ähnlich geregelt wie im bundesdeutschen Recht.[105] Aus historischen wie aus soziologischen Gründen sind Heimarbeiter keine Arbeitnehmer, werden aber - ebenfalls aus historischen Erfahrungen - in weiten Bereichen dem Arbeitsrecht unterstellt. Im französischen Heimarbeitsrecht, das im Unterschied zur deutschen Rechtslage[106] in das voluminöse Arbeitsgesetzbuch (CdT) integriert und hier in dessen Siebtem Buch im II. Titel unter "Industries de transformation" zu finden ist, ordnet Art. L. 721-6 CdT an, daß die Heimarbeiter die gesetzlichen und verordnungsrechtlichen Schutzvorschriften genießen, die auf Arbeitnehmer Anwendung finden. Die arbeitsrechtliche Erstreckungsregel greift nach Art. L. 721-5 CdT auch im Verhältnis zwischen dem Heimarbeiter und einer eventuellen Hilfskraft (auxiliaire) Platz, die dem Heimarbeiter von der gesetzlichen Definition des Art. L. 721-1 CdT "zugestanden" wird. Diese Hilfskraft unterscheidet die gesetzliche Definition des Heimarbeiters in Frankreich von derjenigen im deutschen Recht. Nach dem deutschen Rechtsbegriff in § 2 Abs. 1 des Heimarbeitsgesetzes (HAG) ist Heimarbeiter, "wer in selbstgewählter Arbeitsstätte ... allein oder mit seinen Familienangehörigen ... im Auftrag von Gewerbetreibenden oder Zwischenmeistern erwerbsmäßig arbeitet, jedoch die Verwertung der Arbeitsergebnisse dem unmittelbar oder mittelbar auftraggebenden Gewerbetreibenden überläßt". Wer hingegen in eigener Arbeitsstätte mit nicht mehr als zwei fremden Hilfskräften oder Heimarbeitern tätig wird, gilt nach § 2 Abs. 2 S. 1 HAG als "Hausgewerbetreibender". Das französische Heimarbeitsrecht kennt

---

105 Zum bundesdeutschen Recht siehe die Übersicht bei Schaub, Arbeitsrechts-Handbuch, 6. überarbeitete Auflage, München 1987, S. 10.

106 Regelungsort ist hier das Heimarbeitsgesetz (HAG) vom 14. März 1951, BGBl. I S. 191.

diese Differenzierung nicht, gestattet dafür aber eine fremde Hilfskraft. Als Heimarbeiter werden nach Art. L. 721-1 CdT Personen angesehen, die

1. auf der Grundlage einer Pauschalvergütung (rémunération forfaitaire; im Deutschen: Stückentgelte) für die Rechnung eines oder mehrerer industrieller, handwerklicher, kommerzieller oder landwirtschaftlicher Gewerbebetriebe (établissements), seien diese öffentlicher oder privater, kirchlicher oder nicht-kirchlicher Natur, eine Arbeit ausführen, die ihnen entweder unmittelbar oder über einen Zwischenmeister (intermédiaire) übertragen wurde;
2. entweder alleine arbeiten, oder zusammen mit ihrem Ehegatten oder mit ihren minderjährigen Kindern, oder mit einer Hilfskraft arbeiten.

   Für die gesetzliche Definition des Heimarbeitens kommt es nach Art. L. 721-1 CdT nicht darauf an,

— ob zwischen dem Heimarbeiter und seinen Mitarbeitern und dem Auftraggeber eine rechtliche Unterordnungsbeziehung besteht;

— ob sie unter der unmittelbaren und gewöhnlichen Aufsicht des Auftraggebers arbeiten;

— ob die Räumlichkeiten, in denen sie arbeiten, und das Material, mit dem sie arbeiten, ungeachtet des Wertes, ihnen gehört;

— ob sie sich selbst die Roh- und Hilfsstoffe beschaffen;

— wie viele Stunden sie tatsächlich gearbeitet haben.[107]

Die Vorschriften des französischen Heimarbeitsrechts zum Entgelt (Section III), zur Streitbeilegung (Section IV), die Sondervorschriften für die Landwirtschaft (Section V), zur Arbeitshygiene und zum Arbeitsschutz (Section VI) sind für das Verständnis der folgenden Ausführungen ohne Belang und können an dieser Stelle unbehandelt bleiben. Beachtung verdient allerdings noch der Hinweis, daß die Vorschriften des französischen Heimarbeitsrechts, obgleich unter dem Titel der "Umwandlungsindustrien" (Industries de transformation) eingefügt, von der Rechtsprechung auch auf "intellektuelle" Heim-

---

107 Art. L. 721-1 CdT lautet: "Sont considérés comme travailleurs à domicile ceux qui satisfont aux conditions suivantes: 1° Exécuter, moyennant une rémunération forfaitaire, pour le compte d'un ou plusieurs établissements industriels, artisanaux ou non, commerciaux ou agricoles, de quelque nature que soient les établissements, qu'ils soient publics ou privés, laïques ou religieux, même s'ils ont un caractère d'enseignement professionnel ou de bienfaisance, un travail qui leur est confié soit directement, soit par un intermédiaire; 2° Travailleurs soit seuls, soit avec leur conjoint ou avec leurs enfants à charge au sens fixé par l'article 285 du Code de la sécurité sociale (nouv. C. sécur. soc., art. L. 313-3 et R. 313-12), ou avec un auxiliaire. Il n'y a pas lieu de rechercher:
- s'il existe entre eux et le donneur d'ouvrage un lien de subordination juridique;
- s'ils travaillent sous la surveillance immédiate et habituelle du donneur d'ouvrage;
- si le local où ils travaillent et le matériel qu'ils emploient, quelle qu'en soit l'importance leur appartiennent;
- s'ils se procurent eux-mêmes les fournitures accessoires;
- ni quel est le nombre d'heures effectuées.

arbeit wie Übersetzen oder die Korrekturen von Schularbeiten erstreckt worden sind.[108]

3. Forschungsergebnisse

Alle empirischen Beobachtungen der Heimarbeit stimmen zunächst einmal darin überein, daß der Begriff eine nur noch unzulängliche rechtliche Klammer für eine Vielfalt von Formen und Bedingungen darstellt, die in den letzten Jahren unter dem Einfluß technologischer Entwicklungen und soziologischer Veränderungen eher noch größer geworden ist.[109] Vor diesem Hintergrund einer unzulänglichen Deckung von Kategorie und Wirklichkeit, die sich unter den sich entwickelnden Varianten von télétravail weiter zurückbilden dürfte, erscheint die von Lallement in seinen Schlußbetrachtungen angestellte Überlegung zur Notwendigkeit einer Reform des Rechts der Heimarbeit durchaus gerechtfertigt.[110] Auch das französische Recht der Heimarbeit stammt, wie das deutsche, konzeptionell aus den 50er Jahren. Es basiert damit wesentlich auf der industriellen Ausgestaltung von Heimarbeit und ist im Grunde eine Verlängerung der normativen und soziologischen Annahmen des 19. Jahrhunderts. Es dürfte sich bei genauerem Hinsehen modernen Anforderungen, wie etwa im Bereich der unternehmensbezogenen Dienstleistungen und der Datenverarbeitung, nicht mehr gewachsen zeigen.

Im Rahmen einer knappen Übersicht über neue Entwicklungen der Heimarbeit in Frankreich sind Analyseergebnisse hilfreicher als Beschreibungen. Interessante Erkenntnisangebote macht die Studie von Courault, die durch die Vielfalt der von ihr erhobenen Empirie analytische Trassen legt, die sich auch für vergleichende Fragestellungen gut eignen. Bemerkenswert ist zunächst die Unterscheidung zwischen Heimarbeit als Organisationsweise industrieller Produktion und als Arbeitsform. Sie wird mit der Entwicklungsaussage verbunden, daß Heimarbeit als Produktionsform tendenziell an Bedeutung verliere, als besondere Arbeitsform aber an Interesse gewinne.[111] Von den Forschungsergebnissen ausgehend entwickelt Courault ein Analyseschema, das die Interessen und Organisationsweisen der auftraggebenden Unternehmen von denjenigen der in Heimarbeit Beschäftigten zunächst trennt und sie anschließend typologisch zueinander in Beziehung setzt.

---

108 Rivero / Savatier, Droit du travail, S. 80; Gérard Lyon-Caen, Le droit du travail non salarié, 'éditions Sirey' 1990, Rz. 54.

109 Courault S. 121; 127.

110 Lallement S. 227.

111 Courault S. 118.

a) Aus ökonomischer Sicht erscheint Heimarbeit als eine Form des unternehmerischen Unterauftrags (sous-traitance), dem das Recht einen besonderen Beschäftigungsstatus zuordnet.[112] Die für die auftragvergebenden Unernehmen im Vordergrund stehende Logik der "sous-traitance" führt zu der primär ökonomischen Unterscheidung zweier Typen von Unteraufträgen, den mengenbestimmten Unteraufträgen (sous-traitance de capacité) und den spezialisierungsbestimmten Unteraufträgen (sous-traitance de spécialité).[113] Den beiden ökonomisch bestimmten Motiven der Vergabe von Produktionsaufgaben in periphere Arbeitsstätten lassen sich mit einer gewissen Typik soziale und professionelle Merkmale der in Heimarbeit tätigen Personen zuordnen, vor allem Geschlecht und Qualifikation.

Die durch Spezialisierung gekennzeichnete Heimarbeit hat vor allem in qualitativ anspruchsvollen Bereichen des (Kunst-)Handwerks Bedeutung. Die Erwartungen der Unternehmen, die handwerkliche Tätigkeiten in Heimarbeit vergeben, sind bestimmt von hoher und verläßlicher Qualität wie von der raschen und pünktlichen Erledigung der übertragenen Arbeiten. Heimarbeit ist eine Alternative zur Bearbeitung durch betriebliche Handwerker und Fachkräfte.

b) Der zweite Typus der mengenbestimmten Unteraufträge (sous-traitance de capacité) hingegen konkurriert mit der Bearbeitung durch an- und ungelernte Arbeitskräft im Betrieb. Heimarbeit wird hier eingesetzt als Flexibilitätsressource, als rasch und mit relativ wenig rechtlichem und wirtschaftlichem Aufwand mobilisierbare und demobilisierbare Produktionsreserve zur Anpassung an rasch wechselnde Marktlagen.[114]

Die Analyse der Forschungsergebnisse aus der Sichtweise der in ihr beschäftigten Personen führt ohne Umschweife zu einer deutlichen Dichotomie von Männern und Frauen. Männer in der Heimarbeit bilden mit knapp einem Fünftel aller Beschäftigten auch in Frankreich eine kleine Minderheit, nehmen dort aber eine relativ starke soziale und professionelle Position ein. Sie sind durchweg fachlich hochqualifiziert, verfügen über langjährige Berufspraxis, haben gegenüber dem Auftraggeber eine vergleichsweise starke Verhandlungsposition und betrachten ihre berufliche Tätigkeit zu Hause als erfolgreichen Endpunkt oder auch als Startpunkt einer bewußt angelegten beruflichen Karriere.[115] Im deutlichen Unterschied hierzu ist die große Mehrheit der in Heimarbeit tätigen Frauen typischerweise nicht oder wenig qualifiziert, erledigt die quantitativ bestimmten Arbeiten in einer Art häuslichem Akkord, Arbeiten, die im Französischen häufig mit dem Begriff "petite main" bezeich-

112 Courault S. 120, 130.

113 Courault S. 130.

114 Courault S. 131; Lallement S. 112.

115 Courault S. 132.

net werden (wörtlich: kleine Hand; der ursprünglich aus der Bekleidungsindustrie kommende Begriff ist synonym für zwar geschickte, aber einfache, kein weder Anlernen erfordernde Arbeiten). Schon an der Tatsache, daß Heimarbeiterinnen überwiegend in Teilzeit beschäftigt sind, wird ein anderer wichtiger Unterschied deutlich: Heimarbeit ist für sie eng verknüpft mit Familienarbeit, oft bis zur Unmöglichkeit, die dafür jeweils verwandten Zeiten genau zu trennen und zu messen. Im Unterschied zu den in Heimarbeit tätigen Männern bedeutet für Heimarbeiterinnen der Wechsel vom Betrieb nach Hause für gewöhnlich einen Rückzug in bezug auf die vorherige berufliche Position; ein Rückzug, der allerdings auch nur befristet geplant sein kann, vor allem, wenn er mit der Geburt eine Kindes verbunden ist.[116]

c) Die aus der Zuordnung von sozialen und beruflichen Merkmalen zum Geschlecht gewonnene typologische Unterscheidung von "professionellen männlichen Heimarbeitern" (TAD Hommes Professionnels) und "ungelernten weiblichen Heimarbeiterinnen" (TAD Femmes Ouvrières) kann Courault im weiteren Gang seiner Forschungsanalyse mit den oben kurz skizzierten beiden Unternehmensstrategien der spezialisierten Unteraufträge (sous-traitance de spécialité) und der mengenmäßigen Unteraufträge (sous-traitance de capacité) verknüpfen und beide Varianten in eine durch die ökonomischen Bedingungen der Produktion, des Produktes und des Marktes bestimmte Handlungssituation stellen.[117] Das "männliche" Profil spezialisierter Heimarbeit kommt danach eher zur Anwendung bei in betriebliche Produktionsabläufe wenig integrierten Anfertigungen, die keinem hohen Wettbewerbsdruck ausgesetzt sind und deren Nachfrage eine geringe Elastizität aufweist. Im Gegensatz hierzu übernimmt die mengenbestimmte "weibliche" Heimarbeit stärker in betriebliche Produktionsprozesse eingefügte und damit auch stärker auf Nachfrageschwankungen reagierende Produkte. Aus diesen Zusammenhängen lassen sich allgemeine Erkenntnisse gewinnen zur Koordination von Organisation der Arbeit und Gütermärkten und darüber hinaus zum Zusammenhang zwischen dem Vertragsstatus von Heimarbeiter(innen) und Flexibilisierungsansätzen von Unternehmen.[118]

d) Eine interessante und mit dem soeben Diskutierten gut verträgliche Ergänzung, wenn auch auf viel schwächerer empirischer Grundlage, bietet die von Lallemant vorgeschlagene Unterscheidung von Typen von Heimarbeit und von Typen der Flexibilität.

Lallemant gewinnt aus den beiden Merkmalen der Karriere und der Stellung der Arbeitnehmer im Produktionsprozeß bzw. innerhalb des Dienstlei-

---

116 Courault S. 133 f.

117 Courault S. 135.

118 Courault S. 135.

stungsprozesses drei Idealtypen von Heimarbeit, die sich zwischen der von ihm so bezeichneten defensiven und offensiven Flexibilität bewegen.[119]

(1) Die "erlittene" Heimarbeit (le travail à domicile subi) betrifft Arbeiterinnen und weibliche Angestellte, die ihre berufliche Laufbahn zugunsten von Heimarbeit verlassen, um ihre Rolle als Mutter mit einer fortbestehenden entgoltenen Arbeit vereinbaren zu können. Sie arbeiten für gewöhnlich in Teilzeit, häufig in wenig Qualifikation erfordernden repetitiven Tätigkeiten, bei denen man "nebenbei das Fernsehen anschauen kann". Bezeichnend ist, daß sie zu Hause über keinen eigenen Arbeitsraum verfügen, sondern jeden Tag das Eßzimmer in ein Büro oder eine Werkstätte umbauen müssen. Die Art ihrer Tätigkeit ist bestimmt von der "sous-traitance de capacité", sie sind in betriebliche Arbeitsabläufe wenig integriert und im Bedarfsfall einfach zu substituieren.[120]

(2) Ein zweiter Typus der Heimarbeit oder, wie sie seit den sozialreformerischen Studien von Le Play in der Mitte des 19. Jahrhunderts auch genannt wird, der "fabrique collective", ist die Gegengruppe der bewußt gewählten Heimarbeit (le travail à domicile choisi). Sie wird bestimmt von vorwiegend männlichen, gut ausgebildeten Beschäftigten, die mit Hilfe der Arbeit zu Hause ihre im Betrieb oder in der Werkstatt erworbenen beruflichen Kenntnisse und Fähigkeiten gewinnbringend und in größerer persönlicher Unabhängigkeit verwerten können.[121] Mit ihrem früheren Betrieb sind sie häufig weiterhin geschäftlich verbunden, beziehen exklusiv oder überwiegend Aufträge von ihm und nehmen damit eine der Selbständigkeit stark angenäherte Stellung ein. Mitunter wird die Heimarbeit als Sprungbrett in die völlige Selbständigkeit genutzt.

Im Hinblick auf den Produktionsprozeß nehmen die Heimarbeiter dieser Gruppe im Unterschied zum ersten Typus eine voll integrierte Position ein, die sie wesentlich schwerer ersetzbar macht und die ihnen zu einer stärkeren Verhandlungsposition gegenüber ihrem Auftraggeber verhilft. Ein von Lallemant hervorgehobenes traditionelles Beispiel für diesen Typus ist die Herstellung von Schneidwaren (coutellerie), die auch heute noch das Zusammenwirken veschiedener spezialisierter Handwerker erfordert, oder - ein moderner Typus - die Tätigkeit hochspezialisierter Informatiker zu Hause.[122]

(3) Eine vermutlich in der Wirklichkeit zunehmend häufige Mischform bildet die von Lallement so genannte gemischte Heimarbeit (le travail à domicile mixte). Kennzeichnend für sie ist, daß sie sich sowohl zu Hause als auch im

---

119 Lallement S. 116 ff.

120 Lallement S. 116 ff.

121 Lallement 122 f.

122 Lallement S. 123 ff.

Büro oder im Betrieb abspielt, wobei die Arbeitsprodukte beispielsweise auf dem PC hin- und hertransportiert werden können. Ein Vorzug dieses Typus scheint darin zu liegen, daß er die häufig genannten Vorteile der Heimarbeit gestattet (erhöhte Familienpräsenz, höhere Verfügbarkeit über Arbeitszeit, keine Arbeitswegzeiten) und zugleich typische Nachteile klassischer Heimarbeit vermeidet, vor allem soziale Einsamkeit und die Abkoppelung von betrieblich vermittelten Karrieremöglichkeiten.[123] Bei solchen Fällen muß allerdings genau geprüft werden, ob es sich tatsächlich noch um Heimarbeit im Rechtssinne handelt, also etwa auf der Grundlage einer Teilzeitbeschäftigung im Betrieb und einer stückkostenentlohnten Teil-Heimarbeit, oder ob hier einem normalen Arbeitnehmer vom Arbeitgeber erweiterte persönliche Dispositionsbefugnisse bezüglich Arbeitszeit und Arbeitsort zugestanden werden.[124]

(4) Auch Lallemant erwartet in seinen abschließenden Betrachtungen weitere Entwicklungen der télétravail, sieht diese allerdings, und das könnte sich als eine durchaus realistische Annahme erweisen, eher in den zeitlichen und örtlichen Zwischenformen von teils Betrieb, teils zu Hause oder in den "delokalisierten" aber gemeinschaftlichen Arbeitsstätten der oben bereits erwähnten "télélocals". Sie könnten, auch in Zukunft sicher nur in kleinem Umfang, modernen Bedürfnissen nach Optionalität in der persönlichen Lebens- und Arbeitsgestaltung entgegenkommen ohne die Züge einer Regression zum häuslichen sweat-shop anzunehmen.[125]

4. Télétravail

Selbst im technikbewußten Frankreich ist das zweifellos vorhandene Potential der Verlagerung von Arbeitsgängen aus den Betrieben heraus nach Hause oder anderswohin, das gemeinhin unter den Begriff der "télétravail oder auch der "travail à distance" gefaßt wird, bislang auf vereinzelte Anwendungsfälle beschränkt geblieben. Ähnlich wie in der Bundesrepublik Deutschland eilen die wissenschaftlichen und journalistischen Erwartungen im Hinblick auf räumlich distanzierte Arbeitsplätze der Wirklichkeit weit voraus. Offenkundig sind die ökonomischen, betriebsorganisatorischen und soziokulturellen Hürden auf dem Weg zur Telearbeit doch erheblich höher als

---

123 Vgl. Lallement S. 126 f.

124 Der von Lallement S. 127 zitierte junge Ingenieur, der eine im Betrieb angefangene Arbeit auf seinem PC mit nach Hause nimmt und dort zu Ende bringt, ist sicherlich kein Heimarbeiter im rechtlichen Sinne, schon weil sich seine Vergütung nicht ändern dürfte, sondern eher eine moderne Verkörperung von beruflichem Eifer, die sich früher in der Mitnahme von Akten und heute in der kompakteren Form des PC oder einer Diskette ausdrückt.

125 Vgl. Lallement S. 228.

dies optimistische Prognosen in den 70er Jahren angenommen hatten.[126] Möglicherweise wird die tatsächliche Verbreitung von télétravail aber auch unterschätzt, weil Unternehmen Ansätze zur Auslagerung (vor allem bei Teilzeitarbeit) eher informell und diskret handhaben, aus Sorge vor überbordender Nachfrage von seiten ihrer Beschäftigten.[127] In jedem Fall indiziert die in den letzten Jahren wieder aufgeflammte Diskussion um die Telearbeit und eine noch vorzustellende aktuelle Untersuchung der französischen Direktion für Raumordnungs- und Regionalplanung DATAR[128] zur internationalen Vernetzbarkeit von Arbeit, daß die Frage der weiteren Entwicklung von Telearbeit in Frankreich nach wie vor offen ist.

Der Begriff der "télétravail", eine Ausprägung des Oberbegriffs der "télématique" für alle Formen der Telekommunikation, beruht nach französischem Verständnis im wesentlichen auf zwei Merkmalen, der örtlichen Verlagerung (délocalisation) eines Arbeitsplatzes und der intensiven Nutzung von Telekommunikations-Netzen und Einrichtungen der Datenverarbeitung.[129] Diese zunächst sehr vage Umschreibung beschränkt sich keineswegs auf "elektronische Heimarbeit", sondern umgreift eine ganze Reihe unterschiedlicher Ausprägungen, die sich in vier Gruppen zusammenfassen lassen:

— Datenarbeit zu Hause, die noch am ehesten als moderne Variante von Heimarbeit verstanden werden kann,

— Satellitenzentren, funktionale Auslagerungen, beispielsweise von Rechen- und Logistikzentren, aus geographisch verstreuten Unternehmen und Zusammenfassung an einem Ort;

— Stadtteil-Zentren oder auch Nachbarschafts-Unternehmen (Centres de travail de voisinage, "télélocals"), in denen zwar nicht zu Hause, aber in räumlicher Nähe zu Beschäftigten in der Provinz oder in Vorstädten Arbeiten für mehrere Unternehmen ausgeführt werden, wie beispielsweise allgemeine Sekretariatsaufgaben, Datenaufnahme, das Schreiben von Diktaten u.ä.,

— mobile Arbeitsplätze, vor allem von Außendienstmitarbeitern, Verkäufern u.ä., die sich jederzeit und von überall her in den zentralen Datenfluß ihrer Unternehmen einschalten können.

---

126 Beispielsweise hatte American Telegraph Telephone (ATT) in einer Studie im Jahre 1971 vorhergesagt, daß alle Amerikaner 1990 zu Hause arbeiten würden. Zwei weitere Studien aus dem Jahr 1974, eine japanische und eine britische, gingen davon aus, daß 65 vH der Dienstleistungsarbeitsplätze (in Japan) und 20 vH aller Arbeitsplätze (in Großbritannien) aus den Betrieben ausgelagert und aus der Distanz besetzt werden könnten. Zitiert bei Marie-France Rachedi, Le télétravail, in: ANACT, Lettre d'informations n° 164, juin 1991, S. 10 ff. (11).

127 Vgl. Nicolas Dieterle, Télétravail: une progression lente, mais certaine, l'usine nouvelle, N° 2320, 13 juin 1991.

128 Délégation à l'aménagement du territoire et à l'action régionale.

129 Vgl. Rachedi S. 10.

Ein vielzitiertes Beispiel für die erste Fallgruppe der Datenarbeit zu Hause ist das von France Télécom 1987 in Lyon gestartete Experiment, die Aufnahme, den Empfang und die telefonische Übermittlung von Telegrammen per "Minitel" für einen Teil der Belegschaft aus dem Postamt heraus nach Hause zu verlagern.[130] Interessant an diesem offenbar sehr positiv aufgenommenen Versuch ist der regelmäßige Ortswechsel. Die Arbeit wechselt nach zwei Wochen Tätigkeit zu Hause mit zwei Wochen Arbeit im Amt. Damit soll dem Problem vorgebeugt werden, daß die zu Hause arbeitenden Personen von ihrer beruflichen und betrieblichen Umgebung abgeschnitten sind.

Ein nicht minder häufig beschriebenes Beispiel für den dritten Typus von Telearbeit, der räumlich entfernten Zusammenfassung mehrerer Arbeitsplätze in einer Art ausgelagerter Betriebsabteilung (Centre de travail de voisinage) ist der "Pierre Berthand Service" (PBS).[131]

Die Idee ist einfach: Das Mitte der 80er Jahre gegründete Unternehmen bietet ein in dem ländlichen Gebiet von Demange-aux-Eaux in der Meuse gelegenes "télésecrétariat" für die Schreibarbeit von Unternehmen im Raum Paris. Bis vor kurzem wurden die Schreibaufträge auf Tonbandkassetten allabendlich per Kurier bei den Pariser Unternehmen abgeholt und im LKW nach Demange-aux-Eaux gefahren, von wo aus sie am übernächsten Tag als erledigte Aufträge mit der Bahn nach Paris zurückgeschickt und dort wieder verteilt wurden. Dieses etwas umständliche Transportverfahren ist mittlerweile abgelöst von einem zusammen mit France Télécom durchgeführten Versuch, bei dem mit Hilfe eines Stimmen-Kompressors die Diktate digitalisiert und direkt über das integrierte Netzwerk RNIS (Réseau Numéris à l'Intégration de Services) oder über das Datennetzwerk "Transpac" in das Schreibbüro übermittelt werden. Das Unternehmen PBS betont die regionalpolitischen Vorzüge seines Projektes und verweist darauf, daß vor allem arbeitslose Frauen auf dem Lande über solche Telearbeit-Zentren Arbeit in ihrer Nähe finden könnten. Mittlerweile hat PBS ein weiteres Zentrum in den Ardennen eröffnet. Rund zehn vernetzte Arbeitsstätten dieser Art sind in Planung, vor allem in der Region Provençe - Côte d'Azur.

Die vierte Gruppe, die "vernetzten" Außenarbeitnehmer, hat allem Anschein nach inzwischen eine gewisse praktische Bedeutung erlangt. Ein neueres Beispiele hierfür ist die Ausrüstung von mobilen Verkäufern von "Mercedes France" mit tragbaren Computern, mit deren Hilfe sie von unter-

---

130 Vgl. Dieterle S. 70, Nicolas Finet, France Télécom, juge et partie, Les Echos 21/06/89; Rachedi S. 12.

131 Näher beschrieben bei Françoise Mourier, Jouer la carte du télétravail, Situations (Agence Nationale Pour l'Emploi, ANPE) n° 86, Sept. - Oct. 1990; Dieterle S. 70.

wegs aus jederzeit Zugriff auf die zentrale Datenbank des Unternehmens nehmen und Nachrichten austauschen können.[132]

Über den regionalpolitischen Anwendungsrahmen von télétravail wesentlich hinaus weist das bereits erwähnte Studienobjekt von DATAR. Diese Regierungsstelle hat den ihr vom Interministeriellen Komitee für Regionalentwicklung (Comité interministériel d'aménagement du territoire) im November 1990 erteilten Auftrag, Anwendungsmöglichkeiten für eine Politik der Telearbeit zu erkunden, sogleich in einen weltwirtschaftlichen Kontext versetzt. Sie sieht in einer wirtschaftspolitisch so interessanten wie arbeitsrechtlich problematischen Perspektive die Telearbeit bzw. die travail "off-shore" in Entwicklungsländern als einen Ansatz, die Wettbewerbsfähigkeit der französischen Unternehmen auf dem Weltmarkt zu stärken.[133] Zur Erhöhung der Legitimität dieser Planung wird auf den damit verbundenen Beitrag zur wirtschaftlichen Entwicklung von Ländern der Dritten Welt verwiesen.

Der Grundgedanke ist einfach und technisch inzwischen mühelos zu realisieren. Mit Hilfe der weltweiten Kommunikationsmedien (Satelliten, Kabel) lassen sich Arbeitsbeziehungen zu Auftragnehmern beispielsweise in Südostasien herstellen, etwa zu einer Datenverarbeitungsfirma auf den Philippinen, die zu einem Bruchteil der Arbeitskosten in Frankreich[134] Datenerfassungs- und Datenverarbeitungsaufträge ausführt und die Ergebnisse auf dieselbe Weise an den Auftraggeber zurückschickt. In dem zitierten Informationsbrief von DATAR werden zwei praktische Beispiele für solche internationalen Subunternehmer-Beziehungen angeführt. Die belgische Gruppe "Sidnor" (Stahl- und Eisenerzeugung) hat seit kurzem eine Daten- und Auftragsbeziehung zu einem Ingenieurbüro auf den Philippinen, dem sie über die von ihr mitbeherrschte Holding "Telinfo" Konstruktions- und sonstige Informatikaufträge übermittelt. Die französische Systemberatungs- und Ingenieurgesellschaft "The pact group" in Lyon hat ebenfalls auf den Philippinen, in Manila, eine aus rund 100 Ingenieuren und Technikern bestehende Entwicklungsabteilung aufgebaut. Angebote zu Ausschreibungen und Projektspezifikationen, die in Frankreich erstellt werden, werden in Manila EDV-mäßig bearbeitet; dort wird auch die Software erstellt.[135]

Die arbeitsrechtliche Problematik solcher Unternehmenspolitiken liegt auf der Hand. Mit dem Argument der Wettbewerbsfähigkeit werden, gestützt auf globale Kommunikationstechniken, auf der internationalen Ebene Lohn- und

132 Dieterle S. 70.

133 Siehe die Numéro spécial Télétravail des DATAR-lettre N° 135 vom Dezember 1991.

134 Das mittlere Monatsbruttogehalt eines Programmierers auf den Philippinen bewegte sich 1991 zwischen 2000 bis 2500 FF, eine entsprechende Funktion kostete in Frankreich ca. 10 000 bis 12 000 FF; bei Datenverarbeiter(innen) betrug der Unterschied 720 FF zu 8 300 FF und damit mehr als 1:10; siehe DATAR-lettre N° 135.

135 DATAR-lettre N° 135, Décembre 1991.

Kostendifferenzen wieder eingeführt, die auf der EG-Ebene gerade[136] abgebaut werden sollen. Auch wenn es sich bislang eher um interessante Einzelfälle als um eine verbreitete Praxis handelt, ist eine Ausweitung solcher "offshore"-Ansätze von Telearbeit ohne weiteres vorstellbar. Die technischen Möglichkeiten und die attraktiven Kostenvorteile setzen starke Anreize in diese Richtung. Allerdings muß man auch einräumen, daß technische Logik allein, wie die jahrelange Stagnation der Entwicklung von Telearbeit im nationalen Rahmen gezeigt hat, kein zuverlässiger Indikator für tatsächliche Entwicklung ist.

Ihre aktuellen Überlegungen zu einem neuen Konzept von télétravail stützt DATAR auf zehn Gründe, die es verdienen, zum Abschluß dieses Kapitels mitgeteilt zu werden, weil sie so etwas wie eine amtl. Denklinie zu den Entwicklungschancen der Telearbeit in Frankreich darstellen. Sie beziehen beide Dimensionen, die nationale wie die internationale, in ihre Erwägungen ein:

1. Die aus Informatik und Telekommunikation entwickelten Aktivitäten befinden sich in voller Entwicklung und bilden einen Industriesektor erster Güte.
2. "Rückwärtige Abteilungen" von Unternehmen ("l'arrière guichet") können ohne größere Schwierigkeiten verlagert werden.
3. Die Änderungen in den Produktionsprozessen führen zu Anpassungen in den Tarifverträgen der Arbeitnehmer.
4. Die direkten Kosten im Gefolge der Überlastung der Ballungszentren sind unerträglich geworden.
5. Kommunalpolitiker äußern den Wunsch nach verstärkter Ansiedlung von Dienstleistungs-Aktivitäten.
6. Der Zugang zu Tele-Diensten (téléformation, télésécurité, téléculture[137] wird auf dem gesamten Staatsgebiet unerläßlich.
7. Die Kabeldichte in Frankreich im Hinblick auf Glasfiber-Netze ist rundum zufriedenstellend.
8. Mit Satelliten und Unterwasser-Kabel existieren die Infrastrukturen der Telekommunikation auch auf internationaler Ebene.
9. Der neue Europäische Binnenmarkt bildet sich auf der Grundlage der freien Zirkulation von Informationen, Menschen und wirtschaftlichen Tätigkeiten.
10. Ein internationaler Markt für Informationsprodukte ("Matière grise") ist gegenwärtig dabei, sich herauszubilden.

---

136 Siehe den Vorschlag für eine Richtlinien des Rates über die Entsendung von Arbeitnehmern im Rahmen der Erbringung von Dienstleistungen, KOM(91) 230 endg. - SYN 346 vom 1. August 1991. Der Vorschlag widmet sich den bei der "Transnationalisierung der Arbeitsverhältnisse" entstehenden Problemen des anwendbaren Rechts und versucht in diesem Bereich die Gesetze der EG-Mitgliedstaaten zu koordinieren, um einen Kern zwingender Bestimmungen über ein Mindestmaß an Schutz festzulegen.

137 Fernangebote zu Bildung, Sicherheit und Kultur.

Die Überlegungen der DATAR lassen ohne weiteres erkennen und auch selbst keinen Zweifel daran, daß es sich um eine erste Etappe in einem Reflexionsprozeß zum Thema Telearbeit handelt. Gleichwohl sind es keine rein theoretischen Erwägungen. Sie können bereits hie und da beginnende Praxis der kommunikationstechnisch vermittelten Verlagerung von Arbeitsprozessen einbeziehen. Möglicherweise wird aus der lange Zeit futuristisch wirkenden neuen Erwerbsform der Telearbeit in Frankreich in absehbarer Zeit eine präsente neue Erwerbsform.

Erwähnung verdient schließlich, daß die Telearbeit in Frankreich bereits vor einigen Jahren praktische Anwendung gefunden hat in einem zwar quantitativ marginalen, aber arbeitspolitisch interessanten und entwicklungsfähigen Bereich, der beruflichen Eingliederung von Behinderten. Im Gefolge eines Modellversuchs, der ab 1984 gemeinsam von einer Abteilung des Arbeitsministeriums (Délégation à l'emploi) und der Generaldirektion für Telekommunikation des französischen Postministeriums in Zusammenarbeit mit 11 Großunternehmen des Dienstleistungssektors und der Industrie durchgeführt worden war,[138] entstanden schätzungsweise 10.000 Tele-Arbeitsplätze für Behinderte zu Hause[139].

Wie oben, in dem Kapitel über rechtsvergleichende Aspekte der Heimarbeit (D.III.2.) bereits erwähnt, wirft die Entwicklung zur "Télé-Subordination"[140] auch arbeitsrechtliche Fragen auf, die bei der Variante der "télé-travail" vor allem um die Bestimmung des Status der in solchen Formen arbeitenden Personen kreist[141]. Jean-Emmanuel Ray schlägt eine grundsätzliche Unterscheidung vor, die auch in der deutschen Diskussion vorgenommen wird. Ist ein Mitarbeiter in permanenter Verbindung mit dem zentralen Datensystem seines Unternehmens, handelt es sich, unabhängig vom Arbeitsort, um einen Arbeitnehmer, weil sich in bezug auf Arbeitszeit und Inhaltskontrolle der Arbeit keine Unterschiede zu im Unternehmen tätigen Arbeitnehmern erkennen lassen.[142] Dürfen und können solche Arbeitnehmer auch zu Hause arbeiten, werden aus ihnen nicht schon deshalb Heimarbeiter im Rechtssinne. Das gilt

---

138 Siehe den vom Ministère du Travail, de l'Emploi et de la Formation Professionnelle, Délégation à l'Emploi, und vom Ministère des P.T.T., Direction Générale des Télécommunications, herausgegebenen Guide pratique "Le télétravail pour les personnes handicapées". Die auf S. 21 dieser Broschüre gegebene Definition eines Telearbeiters ist nicht ohne Humor: "Un télétravailleur est un salarié de l'entreprise comme les autres, que l'on voit moins et à qui on téléphone plus."

139 Lallement S. 168 ff.

140 Jean-Emmanuel Ray, Nouvelles technologies et nouvelles formes de subordination, Droit Social 1992, 525 ff.

141 Bei der zweiten Variante der Télé-Subordination, die Ray vorschlägt, der "Télé-Disponibilité", geht es primär um Fragen der Erreichbarkeit, der Ruf-Bereitschaft, der Vergütung für Bereitschaft, des Schutzes der privaten Sphäre, der Kumulierung von Bereitschaftsdiensten für verschiedene Auftraggeber u.ä.

142 Ray S. 527.

vor allem für die in der Praxis relativ häufigen alternierenden Arbeitsweisen: einige Tage zu Hause, einige Tage oder zumindest einen Tag im Unternehmen ("le travail en lieu alterné"). Bei Beschäftigten, die zu Hause ohne permanente Datenverbindung zum Unternehmen am Computer arbeiten, sind mehrere Statusformen denkbar - Arbeitnehmer, Heimarbeiter, Selbständige -, deren rechtliche Bestimmung im Einzelfall von der Vertragsgestaltung und vor allem von der bereits oben im Zusammenhang mit der Heimarbeit erwähnten Verteilung des wirtschaftlichen Risikos abhängt.[143]

Kein Zweifel besteht allerdings nach französischem Recht daran, daß mehrere, in einem räumlich entfernten, aber kommunikationstechnisch angeschlossenen Büro ("télélocal", "bureaux satellites") arbeitende Personen als reguläre Arbeitnehmer, und nicht etwa als Heimarbeiter anzusehen sind.[144] Zur Klarstellung des Arbeitnehmerstatus bei gemeinschaftlicher Arbeit in einem Betrieb läßt sich eine alte Regel des französischen Heimarbeitsrechts heranziehen. Nach Art. L. 721-3 CdT[145] verschafft die Versammlung von Heimarbeitern in *einer* Arbeitsstätte, um dort einander ergänzende Arbeiten auszuführen, diesen die Qualität von "Werkstattarbeitern" ("ouvriers en atelier") und damit von Arbeitnehmern.

IV. Neue rechtswissenschaftliche Ansätze zur selbständigen Arbeit

Die Schattierungen zwischen den reinen Formen der abhängigen Arbeit und der Selbständigkeit haben die auf das Arbeitsleben bezogene Rechtswissenschaft und Rechtsdogmatik immer wieder vor die Aufgabe gestellt, die Zuständigkeit der volkswirtschaftlich teuren Schutzordnung des Arbeitsrechts präzise zu bestimmen und gegebenenfalls die Typologie der vom Arbeits- und Sozialrecht erfaßten Erwerbspersonen an neue gesellschaftliche Entwicklungen anzupassen. Die Veränderungen der Soziologie der Erwerbsstatus in den beiden vergangenen Jahrzehnten haben in der Bundesrepublik[146] wie in Frankreich, wie übrigens auch in zahlreichen anderen EG-Mitgliedstaaten die Arbeitsrechtswissenschaft auf den Plan gerufen und nach neuen Definitionsmerkmalen für abhängige und selbständige Arbeit oder nach grundsätzlich geänderten Rechtskonzepten suchen lassen. Eine vor kurzem veröffentliche rechtswissenschaftliche Studie von Gérard Lyon-Caen, einem der einflußreichsten Arbeitsrechtler des heutigen Frankreich, zum Recht der nicht-ab-

---

143 Vgl. Ray S. 528.

144 Vgl. Gérard Braun, Le télétravail, Droit Social 1981, 569ff. (576); Ray S. 528.

145 Art. L. 721-3 CdT lautet: "Sauf dans le cas prévu au paragraphe 2o de l'ar-ticle L. 721-1, la réunion des travailleurs à domicile dans un même local, pour exe-cuter des tâches complémentaires les unes des autres, confère à ces travailleurs la qualité d'ouvriers en atelier."

146 Vgl. Rolf Wank, Arbeitnehmer und Selbständige, München 1988.

hängigen Arbeit[147] verhilft zu einer prägnanten und instruktiven Übersicht über Probleme und Lösungsansätze.

a) Die "strikt juristische" Analyse[148] beginnt mit der kaum zu bestreitenden Feststellung, daß die Gegenüberstellung von abhängiger Arbeit und selbständiger Arbeit (travail salarié et travail non salarié) weder in historischer noch in konzeptioneller Hinsicht jemals wirklich Klarheit geschaffen habe.[149] Die Erkenntnis, daß sich weder aus der Art der Vergütung noch aus der größeren oder geringeren Autonomie der Arbeitenden (so wie es unabhängig arbeitende "Abhängige" gibt, gibt es abhängige "Selbständige") zuverlässige Grenzlinien gewinnen lassen, führen bereits in der Einleitung zu einer Hypothese, die den Ton der gesamten Analyse angeben wird: Daß es nämlich möglicherweise mehr Sinn macht, von einem Berufstätigkeitsrecht (droit de l'activité) zu sprechen, dessen beide Abteilungen vom Recht der abhängigen Arbeit (Arbeitsrecht) und vom Recht der selbständigen Arbeit gebildet werden.[150]

b) Die Zielsetzung, eine Rechtstheorie der selbständigen Arbeit zu entwerfen, erfordert eine vorgängige Definition des Gegenstandes. Diese verknüpft zwei einander ergänzende Merkmale: Das Eigentum an Arbeitsmitteln, Arbeitsprodukten und Kundenbeziehungen, und die Zuordnung von Profit und Risiko zur unternehmerischen Tätigkeit.[151] An die Beschreibung der Schwierigkeiten, die schon im Arbeitsrecht, mehr noch allerdings im Recht der Selbständigkeit verstreuten Rechtsquellen[152] für die Analyse zusammenzufassen, schließen sich zwei interessante Arbeitshypothesen an: Zum ersten die Erwartung, daß es möglich sei, ähnlich dem Paradigma der abhängigen Arbeit das Recht der Selbständigkeit als ein gemeinsames Regelwerk für alle Selbständigen zu konstruieren. Und zum zweiten die Absicht, die den beiden Erwerbsformen der abhängigen wie der selbständigen Arbeit gemeinsamen rechtlichen Prinzipien herauszuarbeiten.[153]

c) Bei ihrer Arbeit an den für die Statustrennung zentralen Merkmalen der Unterscheidung abhängiger und selbständiger Arbeit folgt die Rechtswissenschaft und vor allem die Rechtsprechung in Frankreich methodisch im Grunde

147 Gérard Lyon-Caen, Le droit du travail non salarié, 'éditions Sirey', 1990. Im folgenden werden wir, aus Gründen der sprachlichen Vereinfachung, ganz überwiegend vom Recht der selbständigen Arbeit oder der Selbständigkeit sprechen, auch wenn dieser Begriff nicht völlig deckungsgleich ist mit dem französischen droit du travail non salarié. Die Ungenauigkeit erscheint vernachlässigenswert.

148 G. Lyon-Caen Rz. 11.

149 G. Lyon-Caen Rz. 1.

150 G. Lyon-Caen Rz. 6.

151 G. Lyon-Caen Rz. 8 und 9.

152 Das Recht der Selbständigkeit wird als "poussière de réglementations", Regelungsstaub, beschrieben, G. Lyon-Caen Rz. 13.

153 G. Lyon-Caen Rz. 13, 14.

den gleichen Ansätzen wie im bundesdeutschen Recht. Dazu gehört vor allem, daß die Rechtsprechung stets auf die tatsächlichen Umstände der ausgeführten Arbeit abhebt,[154] nicht auf die Berufskategorie und auch nicht auf die Bezeichnung des zwischen den Parteien geschlossenen Vertrages. Nach der Rechtsprechung gibt es in Frankreich, von der auch rechtskulturell interessanten Ausnahme der Rechtsanwälte abgesehen[155], keine kategorisch festgelegten Selbständigen, sondern nur selbständige Tätigkeiten[156]. Der durch die tatsächlichen Bedingungen der ausgeführten Arbeit bestimmte "statut social" von Erwerbstätigen unterliegt dem oben[157] bereits diskutierten ordre public und ist damit, was praktisch vor allem für Arbeitnehmer wichtig ist, der Parteiengestaltung entzogen.

Inhaltlich bestimmt sich die Statustrennung im französischen Arbeitsrecht, nicht anders als im deutschen, zuvorderst nach dem Begriff der Abhängigkeit, genauer nach der sogenannten rechtlichen Abhängigkeit, die der persönlichen Abhängigkeit im deutschen Arbeitsrecht entspricht. Auch in Frankreich ist der exakte Grenzverlauf zwischen rechtlicher und wirtschaftlicher Abhängigkeit indes keine stabile Gegebenheit. Grenzscharmützel finden, in neuerer Zeit verstärkt, vor allem im Sozialrecht statt. Am Prinzip der rechtlichen Abhängigkeit hat sich jedoch seit den großen Debatten der 30er Jahre nichts geändert, als das Kriterium der wirtschaftlichen Abhängigkeit wegen seiner Vagheit als Zulassungsmerkmal für das Sozialversicherungsrecht verworfen wurde.[158]

Auch in Frankreich war es vor allem die sozialrechtliche, weniger die arbeitsrechtliche Rechtsprechung, die sich mit der Anpassung des Merkmals der Abhängigkeit als der wesentlichen Zutrittsvoraussetzung zur sozialen Sicherung befassen mußte. Die aus unterschiedlichen Blickwinkeln und Rechtslagen resultierende Divergenz der Begriffsbestimmung im Arbeitsrecht und im Recht der sozialen Sicherung scheint allerdings inzwischen überwunden. Für die Bestimmung der abhängigen Beschäftigung im Sozialrecht hatte die Rechtsprechung des "Sozialsenats" des Kassationshofs in Frankreich[159] hauptsächlich zwei Kriterien entwickelt, die Ähnlichkeit mit entsprechenden Ansätzen des Bundesarbeitsgerichts[160] und des Bundessozialge-

---

154 Ständige Rspr. auch in der Bundesrepublik; vgl. zuletzt BAGE 65, 80 (zum Heimarbeitsverhältnis).

155 G. Lyon-Caen Rz. 29.

156 G. Lyon-Caen Rz. 24 ff.

157 Siehe oben B. IV. und B. V.

158 G. Lyon-Caen Rz. 31.

159 Die Chambre sociale de la Cour de Cassation.

160 Siehe BAGE 49, 81 und neuerdings BAGE 55, 137; siehe auch "Höchstgerichte/Neueste Trends": Dienstnehmereigenschaft von GmbH-Geschäftsführern, ZAS 1985, S. 76. Deutliche Vorbehalte gegenüber der Anwendbarkeit von Arbeitsrecht in BGHZ 79, 291 und BGHZ 91, 217.

richts[161] aufweisen: Das Arbeiten für Rechnung eines anderen oder mehrerer anderer und die Einbindung in eine Organisation oder, wie eine seit 1976 angewandte Formel lautet: "l'intégration à un service organisé".[162] Diese Formel eröffnet den Zutritt zum Arbeitnehmerstatus auch für professionell unabhängige Beschäftigte wie beispielsweise Ärzte, Lehrkräfte oder Ausbilder, die zwischen privater und im obigen Sinn organisierter Tätigkeit wechseln können.

Zu der für die rechtliche Grenzziehung zwischen abhängiger und selbständiger Arbeit typischen Kasuistik tragen die zahlreichen "Unterordnungstests"[163] bei, aus denen die französische Rechtsprechung in Zweifelsfällen Indizien zu gewinnen sucht. Die wichtigsten unter ihnen sind: das Verhalten und die Verhaltensmöglichkeiten des Arbeitenden selbst, das Verhalten des Nutznießers (Auftraggebers) der Arbeit, die materiellen Bedingungen der Ausführung der Arbeit, vor allem Ort, Zeit und Arbeitsmittel, die Vertragsklauseln, die Berechnungsweise der Vergütung, die Zahl der Abnehmer der erbrachten Leistung, die Frage, ob es sich einen einmaligen Auftrag handelt oder um kontinuierliche Leistungserbringung.[164]

d) Zur Unübersichtlichkeit des Grenzverlaufs beigetragen haben die gelegentlichen Interventionen des Gesetzgebers zugunsten der einen oder anderen politisch artikulationsfähigen Selbständigen-Gruppe, die daraufhin einen den Arbeitnehmern angeglichenen, sogenannten gemischten Status erhalten haben. Der hauptsächliche Regelungsort für diese im deutschen Recht als arbeitnehmerähnliche Personen bezeichneten Berufsgruppen ist das Siebte Buch des französischen Code du Travail, das "Sondervorschriften für bestimmte Berufsgruppen" enthält. Für das Studium der rechtlichen Behandlung neuer Zwischenformen der Erwerbsarbeit liegt es nahe, herkömmliche und rechtlich bereits geregelte Zwischenformen näher zu betrachten und möglicherweise hier angelegte Entwicklungslinien weiter auszuziehen. Zu den vom Siebten Buch des Code du Travail rechtlich gefaßten Status gehören neben den oben[165] bereits erwähnten Heimarbeitern, den Handelsvertretern[166], den Journalisten, Künstlern und Mannequins[167], den berühmten "Concierges" und

---

161 Zur neueren Rspr. siehe BSGE 66, 69 m.w.N.; vgl. hierzu die Rechtsprechungsübersicht in Betriebs-Berater 1987, 410.

162 G. Lyon-Caen Rz. 32.

163 Preuves de la subordination; vgl. die entsprechenden "tests" im Common Law, die von Rubery / Earnshaw / Burchell, New Forms and Patterns of Employment: The Role of Self-Employment in Britain, 1992, Kapitel 2, beschrieben werden.

164 G. Lyon-Caen Rz. 35-41.

165 Siehe oben D. III.

166 Voyageurs, représentants, placiers, V.R.P., Art. L. 751-1 ff. CdT.

167 Art. L. 761-1 ff. CdT. Uns ist übrigens keine andere Rechtsordnung bekannt, in der die Mannequins eine eigene gesetzliche Behandlung erfahren haben.

sonstigen Hausangestellten[168] sowie den Kinderbetreuerinnen[169] vor allem die in Art. L. 781-1 CdT geregelten Sonderkategorien von Arbeitnehmern und die nicht abhängig beschäftigten Filialgeschäftsführer des Lebensmitteleinzelhandels, die in Art. L. 782-1 CdT eine eigene gesetzliche Behandlung erfahren haben.

Der durch Art. L. 781-1 CdT eröffnete statut mixte[170] hat weitreichende Bedeutung sowohl für die ihm historisch zu Grunde liegenden Erwerbsformen (die Vorschrift war ursprünglich geschaffen worden für die Besitzer von Bahnhofskiosken und für die Verkäufer von Lotterielosen) als auch für die Erstreckung durch die Rechtsprechung auf moderne Erwerbsstatus wie die der Tankstellenbesitzer oder auch - bereits im Jahre 1966 - auf die bestimmter Franchisenehmer.[171]

Rechtsdogmatisch interessant ist dabei, daß die Rechtsprechung sowohl im Formenkreis des Art. L. 781-1 CdT als auch bei den selbständigen Filialgeschäftsführern im Sinne von Art. L. 782-1 CdT und bei den sogenannten "integrierten Bauern"[172] im Landwirtschaftsrecht das Nebeneinander von zwei ansonsten typenbestimmenden unterschiedlichen Funktionen akzeptiert: nämlich der Funktion des Arbeitgebers gegenüber den eigenen Angestellten und der eines selbständigen Kaufmannes in den Beziehungen zu Kunden und Lieferanten auf der einen Seite, der Stellung eines abhängig Beschäftigten in bezug auf die Eigentümer-Gesellschaft bzw., insbesondere bei den Beziehungen zwischen agroindustriellen Unternehmen und Viehzüchtern, in bezug auf den Monopol-Abnehmer auf der anderen Seite.[173]

Auf den nach seiner Auffassung fundamentalen Rechtsgedanken des Art. L. 781-1 CdT, der der Tatsache Rechnung trägt, daß nicht alle persönlich selb-

---

168 Concierges et employés d'immeubles à usage d'habitation, employés de maison.

169 Assistantes maternelles, Art. L. 773-1 ff. CdT.

170 Etwas geheimnisvoll lautet Art. L. 781-1 CdT im Auszug: " Les dispositions du présent code qui visent les apprentis, ouvriers, employés, travailleurs sont applicables aux catégories de travailleurs particuliers ci-après:
1o Les personnes qui, dans une entreprise industrielle ou commerciale, sont chargées par le chef d'entreprise ou avec son agrément de se mettre à la disposition des clients durant le séjour de ceux-ci dans les locaux ou dépendances de l'entreprise, en vue de recevoir d'eux des dépôts de vêtements ou d'autres objets ou de leur rendre des services de toute nature;
2o Les personnes dont la profession consiste essentiellement, soit à vendre des marchandises ou denrées de toute nature, des titres, des volumes, publications, billets de toute sorte qui leur sont fournis exclusivement ou presque exclusivement par une seule entreprise industrielle ou commerciale, soit à recueillir les commandes ou à recevoir des objets à traiter, manutentionner ou transporter, pour le compte d'une seule entreprise industrielle ou commerciale, lorsque ces personnes exercent leur profession dans un local fourni ou agréé par cette entreprise et aux conditions et prix imposés par ladite entreprise ..."

171 G. Lyon-Caen Rz. 63.

172 L'agriculteur intégré; Rechtsgrundlage ist das Gesetz vom 6. Juli 1964.

173 G. Lyon-Caen Rz. 63-65.

ständigen Erwerbstätigen auch in ihren wirtschaftlichen Entscheidungen autonom sind, stützt Gérard Lyon-Caen seine zentrale rechtliche Theorie von der integrierten Tätigkeit (l'activité intégrée) oder auch der unvollständigen Unterordnung (subordination imparfaite).[174]

e) Das Thema des in rechtlicher Hinsicht falsch gesetzten Scheins führt zu drei Phänomenen der französischen Erwerbswirklichkeit, den Schein-Arbeitnehmern (les faux salariés), den Scheinselbständigen (les faux indépendants) und der illegalen Arbeit (la clandestinité).[175] Im Mittelpunkt der Überlegungen stehen die Scheinselbständigen, die erhebliche Abgrenzungsprobleme aufwerfen, weil es angesichts vielgestaltiger Wirklichkeit nicht einfach ist, "scheinbar" und "echt" kategorial zuverlässig zu trennen. Als ein praktisch einigermaßen handhabbares Indiz erscheint die Initiative zum Rollenwechsel. Handelt es sich um auf Betreiben des Unternehmens "umgewandelte" ehemalige Angestellte, wie in den bekannten Beispielen selbständig gewordener Fernfahrer, Taxifahrer oder Boten, spricht der Anschein eher für Schein als für Wirklichkeit, zumal, wenn sich an den Auftragsbeziehungen zum vormaligen Arbeitgeber faktisch nichts ändert.[176] Geht die Initiative zur Selbständigkeit hingegen vom Angestellten aus - Freiheit des Entschlusses unterstellt -, spricht alles für einen legitimen Wunsch nach Veränderung des Erwerbsstatus.[177]

f) Die Unterscheidung zwischen Arbeitnehmerstatus und Selbständigenstatus durchzieht auch das Europäische Gemeinschaftsrecht, ohne daß das zur Freizügigkeit der Arbeitnehmer, zur Niederlassungsfreiheit und zum Freien Dienstleistungsverkehr geschaffene Recht von sich aus zur Dogmatik der Unterscheidung zwischen den beiden Grundstatus beitrüge; diese wird stets als bekannt vorausgesetzt.[178] Wichtiger erscheint die deutliche Konvergenz in der rechtlichen Behandlung beider Erwerbsstatus: Stets vorausgesetzt, es handelt sich überhaupt um eine wirtschaftliche Tätigkeit[179], macht sich das Gemeinschaftsrecht wenig dogmatische Mühe mit der genauen Unterscheidung. Es tendiert vielmehr, wie beispielsweise im Bereich der sozialen Sicherung durch die Verordnung (EWG) Nr. 1390/81 vom 12. Mai 1981[180] in bezug auf die grundlegende Verordnung (EWG) Nr. 1408/71 geschehen, zur Ausweitung der sozialen Sicherung auf Selbständige.

---

174 G. Lyon-Caen Rz. 66.

175 G. Lyon-Caen Rz. 67-79.

176 G. Lyon-Caen Rz. 70.

177 G. Lyon-Caen Rz. 71.

178 G. Lyon-Caen Rz. 91.

179 Hier liegen für das Gemeinschaftsrecht die größeren Schwierigkeiten, wie G. Lyon-Caen an den EuGH-Entscheidungen in den Fällen Levin, Slg. 1982, 1035, und Walrave, Slg. 1974, 1405, diskutiert; G. Lyon-Caen Rz. 85, 86.

180 ABl. Nr. L. 143 vom 29.5.1981, S. 1.

g) Für die Modernisierung des rechtlichen Regimes der nicht abhängigen Arbeit lassen sich weiterführende Überlegungen aus der Tatsache gewinnen, daß das französische Arbeitsrecht sich nicht auf die Beziehung zwischen Arbeitgeber und Angestellten beschränkt, sondern sich an verschiedenen Stellen mit der Berufstätigkeit im allgemeinen befaßt.[181] Ein Leitmotiv ist dann die Frage, ob sich das Recht der Selbständigkeit eher in Analogie zum Arbeitsrecht oder im Kontrast dazu konstruieren läßt. Trotz der Bezugnahme auf das Modell des Arbeitsrechts und trotz einiger Konvergenzen führt die Untersuchung im Ergebnis eher zu Unterschieden.[182]

Die Frage der Modellierbarkeit des Selbständigenrechts nach dem Arbeitsrecht erfordert eine eingehende Prüfung des heute bereits auf selbständige Unternehmungen einwirkenden Rechts, vor allem der hier vorherrschenden Vertragstypen einschließlich der in Frankreich gesetzlich eigens geregelten "sous-traitance"[183], der immateriellen Unternehmenswerte (le patrimoine professionel)[184], der Unterschiede in der Art der Vergütung[185], der berufsständischen Organisation der Selbständigkeit[186] und sogar, wenn auch vorwiegend theoretisch, der Möglichkeiten kollektiven Handelns bis hin zum Streikrecht[187].

h) Das Recht der sozialen Sicherung für Selbständige in Frankreich ist für externe Beobachtung außerordentlich unübersichtlich. Das ist sicherlich keine Besonderheit Frankreichs, sondern Ausdruck der rechtskulturellen und sozialpolitischen Kontingenzen des nationalstaatlichen Rechts in diesem Bereich. Allgemein läßt sich zunächst feststellen, daß die nach der Befreiung Frankreichs nach dem Zweiten Weltkrieg vorherrschenden Bestrebungen, die soziale Sicherung auf die gesamte Bevölkerung zu erstrecken, mit Ausnahme der Familienhilfe nicht Wirklichkeit geworden sind. Im Bereich der Alterssicherung war diese in einem Gesetz aus dem Jahre 1946 enthaltene Absicht sehr bald am Widerstand der Selbständigen gescheitert. Hier entstanden bereits 1948 vier autonome Systeme der Alterssicherung für Selbständige in Industrie und Handel, für Handwerker und Freie Berufe. An ihnen und damit an der Trennung der Alterssicherungssysteme für Abhängige und Selbständige hat sich bis heute nichts geändert, wenn man von gewissen Leistungsanpassungen und von dem - gegen den Willen der Vertreter des allgemeinen Regimes der abhängig Versicherten durchgesetzten - Ausgleichsprinzip zwischen

181 G. Lyon-Caen Rz. 98.

182 G. Lyon-Caen Rz. 99.

183 G. Lyon-Caen Rz. 121-132.

184 G. Lyon-Caen Rz. 133-139.

185 G. Lyon-Caen Rz. 140-143.

186 G. Lyon-Caen Rz. 144-145.

187 G. Lyon-Caen Rz. 146-149.

den Versicherungssystemen absieht.[188] Weniger ausgeprägt ist der Unterschied zwischen abhängigem und selbständigem Versichertenstatus in der Landwirtschaft, weil die hier für die Alterssicherung zuständige Mutualité sociale agricole für beide Gruppen zuständig ist.[189]

Aus rechtsvergleichender Sicht bemerkenswert ist, daß es in Frankreich eine Beitragspflicht der nicht-landwirtschaftlichen Selbständigen zur Alterssicherung und zur Krankheits- und Schwangerschaftsversicherung (le régime maladie-maternité) gibt, und daß die landwirtschaftlichen Selbständigen, im Unterschied zu sonstigen Selbständigen, auch gegen Arbeitsunfälle versichert sind.[190] Eine Versicherungspflicht gegen das Risiko der Arbeitslosigkeit existiert in Frankreich für Selbständige ebensowenig wie in der Bundesrepublik Deutschland. Interessant und vor dem Hintergrund der an anderer Stelle[191] bereits diskutierten Bedeutung der Mitarbeit von Ehegatten in Kleinunternehmen ist der Hinweis darauf, daß weder landwirtschaftliche noch sonstige Selbständige gegen das Risiko der Witwenschaft versichert sind.[192]

i) Selbständigkeit ist nicht nur individuell möglich, sondern auch in den gemeinschaftlichen Handlungsformen des Gesellschaftsrechts. Wie im deutschen Recht eröffnet die Gründung einer Gesellschaft auch im französischen Recht den beteiligten Personen eine Option in bezug auf den Mitarbeiter-Status: Sie können sich als mitarbeitende Gesellschafter einen Selbständigenstatus verschaffen oder, von den Gesellschaftstypen mit eigener Rechtspersönlichkeit, als Arbeitnehmer anstellen lassen. Die erste Variante eines auf gemeinsamer Arbeit zu gemeinsamem Zweck gegründeten gesellschaftsrechtlichen Projektes findet sich vor allem bei den bürgerlichrechtlichen Berufs-Gesellschaften (Sociétés civiles professionnelles), einer Art BGB-Gesellschaft im Sinne der §§ 705 ff. BGB, aber mit eigener Rechtspersönlichkeit. Sie haben im Bereich der Freien Berufe durch ein Gesetz aus dem Jahre 1966 eine interessante Modernisierung erfahren. Kennzeichnend für diese Gesellschaftskonzeption ist der persönliche Arbeitsbeitrag der Gesellschafter, im Französischen mit dem alten Begriff des "l'apport en industrie" umschrieben: Die Gesellschafter bringen ihre beruflichen Kenntnisse, ihr Wissen und ihre Erfahrung auf der Grundlage der Gleichberechtigung und aus dem Geist der affectio societatis heraus in die Gesellschaft ein.[193]

Auch aus rechtsvergleichender Sicht interessant ist die durch das Gesetz vom 29. November 1966 in Frankreich geschaffene Rechtslage. Dieses Ge-

---

188 G. Lyon-Caen Rz. 151.

189 G. Lyon-Caen Rz. 153.

190 G. Lyon-Caen Rz. 155, 159.

191 Siehe oben D.

192 G. Lyon-Caen Rz. 155.

193 G. Lyon-Caen Rz. 163.

setz hatte eine Reihe - wenn auch längst nicht alle - der juristischen Streitfragen entschieden, die sich vorher beim gesellschaftsrechtlichen Zusammenschluß von Angehörigen Freier Berufe stellten. Zu ihnen gehörte vor allem das Problem der "non-patrimonialité des clientèles civiles", des fehlenden Vermögenswertes der Klientel der Auftraggeber.[194] Das im Vergleich zum deutschen Recht moderne gesellschaftsrechtliche Angebot für Freie Berufe in Frankreich kennt drei Varianten: Die "société civile des moyens", die sich auf die gemeinschaftliche Nutzung von Infrastruktur und Personal beschränkt und übrigens auch die Form der Genossenschaft annehmen kann, die weitergehende "société civile d'exercice", die sich Mandantschaft und Einkünfte teilt und von ihren Mitgesellschaftern die bereits erwähnten "apports en industrie" verlangt, und schließlich die "sociétés commerciales", die darüber hinaus Kapitalinvestitionen und Abschreibungen ermöglichen und vor allem im Bereich der Architekten (zusammen mit Bauunternehmern und Bauingenieuren), der Wirtschaftsprüfer (experts-comptables), der rechtsberatenden Treuhandgesellschaften und der Gemeinschaftskliniken von Ärzten zur Anwendung gelangen.[195]

Mit der Ausweitung und Spezialisierung der Freien Berufe gewachsene Bedeutung erlangt hat die aus mehreren Disziplinen zusammengesetzte Gesellschaft, die "société multiprofessionnelle". Das Bedürfnis nach einem fachlich integrierten Dienstleistungsangebot dieser Art existiert seit langem. Wenn sich das Recht der multiprofessionellen Gesellschaften nur zögerlich entwickelt (beispielsweise bei den Architekten und bei den ärztlichen Gemeinschaftspraxen über verschiedene Fachrichtungen hinweg), dann liegt das auch daran, daß das Gesetz von 1966 die Möglichkeit der Gründung einer aus verschiedenen Berufen zusammengesetzten Gesellschaft nur eröffnet, wenn die berufsständischen Ordnungen dies zulassen.[196] Das ist bemerkenswerterweise bis in die jüngste Vergangenheit hinein nicht der Fall.

j) Im Hinblick auf das Recht der nicht-abhängigen Arbeit aufschlußreich, aber wegen Interessenbestimmtheit und kasuistischer Rechtsprechung schwer zugänglich ist das Zwischenfeld des Geschäftsführerrechts. Ungeachtet vieler Auslegungsprobleme im einzelnen lassen sich für die Anwendbarkeit des Arbeits- und Sozialrechts in Gesellschaften zwei Gruppen gegenüberstellen, die angestellten Direktoren[197], die keine eigene, sondern eine abgeleitete Machtstellung haben und deshalb als Arbeitnehmer angesehen werden, und die ihnen übergeordneten Geschäftsführer der Gesellschaft (les mandataires sociaux), die auch Verwalter, Generaldirektoren oder Vorstandsmitglieder hei-

---

194 G. Lyon-Caen Rz. 166.

195 G. Lyon-Caen Rz. 170-176.

196 G. Lyon-Caen Rz. 177.

197 G. Lyon-Caen Rz. 181.

ßen können[198]. Ihre Handlungsvollmacht ist im einzelnen bestimmt durch Satzungs- und Gesellschaftsrecht sowie durch Gesellschafterbeschlüsse. Im Unterschied zu den angestellten Direktoren sind sie einfacher und gegebenenfalls auch ohne Begründung abberufbar, sie vertreten die Gesellschaft nach außen, wobei Innenbeschränkungen Dritten nicht entgegengehalten werden können. In Anbetracht ihrer Handlungsvollmacht und einer allenfalls rahmenhaft (durch Gesellschafterbeschlüsse oder Anordnungen des Aufsichtsrates) abgesteckten Weisungslage fehlt bei ihnen typischerweise die Unterwerfung unter fremde Weisungsmacht. Sie gelten daher nicht als Arbeitnehmer.[199] Wie stets, stellen sich Statusfragen mit besonderer Schärfe im kostenträchtigen Recht der sozialen Sicherung. Hier hält das französische Geschäftsführerrecht einige Überraschungen bereit, die von der Überlagerung rechtlicher Systematik durch Interessenlagen zeugen. Dazu gehört, daß die Generaldirektoren von Gesellschaften, obgleich unzweifelhaft nicht abhängig Beschäftigte, seit 1955 dem sogenannten allgemeinen Arbeitnehmer-Versicherungsregime (régime général des salariés) eingegliedert sind.[200] Für die Geschäfsführer von "GmbH" hingegen (im französischen Recht: S.A.R.L., Sociétés à responsabilité limitée) spaltet sich der sozialrechtliche Status auf, je nachdem, ob sie die Mehrheit der Geschäftsanteile halten (dann gehören sie zur Selbständigen-Sozialversicherung, régimes autonomes d'indépendants) oder ob sie weniger als die Hälfte des Geschäftskapitals halten. Im letzteren Fall unterliegen sie als "gérants minoritaires" wiederum dem allgemeinen Versicherungsregime.[201]

k) Erhebliche Probleme wirft schließlich, ähnlich wie im deutschen Recht[202] die Kumulierung eines Geschäftsführerverhältnisses und eines Arbeitsverhältnisses im selben Unternehmen auf. Das Recht sucht hier das Kunststück zu vollbringen, jemanden als zugleich weisungsbefugt (gegenüber allen Arbeitnehmern der Gesellschaft) und weisungsabhängig (von der Gesellschaft) zu definieren.[203]

Gérard Lyon-Caen schließt seine Untersuchung des französischen Geschäftsführerrechts mit einer interessanten Beobachtung, die über das Sondergebiet weit hinausreicht. Er setzt die Tatsache, daß die für gewöhnlich gut dotierten Spitzenmanager französischer Wirtschaftsunternehmen sich auf op-

---

198 G. Lyon-Caen Rz. 182, 183.

199 G. Lyon-Caen Rz. 183-186.

200 G. Lyon-Caen Rz. 195: "Contre toute logique et vraisemblalement pour leur permettre l'accès aux régimes complémentaires de retraites des cadres, ..."

201 G. Lyon-Caen Rz. 195.

202 Siehe hierzu die bereits erwähnte Rechtsprechungsübersicht in Betriebs-Berater 1987, 410; siehe außerdem BAGE 49, 81 und BAGE 55, 137; BGHZ 79, 291 und BGHZ 91, 217.

203 G. Lyon-Caen Rz 203; siehe dort lit. d, S. 189, nicht ohne Spott: "Faut-il dire que l'hypothèse du cumul suppose qu'on puisse être subordonné à soi-même?".

timierende Weise das Arbeitsrecht zunutze machen verstanden, in Beziehung zu der umgekehrten Entwicklung, die zahlreiche ehemalige Arbeitnehmer in die Selbständigkeit entläßt. Er folgert daraus, daß das Arbeitsrecht seine Nutznießer gewechselt habe: Es schütze die Stärksten und erweise den Schwächsten schlechte Dienste.[204]

V. Resümierende und theoretische Überlegungen

Innerhalb des insgesamt noch schrumpfenden Sektors der selbständigen Erwerbstätigkeit vollziehen sich auch in Frankreich quantitativ und qualitativ interessante Gegenbewegungen.

Die mit staatlichen Mitteln geförderte Passage aus der Arbeitslosigkeit in die Selbständigkeit hat mit einem knappen Sechstel einen beachtlichen Anteil an allen Neugründungen bzw. Übernahmen von Unternehmen erreicht. Sie hat außerdem das soziologische Profil der Existenzgründer beeinflußt. Bei den aus Arbeitslosigkeit heraus mit Hilfe des Förderprogramms ACCRE (l'aide aux chômeurs créateurs d'entreprise) realisierten Existenzgründungen ist der Anteil der individuellen Selbständigen deutlich höher und - entsprechend - der Anteil der Gesellschaftsformen niedriger als bei der Gesamtheit der neugegründeten Unternehmen. Angesichts des bekannten Zusammenhangs zwischen Kapitalausstattung, Haftungs- und Arbeitsbasis und Lebenserwartungen von Unternehmen erzeugt der kapital- und arbeitsmäßig kleinere Zuschnitt starkes Interesse an den Bestandsaussichten der in diesem Sinne geförderten Unternehmensgründungen. Auf der anderen Seite verbietet sich eine rein wirtschaftliche Evaluation der positiven und negativen Wirkungen eines solchen Förderregimes. Zum Wesen eines an der Grenzlinie zwischen Beschäftigungs- und Wirtschaftspolitik angesiedelten Unterstützungsprogrammes gehört, daß es auch dann als erfolgreich bewertet werden muß, wenn es nur eine Etappenfunktion in einem Prozeß der Wiedereingliederung in die Erwerbstätigkeit spielt. Im übrigen verweisen jedenfalls die deutschen Daten auf eine geringe Quote von Existenzgründern, die sich nach dem Scheitern ihres Projektes erneut arbeitslos melden.

1. Die Banalisierung des Statuswechsels

Das Förderregime für arbeitslose Existenzgründer entfaltet über seinen Krisenkontext hinaus zwei bemerkenswerte Entwicklungen moderner Industriegesellschaften. Zum ersten begünstigt es soziale Mobilität in europäi-

---

204 G. Lyon-Caen Rz. 209.

schen Gesellschaften, die - wie Frankreich - in ihrer regulatorischen und kulturellen Ausstattung eher noch einem starren Modell der möglichst kontinuierlichen Einnahme von Arbeitsstatus verpflichtet sind. Die soziale Mobilität ist in diesem Falle besonders augenfällig, weil sie zu dem rechtlich folgenreichen Statuswechsel von der abhängigen Arbeit zur Selbständigkeit führt. An diesen Aspekt knüpft die zweite Beobachtung an. Im geförderten Übertritt in die Selbständigkeit liegt eine bezeichnende Annäherung zweier traditionell, kulturell und rechtlich weit auseinander liegender Optionen der Erwerbstätigkeit. Es ist der Sozialstaat, der hier eine Integrationsentwicklung finanziell und rechtlich befördert, die sich auch für Selbständigkeitsprojekte jenseits des Zusammenhanges mit der Beschäftigungskrise abzeichnet: Der Möglichkeitsraum der - traditionell - abhängigen Arbeit wird um selbständige Erwerbsformen erweitert; umgekehrt verzahnt sich Selbständigkeit als - traditionell - unabhängige Arbeitsform in bestimmten, vor allem unternehmensnahen Bereichen funktionell und statusrechtlich enger mit der unter fremder Direktion geleisteten abhängigen Arbeit. Interessant ist diese Entwicklung auch, weil hinter der Förderung des Übergangs eine viel simplere und in gewisser Weise staatlichere Absicht steckt. Dem Druck der Arbeitslosigkeit sollte ein statistisch gut sichtbarer und im Hinblick auf Aufwand und Kostenersparnis vertretbarer Ausweg eröffnet werden. Diese begrenzte Rationalität wohlfahrtsstaatlicher Förderpolitik sieht sich unversehens eingefügt in eine arbeits- und rechtssoziologisch weitergreifende Entwicklung zu weniger differenzierten Erwerbsstatus. Damit geht einher die Banalisierung des Statuswechsel. Dieser verliert an Dramatik, seine rechtlichen Vorkehrungen werden tendenziell einfacher.

2. Selbständigkeit: Formenreichtum und Rechtsarmut

Von den Besonderheiten des geförderten Wechsels von der Arbeitslosigkeit in die Selbständigkeit abgesehen, sind für die Forschungsfrage nach neuen Erwerbsformen und nach deren Verhältnis zum Rechtsmodell der Arbeit im Hinblick auf die Selbständigkeit vor allem drei Topoi von Interesse.

Ein wachsender Bereich der selbständigen Erwerbstätigkeit ist Ausdruck von Individualisierung und Selbstbestimmung. Beides sind breite gesellschaftliche Entwicklungsbahnen, die sich im Erwerbsleben ihren spezifischen Ausdruck schaffen. Unter dem Blickwinkel der Individualisierung bildet Selbständigkeit ein Element in einem Ensemble von Arbeitsformen. Sie ist nicht nur, etwa im Sinne der neoklassischen Theorie der Firma, eine "Profitgelegenheit"[205]. Sie ist auch eine der Antworten der Arbeitswelt auf

---

205 Vgl. Mark Granovetter, Entrepreneurship, Development and the Emergence of Firms, WZB discussion paper FS I 90-2, Berlin, April 1990, S. 8.

den "Zuwachs individueller Optionalität"[206]. Darüber hinaus *ist* sie nicht nur Option, sondern bietet auch Option, wie die vorgestellten französischen Daten und die theoretischen und empirischen Befunde in der Bundesrepublik von Bögenhold[207] zu den unterschiedlichen Einstiegslogiken zeigen. Der gewaltige Sammelbegriff der "Selbständigen" wird der internen Differenziertheit der Kategorie in keiner Weise gerecht und verführt zu unzulässigen Verallgemeinerungen.

Soziale Optionalität muß, das ist der zweite Gesichtspunkt, in ein Spannungsverhältnis gesetzt werden zur rechtlichen Kohärenz. Die engere biographische und institutionelle Verschachtelung abhängiger Arbeit und selbständiger Erwerbsformen läßt deutlicher hervortreten den Rückstand in der Anpassung des Rechts. Dieses zeigt in konzeptioneller Hinsicht bislang wenig Engagement. Zwar ist Selbständigkeit alles andere als ein rechtlich ungeregelter Erwerbszustand. Die Zusammenstellung und wissenschaftliche Kommentierung des Rechts der "travail non salarié"[208] führt für Frankreich zu einem umfangreichen Werk. Auch in der Bundesrepublik Deutschland sind Existenzgründung und Selbständigkeit von viel Rechtsstoff umgeben, in den im übrigen in wachsendem Ausmaß EG-produziertes Recht eingewoben ist. Die Vorstellung einer rechtlich wenig regulierten, weil wirtschaftlich selbständigen Erwerbsform entspräche nicht der Wirklichkeit.

Dennoch gibt es einen wichtigen Unterschied zum Recht der abhängigen Arbeit, und die Frage, die sich stellt, ist allein, ob dieser Unterschied sinnvoll fortbestehen kann. Das Recht der Selbständigkeit beruht auf keiner regulatorischen Idee. Das industrielle Arbeitsrecht hatte eine über seine jeweilige Regulierungsaufgabe hinausgehende gesellschaftliche und politische Zielsetzung zu verwirklichen - soziale Gerechtigkeit durch Schutz und Ausgleich. Das läßt sich über alle rechtlichen Details hinweg im Arbeits- und Sozialrecht als Leitidee für Gesetzgebung, Rechtsprechung und Verwaltungspraxis wiederfinden. Ein solcher Gestaltungsauftrag fehlt dem Recht der Selbständigkeit weitgehend.[209] Das Recht der Selbständigkeit ist konzeptionell schwach geprägt. Es setzt, meist implizit, eine funktionierende Markt- und Wettbewerbsordnung voraus und assistiert deren liberalen Grundannahmen über vielfälti-

---

206 Ulrich Mückenberger, Re-Regulierung neuer Beschäftigungsformen - Kann "atypische" Beschäftigung sozialverträglich sein?, in: Klaus Semlinger (Hg.), Flexibilisierung des Arbeitsmarktes. Interessen, Wirkungen, Perspektiven, S. 203 ff. (220).

207 Dieter Bögenhold, Die Berufspassage in das Unternehmertum. Theoretische und empirische Befunde zum sozialen Prozeß von Firmengründungen, Zeitschrift für Soziologie, Jg. 18, 1989, S. 263-281.

208 Gérard Lyon-Caen, Le Droit du Travail non salarié, hrsg. vom Commissariat Général au Plan, Paris 1990.

209 Ausnahmen im Bereich des Wirtschaftsförderrechts mit einer gewissen Analogie zum Arbeitsrecht finden sich in der Mittelstandspolitik in Deutschland und in der Förderpolitik zugunsten kleiner Unternehmen (PME/PMI) in Frankreich.

ges Ordnungs- und Technikrecht. Es expliziert jedoch keine Modellannahmen. "Die Selbständigen", ob alte oder neue, bleiben als soziale Figuren in einer Dunkelzone des Rechts. Die Empirie läßt fraglich erscheinen, ob die dahinter steckende Annahme wirtschaftlicher und sozialer Autonomie, die Rechtsabstinenz nicht nur erlaube, sondern gebiete, noch uneingeschränkte Geltung beanspruchen kann.

Schließlich ist zum dritten bei den Formen von Selbständigkeit, die sich nicht mit einem "auto-emploi" begnügen, sondern Arbeitsplätze anbieten, von großem Interesse die Frage nach Qualität und Bedingungen der hier geschaffenen Arbeitsverhältnisse. Die französischen Daten[210] offenbaren vor allem bei kleinen und jungen Unternehmen erhebliche Improvisation mit unentgeltlich und aushilfsweise mitarbeitenden Arbeitskräften. Der Rückgriff auf solche arbeitsrechtlich diffusen Formen kennzeichnet häufig die Anfangsphase selbständiger Existenzen, die ohne die zumindest zeitweilige Nutzung solcher Ressourcen keinen entwicklungsfähigen Zustand erreichen würden. Interessant ist hierbei die Verkettung von Instabilitäten. Eine noch wenig gefestigte wirtschaftliche Unternehmung umgibt sich mit wenig gefestigten Arbeitsformen, das Existenzrisiko der wirtschaftlichen Selbständigkeit setzt sich um in arbeitsrechtliches Risiko. Beschäftigungspolitische Maßnahmen können in solchen "Risikogemeinschaften" nach beiden Seiten hin stabilisierend wirken. Arbeitslose und/oder Berufsanfänger erhalten über eine gewisse Zeit einen definierten und finanzierten Status (zB als stagiaire), erhalten subventionierte Arbeitskräfte ohne zunächst starke rechtliche und finanzielle Verbindlichkeit. Augenfällig wird in dieser Situation auch, was mehrfach bereits angeklungen ist: der enge Zusammenhang zwischen Unternehmensentwicklungen und Arbeitsqualität. Wo erstere ihre Typik verliert oder noch nicht gefunden hat, ist Atypik bei letzterer wahrscheinlich.

---

210 Siehe beispielsweise Nicolas Schmidt S. 7 f.

E. Eine Herausforderung am Rande: Die alternative und solidarische Wirtschaft in Frankreich

Neue Formen und Bedingungen der Erwerbsarbeit sind auch in Frankreich nicht nur im Zusammenhang mit beschäftigungspolitischer Krisenbekämpfung, unternehmenspolitischer Modernisierung und wirtschaftspolitisch favorisiertem Kleinunternehmertum entstanden. Neben den über die Normalität entscheidenden Hauptfeldern der Erwerbsarbeit, gewissermaßen im "Off" des Formenkreises abhängiger Arbeit wie auch herkömmlicher Existenzgründung haben sich in den vergangenen zwanzig Jahren in Frankreich interessante Versuchsformen der Arbeit entwickelt und zum Teil mit Erfolg behauptet. Ähnlich wie in der Bundesrepublik Deutschland hat auch in Frankreich die, wie sie hier bezeichnet wird, "alternative und solidarische Wirtschaft" nach einer euphorischen und literaturreichen Aufbruchphase Anfang der 80er Jahre[1] eine Phase der Ernüchterung und wirtschaftlichen Konsolidierung durchlebt. Die Tatsache, daß weitreichende Umbauerwartungen in bezug auf primär individuelle marktwirtschaftliche Verhaltens- und Organisationsweisen in der Folgezeit von der Wirklichkeit dementiert wurden, ändert indes nichts an der Fortexistenz solcher alternativ-wirtschaftlicher Ansätze in Frankreich wie übrigens auch in der Bundesrepublik. Und dies wiederum schränkt die Reichweite der enttäuschten Feststellung erheblich ein, bei den Erwartungen an die alternative Ökonomie habe es sich im wesentlichen um soziale Konstruktion gehandelt.[2] Eher im Gegenteil erlebt die unbestreitbar marginale, dennoch durchaus exemplarisch wirkende alternative Wirtschaft in Frankreich im Zusammenwirken mit ähnlichen Ansätzen in anderen EG-Mitgliedstaaten derzeit eine interessante Vernetzung und Europäisierung im Kleinen und damit eine Verstärkung ihrer Kooperationsstruktur.

Ähnlich wie die selbstverwaltete Wirtschaft in der Bundesrepublik Deutschland mit der Zeitschrift "Contraste" manifestiert sich und identifiziert

---

1 Vgl. nur: Philippe Outrequin / Anne Potier / Patrice Sauvage, Les entreprises alternatives, 'Syros' 1986; Guy Roustang, Le travail autrement. Travail et mode de vie, Paris 1982; François Plassard, Autonomie au quotidien - réponse à la crise? Rôle et sens des micro-initiatives, Lyon 1984; Harold Bhérer / André Joyal, L'entreprise alternative, 1987 (mit Bezug auf Kanada); Philippe Bernoux, Un travail à soi, 1981.

2 Dieter Bögenhold, "Alternative" Wirtschaft oder Atoll des Kleinunternehmertums? Rückblick auf ein soziologisches Konstrukt, Zeitschrift für Soziologie 20, 1991, S. 223-236 (233).

sich die alternative Wirtschaft in Frankreich mit Hilfe einer Zeitschrift. Diese hat den Titel "A Faire", was den doppelten Sinn hat von "Allerhand zu tun!" (à faire) und "Geschäft" (affaire); sie verweist im Untertitel auf "Initiatives, Emplois, Solidarité", erscheint seit Mitte 1989 vierteljährlich und erreichte mithin im zweiten Viertel des Jahres 1992 die Nummer 12. Herausgegeben wird "A Faire" von vier Organisationen, die zugleich die wichtigsten Verknüpfungen im Netzwerk der alternativen Unternehmungen in Frankreich bilden:

— l'Agence de Liaison pour le Développement d'une Economie Alternative (A.L.D.E.A.), die sich seit mehr als zehn Jahren auf theoretischer wie auf praktischer Ebene um die Förderung neuer Wirtschaftsbeziehungen bemüht;

— die Finanzierungs- und Unterstützungseinrichtung "Solidarité Emploi", die örtlichen Arbeitsloseninitiativen mit zinslosen Darlehen von 5 000 bis 50 000 FF sowie mit technischer Hilfe zur Seite steht;

— die "Fédération Nationale des Clubs d'Investisseurs pour une Gestion Alternative et Locale de l'Epargne", abgekürzt CIGALEs. Diese "cigales" (im französischen zugleich: Grillen, Zikaden) ähneln den in Deutschland diskutierten und teilweise realisierten Modellen der Kreditvermittlung und Haftungsassoziation[3]. Sie bestehen aus durchschnittlich zehn Personen. Diese stellen Monat für Monat eine bestimmte Summe als Investitionsbeitrag für örtliche Unternehmensgründungen zur Verfügung, die dem kulturellen Profil alternativer Wirtschaft entsprechen (umweltverträglich, menschenbezogen, soziale Nützlichkeit der Produkte). Gegenwärtig existieren 110 "Cigales" in Frankreich,

— schließlich die Risikokapitalgesellschaft, mit dem ebenfalls beziehungsreichen Namen "Garrigue" ("Heide"), eine alternative Genossenschaft, die für örtliche Wirtschafts- und Beschäftigungsinitiativen Kredite zwischen 10 000 und 150 000 FF bereitstellt.

Die vier genannten Organisationen und Verbände sind, gemeinsam mit der Zeitung "A Faire", die hauptsächlichen Triebkräfte für die Schaffung des Netzes der alternativen und solidarischen Wirtschaft in Frankreich (le Réseau de l'Economie Alternative et Solidaire, REAS). Begonnen wurde der Prozeß der Vernetzung im Jahre 1990, formell abgeschlossen und juristisch gefaßt werden soll er auf dem Gründungskongreß dieses Netzes im Dezember 1992 in Paris. Hinter den Hauptakteuren des Netzwerks steckt eine großer Teil der "Szene" der alternativen Wirtschaft in Frankreich: Die bisher 60 Korrespondenten von REAS in den Departementen sowie eine Vielzahl von Arbeitslo-

---

3 Näher hierzu Manfred Gutzmer / Marlene Kück, Die Haftungsassoziation. Bürgschaftsbank für selbstverwaltete Betriebe, in: Marlene Kück / Achim von Loesch (Hg.), Finanzierungsmodelle selbstverwalteter Betriebe, Frankfurt/New York 1987, S. 218-224; Marlene Kück, Neue Finanzierungsstrategien für selbstverwaltete Betriebe, Frankfurt/New York 1985; Manfred Berg / Marlene Kück / Michael Makowski (Hg.), Alternative Finanzierungskonzepte, Berlin 1986; Heinz-Günther Geis, Finanzierungskonzepte für den Selbsthilfebereich. Bank- und finanzwirtschaftliche Aspekte. Schriftenreihe des Bundesministers für Jugend, Familie, Frauen und Gesundheit, Band 254, 1990.

seninitiativen, landwirtschaftlichen Kollektiven, Vereinen aus den problemgeladenen Vorstädten (banlieues), Künstlergenossenschaften, örtlichen Entwicklungsagenturen, Versicherungsläden, alternativen Unternehmen.[4]

Eine der wichtigsten Aufgaben der in der Entstehung begriffenen neuen Trägerorganisation ist die Schaffung einer Finanzierungsstruktur zur Verbesserung der desolaten Wirtschaftssituation in den Außenbezirken der großen Ballungszentren. Auf den sogenannten Fonds Commun de Placement à Risque "Génération Banlieue" wollen wir unter sozialen wie rechtlichen Gesichtspunkten unten zurückkommen.

Eine interessante und zugleich die Dynamik der alternativen Wirtschaft in Europa belegende Tatsache war der mittlerweile 2. Kongreß des Europäischen Netzes der alternativen und solidarischen Wirtschaft vom 5.-7. Februar 1992 in Brüssel[5]. Immerhin mehr als 200 Personen, Repräsentanten zahlreicher "Netze" aus 10 EG-Mitgliedstaaten, aber auch aus anderen europäischen Ländern haben bei diesem zweiten Treffen in Brüssel u.a. das Verhältnis zwischen Sozialwirtschaft (Economie Sociale) und Alternativwirtschaft, neue Konzepte des "Dritten Weges" in Europa und die Gründungs- und Existenzbedingungen von Frauenprojekten diskutiert. Nicht gerade von fehlendem Selbstbewußtsein des europäischen Netzwerks zeugt auch das Vorhaben, die Organisationsstruktur mit Hilfe einer Europäischen Wirtschaftlichen Interessenvereinigung zu stabilisieren. Da die vorgeschlagene EG-Richtlinie zum Europäischen Verein zum Zeitpunkt des Brüsseler Kongresses noch nicht verabschiedet war,[6] beschloß die Versammlung außerdem, sich eine erste rechtliche Gestalt in der Form eines Vereins nach belgischem Recht zu geben[7].

Zu den institutionellen Hilfestellungen der alternativen Wirtschaft in Frankreich gehören zwei weitere erwähnenswerte Elemente. Die viel beschriebenen "Boutiques de Gestion"[8] sind "bodennnahe" Einrichtungen der Initiierung und Beratung unkonventioneller Unternehmensgründungen. Ende 1991 existierten 47 solcher Beratungslokale in ganz Frankreich.[9] Es scheint

---

4 Zu Einzelheiten siehe "A Faire" N° 10 und N° 12.

5 Siehe das Veranstaltungsprogramm in "A Faire" N° 10, S. 25, sowie den Bericht und die Deklarationen zu "A Faire" N° 11, S. 23 f. Berichte aus deutscher Sicht in "Contraste" Nr. 82/83 vom Juli/August '91, Nr. 91 vom April '92 und Nr. 92 vom Mai '92.

6 Siehe den Vorschlag für eine Verordnung (EWG) des Rates über das Statut des Europäischen Vereins, KOM(91) 273 endg. - SYN 386-391 (SYN 386), vom 5. März 1992.

7 Bericht von Aline Archimbaud in "A Faire" N° 11, S. 23.

8 Vgl. Dominique Nocaudie, Entraves juridiques et administratives au développement des initiatives locales d'emploi (ILE) en France, in: Höland / Daviter / Gessner, Rechtliche, steuerliche, soziale und administrative Hindernisse für die Entwicklung örtlicher Beschäftigungsinitativen, Band I, Luxemburg 1986, S. 87-162 (98 ff.); François Boursier, L'économie sociale. Mythes et réalités, Lyon 1984, S. 87.

9 Zahlen aus "Bilan quantitatif résumé 1991" des Comité de Liaison des Boutiques de Gestion

ihnen im großen und ganzen gelungen zu sein, einen weithin akzeptierten Weg zwischen professionellen Qualitätsanforderungen der Unternehmensberatung einerseits und kultureller Akzeptanz in der alternativen Wirtschaft andererseits gefunden zu haben. Das zweite Element ist eine Art ministerielles Echo auf die alternativen Wirtschaftsentwicklungen in Frankreich, die auch hier primär unter beschäftigungspolitischen Gesichtspunkten auf politische Sympathie stießen. Mit der Ernennung eines Staatssekretärs für "Sozial-wirtschaft und örtliche Entwicklung" (secrétaire d'Etat à l' "Economie Sociale et au Développement Local") im Jahre 1985 im Geschäftsbereich des französischen Arbeitsministeriums wurde eine Zuständigkeit auf der Ministeriumsebene auch für die alternative Wirtschaft geschaffen.

Ähnlich wie in der Bundesrepublik Deutschland ist "alternative und solidarische Wirtschaft" in Frankreich nicht nach formalen Kriterien zu definieren. Sie umfaßt als ein vor allem sozio-kultureller Zurechnungsbegriff eine Fülle von unterschiedlichen Aktivitäten, die allenfalls durch gemeinsame Prinzipien und Zielsetzungen miteinander verbunden sind. Um dieses Wirtschaftssegment anschaulicher zu machen, seien einige aktuelle Beispiele genannt, die alle aus den Jahrgängen 1991 und 1992 der Zeitung "A Faire" entnommen sind. Zu ihnen gehören kunsthandwerkliche Produktionen von pädagogischem Holzspielzeug und von Schmuck; Dienstleistungsangebote im Bereich des qualitativen ("sanften") Tourismus im Ardèche ("les Troubadours"); ein soziales Wohnprojekt im 19. Arrondissement von Paris, das Eigentumswohnungen ankauft und Obdachlosen sowie sozial Benachteiligten gegen relativ geringe Mieten zur Verfügung stellt ("Solidarité Nouvelles pour le Logement"); die Produktivgenossenschaft "Ardelaine", die sich mit dem Handel ökologisch erzeugter Wolle befaßt; ein Museumsprojekt zur Geschichte der Spinnerei; der Verbund von Selbsthilfe-Projekten von Arbeitslosen "COORACE" ("Coordination des Associations d'Aide aux Chômeurs par l'Emploi"); das alternative Versicherungsunternehmen A.G.O.R.A.; zahlreiche der oben[10] bereits beschriebenen Zwischen-Vereine (associations intermédiaires) und Eingliederungs-Unternehmen (entreprises d'insertion), deren Ziel die Eingliederung von Arbeitslosen in den Arbeitsmarkt ist; alternative Kulturprojekte wie die Schallplattenproduktionen von "Boucherie Productions" oder die selbstverwaltete Künstlergalerie "Peinture Fraîche" in Paris; aber auch Verbundorganisationen im Bereich der örtlichen Beschäftigungsinitiativen wie etwa das "Réseau d'Initiatives Locales pour l'Emploi (R.I.L.E.)" in der Banlieue von Paris.

Die "Banlieue" ist in den letzten Jahren zu einem hochrangigen Thema der französischen Innen- und Sozialpolitik geworden. Überholte städtebauliche Konzeptionen (billige Arbeitersiedlungen in der Nähe der Industriestandorte), Wirtschaftskrise, Arbeitslosigkeit, Immigration und soziale Segmentation ha-

---

[10] Siehe oben C.III.

ben in den Außenbezirken der Ballungszentren vor allem von Paris (Ile de France), Lyon, Marseille und Lille, explosive Situationen heranreifen lassen, die sich bei relativ kleinen Anlässen, wie beispielsweise 1990 in Vaux-en-Velin im Großraum Lyon, rasch zu blutigen und zerstörerischen sozialen Unruhen ausweiten können. Auf diese Entwicklung hat die "alternative und solidarische Wirtschaft" Frankreichs mit einem eigenen Projekt reagiert, dem oben bereits erwähnten "Fonds Commun de Placement à Risque: Génération Banlieue". Ziel ist die auch rechtlich interessante Errichtung eines gemeinschaftlichen Investmentfonds, der drei Anforderungen gerecht werden soll. Er soll die Gründung von Unternehmen und andere wirtschaftliche Aktivitäten in den "banlieues" unterstützen, Kapital bei einer für die Problematik der Vorstädte sensibilisierten Öffentlichkeit aufbringen, und die örtlichen Gruppen in die Investitionsentscheidungen und Mittelverwaltung einbinden.[11]

Der speziell für die Aufbringung von Risikokapital geschaffene Investmentfonds muß nach den gesetzlichen Vorschriften mit einem Mindestkapital von 2,5 Millionen Francs ausgestattet sein, die in von (voraussichtlich 5 000 bis 6 000) natürlichen oder juristischen Personen gehaltene Anteile zerlegt werden. Zu wenigstens 40% muß dieser Risikokapitalfonds bei nicht börsennotierten Gesellschaften plaziert sein. Er untersteht der Börsenaufsicht (durch die sogenannte Commission des Opérations de Bourse). Verwaltet wird der "Fonds Commun de Placement à Risque" von einer besonderen Aktiengesellschaftsform der Sozialwirtschaft, der "Union d'Economie Sociale", abgekürzt UES. Sie soll die entscheidende Vermittlungsstelle zwischen den an ihr beteiligten alternativwirtschaftlichen Akteuren, sonstigen Beratungs- und Unterstützungseinrichtungen der Wirtschaft, den Projekten aus den Banlieues und bankwirtschaftlichen Regeln und Interessen sein. Bei erfolgreicher Abstimmung und bei positivem Ausgang der Prüfung der Erfolgsaussichten von wirtschaftlichen Projekten durch ein "Comité d'investissement" stellt der Investmentfonds Risikokapital für sich gründende oder bereits existierende Gesellschaften zur Verfügung. Auch dieser Ansatz der Bereitstellung "ethisch gebundener" Gelder für alternative Wirtschafts- und Sozialprojekte hat Ähnlichkeit mit entsprechenden deutschen Projekten, vor allem mit dem Förderkonzept der Ökobank[12]. Eine französische Besonderheit allerdings besteht, schon wegen der dahinterstehenden Kolonialgeschichte, darin, daß nach dem selben Modell ein "Fonds Commun de Placement à Risque Antilles 93" gegründet werden soll. Dieser Fonds, dessen Anteile im Februar 1993 emittiert werden sollen, will mit lokalen Ausbildungs- und Beschäftigungsprojekten im Handwerk, in Landwirtschaft und Tourismus auf den beiden französischen Antilleninseln Guadeloupe und Martinique der dort herrschenden desolaten

---

[11] "A Faire" N° 10, S. 6; siehe auch den Beitrag von Henri Leblanc, Génération Banlieu ... en marche, "A Faire" N° 11, S. 4 f.

[12] Siehe hierzu die Fallstudie von Heinz-Günther Geis S. 238 ff.

Wirtschaftslage und der daraus folgenden hohen Arbeitslosigkeit (zwischen 30% und 40% der Erwerbsbevölkerung) entgegenwirken. Ein besonderes Augenmerk der regionalen Entwicklungsansätze soll auf einheimischen Materialien und Produktionsweisen, auf umweltverträglichen Anbauweisen sowie auf neuen Energieformen liegen.[13]

Im Vergleich zur Selbstverwaltungswirtschaft in der Bundesrepublik Deutschland zeigt der kulturelle Kontext der alternativen und solidarischen Wirtschaft in Frankreich, trotz der Übereinstimmung in den Grundsätzen und Zielsetzungen, aufschlußreiche Akzentverschiebungen. Vor allem drei verdienen Beachtung. Zum ersten macht bereits die Bezeichnung des französischen Netzes "Réseau de l'économie alternative et solidaire" darauf aufmerksam, daß die Alternativökonomie in Frankreich sich nach ihrem Selbstverständnis stärker als in der Bundesrepublik das Handeln gegen sozialen und ethnischen Ausschluß angelegen sein läßt. Vielleicht ist die historische Bezugnahme nicht belegbar, aber es hat den Anschein, als ob in dem Netzwerk der alternativen Wirtschaft in Frankreich das alte revolutionäre Prinzip der "fraternité" eine moderne Verstärkung gefunden habe. Nur aus der Orientierung an Solidarität heraus lassen sich die Investitionsvorhaben zugunsten der banlieues und der französischen Antilleninseln verstehen.

Der zweite Akzent schließt daran unmittelbar an. Der Leitgedanke der Solidarität umfaßt neben der Problematik des sozialen Ausschlusses durch Arbeitslosigkeit den ethnischen Ausschluß durch Rassismus und Xenophobie. Diese Problematik hat sich, wiederum besonders stark in den banlieues, durch legale und illegale Immigration, vor allem aus dem Maghreb, den frankophonen Ländern Nordafrikas, aber auch aus Schwarzafrika in den letzten Jahren politisch spürbar verschärft. Wie die Krawalle in Vaux-en-Velin bei Lyon 1990 gezeigt haben, bewahren selbst vergleichsweise gut ausgestattete Strukturen staatlicher Sozialarbeit die Außenviertel der Großstädte nicht vor (selbst)zerstörerischen Ausbrüchen.

Der dritte Aspekt ist die in Frankreich wesentlich intensiver geführte Auseinandersetzung mit der "Economie Sociale", der aus den drei Zweigen der Vereine (associations), der Versicherungsvereine auf Gegenseitigkeit (mutualités) und der Genossenschaften (coopératives) zusammengesetzten, zwischen Markt und Staat operierenden "Gemeinwirtschaft"[14]. Für die Viru-

---

[13] "A Faire" N° 10, S. 8 f.; N° 11, S. 6.

[14] Alle Übersetzungsversuche ins Deutsche leiden an den rechtskulturellen und konzeptionellen Unterschieden dieses "dritten" Wirtschaftssektors. Zur deutschen Debatte vgl. Theo Thiemeyer, Die Idee der Gemeinwirtschaft und deren ordnungs- und gesellschaftspolitischer Standort, in: Die Genossenschaften im Wettbewerb der Ideen, hrsg. von Erik Boettcher, Tübingen 1985, S. 49-71.

lenz dieses Verhältnisses spricht nicht zuletzt, daß es eines der großen Themen auf der erwähnten Brüsseler Tagung im Februar 1992 war.[15]

Es hat den Anschein, daß die Alternativwirtschaft in Frankreich deutlich mehr Mühe hat, sich von der Economie Sociale abzugrenzen, als die deutsche Selbstverwaltungswirtschaft jemals Mühe hatte, sich von der verbandlich geordneten Genossenschaftswelt (und diese sich von ihr) abzusetzen. Dennoch ähneln sich die Argumentationslinien in den Debatten der beiden Länder stark. Der Economie Sociale wird allenfalls in der historischen Rückschau zugestanden, daß sie einmal von alternativen wirtschaftlichen und sozialen Konzepten beseelt gewesen sei. Als Teil des Modells des sozialen Kompromisses in Frankreich habe sie ohne Zweifel eine große Bedeutung für den sozial ausgewogenen Zugang zur medizinischen Behandlung und zum Konsum gehabt. Heute allerdings sei sie beherrscht von marktmächtigen Großstrukturen, vor allem in den Bereichen des Sozialschutzes, der Versicherungen und des Einzelhandels, habe ihre soziale Ethik zugunsten marktwirtschaftlicher Rationalität aufgegeben und sei, ungeachtet ihrer Deklarationen, ein System der Institutionen und des politischen Lobbyismus geworden.[16] Demgegenüber erweise sich die alternative Wirtschaft in ihrer Ablehnung der wirtschaftlichen Ordnung als radikaler, sie kritisiere nicht einzelne Rechtsformen oder Strukturen, sondern grundsätzlich die Bedingungen des Wirtschaftens und der Schaffung und Verteilung von Wohlstand. Sie gehe von einem anderen Entwicklungsmodell aus, in dem die Folgen der Produktion durch eine gänzlich geänderte volkswirtschaftliche Erfassung und Bewertung so weit wie möglich antezipiert werden. Damit nehme die alternative Wirtschaft eine wirtschaftsdemokratische Perspektive ein, in der neue gesellschaftliche Akteure (nouveaux acteurs de citoyenneté) zu einer Anpassung und Anreicherung der bisher von allen Systemen in West wie Ost angebotenen Wirtschaftsregulierung veranlaßten. Besonders in Hinblick auf die Änderungen der Arbeit und der Arbeitsbeziehungen unterscheide sich die alternative Wirtschaft von der traditionellen Economie Sociale, die das industrielle Arbeitsmodell nie wirklich in Frage gestellt habe. Dennoch seien Dialog und Zusammenarbeit zwischen den beiden wirtschaftlichen Kulturen wünschenswert. Diese hätten auf beiden Seiten ihre Voraussetzungen. Die alternative Wirtschaft müsse in der Lage sein, ihre Ideen und Projekte in eine für eine größere Zahl von Menschen zugängliche Programmatik und Praxis umzusetzen. Die Economie Sociale hingegen müsse zu ihren Ausgangsideen zurückfinden, sich neuen Initiativen ge-

---

[15] Siehe die Beiträge von Henri Desroche, Economie Sociale vs Economie Alternative (et réciproquement), und von Jacques Archimbaud, Conjuguer nos particularités et nos acquis, beide abgedruckt in "A Faire" N° 11, S. 25 ff.

[16] So - sehr gerafft - die von J. Archimbaud in Brüssel vorgetragenen Gedanken.

genüber öffnen, und von ihrer korporatistischen Verfassung weg zu einem Interesse an den neuen urbanen Bewegungen und an der Ökologie finden.[17]

Die alternative und solidarische Wirtschaft Frankreichs bildet im gesamten Erwerbsleben ohne jeden Zweifel ein nur sehr schmales Segment. Sie ist beschäftigungspolitisch ohne große Bedeutung, und auch an der wiederbelebten Dynamik kleinteiliger unternehmerischer Selbständigkeit hat sie nur einen geringen Anteil. Dennoch sind die innovativen Ansätze, jenseits von großen Zahlen und wirtschaftlichem Gewicht, vorhanden und nicht etwa nur Kunstprodukte von Debatten. Die schwer meßbare Bedeutung solcher Initiativen liegt, wie Patrice Sauvage, einer ihrer langjährigen und aufmerksamen Beobachter, zu Recht feststellt,[18] in ihrer Exemplarität. Das Auftauchen neuer Werte in der Gesellschaft habe immer zur Voraussetzung, daß sich Außenseiter ("marginaux") um neue Formen bemühen, die dann, nach erfolgreicher Erprobung, hie und da in eine weitere gesellschaftliche und wirtschaftliche Praxis transportiert werden. In diesem Sinne ist die alternative Wirtschaft in Frankreich, wie in der Bundesrepublik und in zahlreichen anderen europäischen Ländern, eine selbstgenügsame, aber nicht selbstbeschränkte Erprobungsstätte für neue Formen und Bedingungen der Erwerbsarbeit.

---

17 Derselbe, stark resümiert.

18 Patrice Sauvage, 10 ans d'économie alternative, "A Faire" N° 10, S. 30 f.

Literatur

Amat, Françoise, Itinéraire dans le dispositif de formation et situation à la sortie des stages, Formation Emploi No 9, Janvier-Mars 1985

Ansart, Pierre, Les sociologies contemporaines, 'Editions du Seuil', 1990

Association Villermé, Le rôle de l'inspection du travail dans l'application du nouveau droit, Rencontre nationale des 20 et 21 novembre 1982, No 6 Spécial INTER-D'ITS, Janvier 1983

Auer, Peter / *Büchtemann*, Christoph F., Arbeitsrechtliche "De-Regulierung" durch Erleichterung befristeter Arbeitsverträge, Internationale Chronik Nr. 38, Oktober 1989, S. 3-7

Bailleau, Francis, L'insertion des "jeunes en difficulté". Une approche comparative au niveau européen, in: Bernard *Lorreyte* (Hrsg.), Les politiques d'intégration des jeunes issus de l'immigration, Paris 1989, S. 62 ff.

— Les mutations désordonnées de la société française, La Recherche No 232, Mai 1991, S. 682 ff.

Bangoura, Simone / *Marioni*, Pierre, 1988: Reprise de l'emploi et maintien des dispositifs de lutte contre le chômage, Dossier Statistique du Travail et de l'Emploi, no 51, Août 1989, S. 5ff.

Bangoura, Simone / *Besançon*, Yves / *Choffel*, Philippe / *Depresz* Martine / *Le Pluart*, Alain / *Marioni*, Pierre / *Salzberg*, Liliane, 1989: Création d'emplois stables et poursuite de la baisse du chômage, Dossiers Statistiques du Travail et de l'Emploi, No. 63-64, Octobre 1990, 5-12

Bauchet, Pierre, Le plan dans l'économie française, 'Economia' 1986

Belier, Gilles, Le contrat de travail à durée indéterminée intermittent, Droit Social 1987, S. 696-701

Berg, Manfred / *Kück*, Marlene / *Makowski*, Michael (Hg.), Alternative Finanzierungskonzepte, Berlin 1986

Bernard, Pierre-Yves / Lefresne, Florence, La diversité des formes d'utilisation des CES, La lettre d'information du C.E.E. No 23, Mars 1992, S. 3-8

Bernoux, Philippe, Un travail à soi, 1981

Bhérer, Harold / Joyal, André, L'entreprise alternative, 1987

Bigata, Georges, Un portrait des travailleurs indépendants, Economie et Statistique no 215, novembre 1988, S. 39-44

Blaise, Henry, Les contrats précaires après la loi du 12 juillet 1990, Droit Social 1991, S. 11 ff.

Bögenhold, Dieter, "Alternative" Wirtschaft oder Atoll des Kleinunternehmertums? Rückblick auf ein soziologisches Konstrukt, Zeitschrift für Soziologie 20, 1991, S. 223-236 (233)

Bögenhold, Dieter, Die Berufspassage in das Unternehmertum. Theoretische und empirische Befunde zum sozialen Prozeß von Firmengründungen, Zeitschrift für Soziologie, Jg. 18, 1989, S. 263-281

Bonnechère, Michèle, Les tendances à la dérèglementation et leur incidence sur la théorie des sources en droit du travail, Droit Social 1990, S. 40ff.

Bouffartigue, Paul / *Pendaries*, Jean-René, Activité féminine et précarisation de l'emploi, Travail et Emploi 4 / 1990, No 46, S. 30-44

Bourdieu, Pierre / *Passeron*, J.C., La reproduction, Paris 'Minuit' 1970

Boursier, François, L'économie sociale. Mythes et réalités, Lyon 1984

Brandes, Wolfgang, Homework in Germany. A contribution to the ILO Programme for 1990-1991: Research on home-based work, MS., Paderborn, May 1991

Braun, Gérard, "Le télétravail", Droit Social 1981, 569-579

Brose, Hanns-Georg, Travail temporaire et flexibilité de l'emploi. Comparaison France-Allemagne, in: France-Allemagne: Débats sur l'emploi. Textes réunis et présentés par Margaret Maruani et Emmanuèle Reynaud, 'Syros' 1987, S. 244ff.

Brüderl, Josef / *Preissendörfer*, Peter / *Baumann*, Axel, Determinanten der Überlebenschancen neugegründeter Kleinbetriebe, MittAB 1/91, S. 91-100

Brun, François, La création d'entreprises par les chômeurs, in: François *Brun* / Marie-Françoise *Mouriaux* / Nicolas *Schmidt*, Créations d'entreprises: Le cas de la Picardie, C.E.E., Dossier de Recherche No 34, Septembre 1990, S. 59-91

Brun, François / *Mouriaux*, Marie-Françoise / *Schmidt*, Nicolas unter Mitarbeit von Geneviève *Gontier*, Créations d'entreprises: Le cas de la Picardie. Pour un recentrage de la notion de création, C.E.E., Dossier de Recherche No 34, Septembre 1990, S. 5-38

Büchtemann, Christoph F., Betriebliche Personalanpassung zwischen Kündigungsschutz und befristetem Arbeitsvertrag, in: Klaus *Semlinger* (Hg.), Flexibilisierung des Arbeitsmarktes, Frankfurt/New York 1991, S. 135-157

Büchtemann, Christoph F. / *Höland*, Armin, Befristete Arbeitsverträge nach dem Beschäftigungsförderungsgesetz (BeschFG 1985). Reihe 'Forschungsbericht' des BMA, Band 183, Bonn/Berlin 1989

Bureau, Marie-Christine / *Le Dantec*, Eliane / *Nivolle*, Patrick, Trois stratégies d'insertion par le RMI, La lettre d'information du C.E.E. No 22, Décembre 1991, S. 2-8

Caire, Guy, Atypical wage employment in France, in: Precarious Jobs in Labour Market Regulation, ed. by Gerry and Janine Rodgers, ILO Geneva 1989, S. 75-108

Callies, Jean-Marie, Une entreprise sur deux disparaît avant cinq ans, Economie et Statistique No 215, novembre 1988, S. 45

Cézard, Michel / *Heller*, Jean-Luc, Les formes traditionelles d'emploi salarié déclinent, Economie et Statistique no 215, novembre 1988, S. 15 ff.

Charraud, Alain / *Guerguat*, Jean Claude, Le développement des emplois temporaires, Travail et Emploi 4/1989, No 42, S. 89

Cornilleau, G. / *Marioni*, P. / *Roguet*, B., Quinze ans de politique de l'emploi, Travail et Emploi 2/1990, No. 44, 64-68

Courault, Bruno, Le travail en domicile en 1981: Des formes passéistes du travail à des nouvelles formes hypothétiques d'emploi?, C.E.E., Paris 1982, S. 150

Courtois, Josette, Les associations, un monde méconnu. Poids économique et social des associations employant des salariés. Hrsg. vom Crédit Coopératif, September 1991

Delannoy, Michel-François, Qui sont les chômeurs-créateurs d'entreprise? Le cas de l'agglomération lilloise, Cahiers Lillois d'Economie et de Sociologie No 11, 1988, S. 25 ff.

Demotes-Mainard, Magali, L'économie de la RFA, Éditions 'la Découverte', Paris 1989

Desplanques, Guy / *Raton*, Isabelle / *Thave*, Suzanne, L'activité féminine, INSEE Résultats no 118, 1991

Dieball, Heike, Gleichbehandlung von Frau und Mann im Recht der EG, Arbeit und Recht 6/1991, S. 166-172

Dieterle, Nicolas, Télétravail: une progression lente, mais certaine, l'usine nouvelle, No 2320, 13 juin 1991

Döse, Annegret / *Höland*, Armin / *Schallhöfer*, Petra, Neue Formen und Bedingungen der Erwerbsarbeit - Eine erste Forschungsbilanz, ZERP-DP 2/1990

Dossou, Félix / *Folques*, Didier, L'aide aux chômeurs créateurs d'entreprise en 1985: Bilan de la réforme de 1984, Dossiers Statistiques du Travail et de l'Emploi No 23-24, Décembre 1986, S. 85-90

— Bilan de l'aide aux chômeurs créateurs d'entreprise, Dossiers Statistiques du Travail et de l'Emploi No 34-35, Octobre 1987, S. 115-122

Durkheim, Emile, De la division du travail social, 1930, S. 184 ff.

Dussert, Françoise, Les emplois temporaires en avril 1987, Dossiers Statistiques du Travail et de l'emploi, No 60, Juin 1990, S. 5 ff.

EG-Kommission, Chômeurs créateurs. Analyse des origines et motivations des créateurs d'entreprises bénéficiaires de programmes publics de soutien à la création d'emploi dans la Communauté européenne. Rapport final, Luxembourg 1988

Erbès-Seguin, Sabine, Mutations et permanences de la sociologie du travail, L'Homme et la Société, No 97, 1990/3, S. 133-139

Erbès-Seguin, Sabine / *Gilian*, Claude, L'Etat: Un acteur de la construction du marché de l'emploi, in: François *Michon* / Denise *Segrest* (eds.), L'Emploi, l'entreprise et la société, Paris 1990.

Ermakoff, Ivan / *Tresmontant*, Raphaël, L'impact de la politique de l'emploi: une estimation quantitative de certains dispositifs, Economie et Prévision no. 92-92, 1990-1/2, 111-125

Eurostat, Bevölkerung und Erwerbstätigkeit 1950-1976, Luxemburg 1977

— Stichprobenerhebung über Arbeitskräfte 1973-1975-1977, Luxemburg 1980

— Beschäftigung und Arbeitslosigkeit 1973-1979, Luxemburg 1980

— Sozialindikatoren für die Europäische Gemeinschaft. Ausgewählte Reihen, Luxemburg 1986

— Erhebung über Arbeitskräfte. Ergebnisse 1988

— Beschäftigung und Arbeitslosigkeit 1989

Euzeby, Chantal, Le revenu minimum garanti, Editions 'La Découverte', Paris 1991

Eymard-Duvernay, François, Le lien durable d'emploi: des accommodements, difficiles avec le marché, Droit Social 1988, S. 544-547

Finet, Nicolas, France Télécom, juge et partie, Les Echos 21/06/89

Fleury, Michel, Les régions au palmarès de la création d'entreprise, Economie et Statistique no 215, novembre 1988, s. 51-56

La flexibilité en Italie. Débats sur l'emploi, Textes réunis et présentés par Margaret *Maruani*, Emmanuèle *Reynaud*, Claude Romani, 1989

Folquès, Didier / *Villalard*, Jean, L'aide aux chômeurs créateurs d'entreprise en 1988, Dossiers Statistiques du Travail et de l'Emploi No 51, Août 1989, S. 49-52

Fourastié, Jean, Die große Hoffnung des zwanzigsten Jahrhunderts. Zweite Auflage, Köln 1969

— Gesetze der Wirtschaft von Morgen, Düsseldorf/Wien 1967

Fragonard, Bertrand, Le revenu minimum d'insertion: une grande ambition, Droit Social 1989, S. 573-588

France et l'Allemagne: Débats sur l'emploi. Textes réunis et présentés par Margaret *Maruani* et Emmanuèle *Reynaud*, 'Syros', Paris 1987

Freyssinet, Jacques, Les modes d'insertion professionnelle des jeunes: Trajectoires nationales face à la crise, La Revue de l'IRES, no. 4 Automne 1990, 49-66

Friedmann, Georges, Le Travail en miettes, 1935

Frier, Pierre-Laurent, Le contentieux administratif des "grands" licenciements économiques: une fausse sortie?, Droit Social 1987, S. 678 ff.

Gateau, Gilles, Les politiques de l'emploi: Principales oriéntations, Dossiers Statistiques du Travail et de l'Emploi, No. 63-64, Octobre 1990, numéro spécial, S. 21-29

Gaudu, François, La notion juridique d'emploi en droit privé, Droit Social 1987, S. 414-425

Gauvin, Annie / *Bouquillard*, Olivier, 1989, année charnière pour les politiques d'emploi: plus d'aides à l'emploi dans le secteur marchand, moins de TUC et de préretraites, Dossiers Statistiques du Travail et de l'Emploi, No. 63-64, Octobre 1990, 13-20

Geis, Heinz-Günther, Finanzierungskonzepte für den Selbsthilfebereich. Bank- und finanzwirtschaftliche Aspekte. Schriftenreihe des Bundesministers für Jugend, Familie, Frauen und Gesundheit, Band 254, 1990

Gomel, Bernard, Qui emploie les salariés en CES?, La lettre d'information du C.E.E. No 23, Mars 1992, S. 1-3

Granovetter, Mark, Entrepreneurship, Development and the Emergence of Firms, WZB discussion paper FS I 90-2, Berlin, April 1990

Guergoat, Jean Claude / *du Peage*, Hubert, Activité des associations intermédiaires, Dossiers statistiques du travail et de l'Emploi, supplément au Bulletin mensuel des Statistiques du Travail no 51, 8/89, S. 53-55

Guitton, Christoph / *Kerschen*, Nicole, La règle du hors-jeu. L'insertion au carrefour de la sécurité sociale, les politiques de l'emploi du R.M.I., MS. Dezember 1990

Gutzmer, Manfred / *Kück*, Marlene, Die Haftungsassoziation. Bürgschaftsbank für selbstverwaltete Betriebe, in: Marlene *Kück* / Achim *von Loesch* (Hg.), Finanzierungsmodelle selbstverwalteter Betriebe, Frankfurt/New York 1987, S. 218-224

Hara, Raymond, Les dispositifs d'insertion et de réinsertion des demandeurs d'emploi, Travail et Emploi 4/1989, No 42, S. 74ff.

Hartmann, Michael, Komplexitätssteigerung und dezentrale Kontextsteuerung. Zur systemtheoretischen Bewältigung des Klassenkampfes, Arch. europ. sociol., XXIX (1988), S. 51 ff.

Hartmann, Michael, Reflexives Recht am Ende? Zum Eindringen materiellen Rechts in die Tarifautonomie, Zeitschrift für Soziologie, Jg. 16, 1987, S. 16 ff.

Harzo, Christian / *Clerget*, Marie-Pierre, Du chômage à la création d'entreprise, Facultés Catholiques de Lyon, Octobre 1987, S. 68 f.

Hayek, F.A. von, Recht, Gesetzgebung und Freiheit. Band 2: Die Illusion der sozialen Gerechtigkeit, Landsberg am Lech 1981

Heller, J.-L., Enquête Emploi: Un nouveau questionnaire pour la série 1990, Courrier des Statistiques No 53, Mars 1990, S. 15 ff.

Hugues, Sibille, Die lokalen Beschäftigungsinitiativen in Frankreich, in: *Auer / Kühl / Maruani / Reynaud* (Hrsg.), Beschäftigungspolitik und Arbeitsmarktforschung im deutsch-französischen Dialog, BeitrAB 137, Nürnberg 1990, S. 70-77

INSEE, Tableaux de l'Economie Française, TEF 90

Internationale Chronik zur Arbeitsmarktpolitik, hrsg. von der Gruppe Politikinformationen am Forschungsschwerpunkt Arbeitsmarkt- und Beschäftigung des Wissenschaftszentrums Berlin für Sozialforschung (WZB), zitiert nach Nr. und Erscheinungsmonat

Jambu-Merlin, Roger, Les travailleurs intellectuels à domicile, Droit Social 1981, 561-565

Javillier, Jean-Claude , Droit du travail, 3e édition, Paris 1990

Kaiser, Manfred / *Otto*, Manfred, Übergang von Arbeitslosigkeit in berufliche Selbständigkeit. Erste Ergebnisse aus IAB-Verlaufserhebungen bei Überbrückungsgeld-Empfängern der Jahre 1986-1988, Mitteilungen aus der Arbeitsmarkt- und Berufsforschung 2/90, S. 284-299

Kern, Horst / *Sabel*, Charles F., Gewerkschaften und offene Arbeitsmärkte, Soziale Welt 2/90, S. 144 ff.

Kerschen, N. / *Kessler*, F / *Legrand*, M. / *Feyssier*, F., Les statuts juridiques intermédiaires, Actes du Colloque "L'évolution des formes d'emploi", Revue Travail et Emploi, Paris, novembre 1988 (Documentation française 1989)

Killias, Martin, Prévention générale et délinquance routière: Au-delà de "nothing works", in: Verkehrsdelinquenz, Reihe Kriminologie, Band 7, Grüsch 1989, S. 135-194

Krieger, Gabriel, Das französische Tarifvertragsrecht, Heidelberg 1991

Kronke, Herbert, Regulierungen auf dem Arbeitsmarkt. Kernbereiche des Arbeitsrechts im internationalen Vergleich, Baden-Baden 1990

Kück, Marlene, Neue Finanzierungsstrategien für selbstverwaltete Betriebe, Frankfurt/New York 1985

Laborde, Jean-Pierre, Le droit au revenu minimum d'insertion dans la loi du 1er décembre 1988, Droit Social 1989, S. 589-596

Lae, Jean-François, Travailler au Noir, 'Editions Métailié', 1989

Lafranchi, Nicole / Sandoval, Veronique, Le déplacement du niveau de la négociation salariale, Travail et Emploi No 45, 3/1990, S. 25 ff.

Lallement, Michel, Des PME en chambre. Travail et travailleurs à domicile d'hier et d'aujourd'hui, 'L'Harmattan' 1990

Laroque, Michel, Le revenu minimum d'insertion, droit révolutionnaire et prestation sociale d'un nouveau type, Droit Social 1989, S. 597-600

Lebaube, Alain, L'Emploi en miettes, 'Hachette' 1988

Linne, Gudrun / *Voswinkel*, Stephan, "Vielleicht ist ja noch alles offen", Hamburg 1989

Lozier, Françoise, Une approche sectorielle des accords d'entreprise (1950-1980), Sociologie du Travail No 1/90, S. 1 ff.

Lyon-Caen, Antoine, Actualité du contrat de travail, Droit Social 1988, S. 540-543

Lyon-Caen, Antoine / *Sciberras*, Jean-Christophe, Pratiques et perspectives de la négociation collective européenne. Impressions, Travail et Emploi No 42, 4/1989, S. 22-28

Lyon-Caen, Gérard, Le droit du travail non salarié, 'éditions Sirey' 1990

— Le Droit du Travail non salarié, hrsg. vom Commissariat Général au Plan, Paris 1990

Lyon-Caen, Gérard / Pelissier, Jean, droit du travail, 14ème édition, 1988

Mansholt, Sicco, Die Krise. Europa und die Grenzen des Wachstums, Reinbek bei Hamburg 1974

Marchal, Emmanuelle, Du désinteressement au marché: les différentes formes d'entreprises associatives, C.E.C., Dossier de recherche no 33, septembre 1990

— Qualité des emploi et formes d'entreprises associatives, la lettre d'information du C.E.E., No 17, septembre 1990

— L'emploi dans le secteur associatif. Du salariat permanent au bénévolat, Centre d'Etudes de l'Emploi, Dossier de Recherche No 11, Décembre 1984

Marchand, Olivier, Le marché de l'emploi dans les pays développés, INSEE: Données Sociales 1990, 54-57

Marchand, Olivier, L'évolution de l'emploi dans les pays industrialisés. Des modèles contrastés de fonctionnement du marché du travail, futuribles, septembre 1990, S. 15 ff., Tableau 8 (S. 31)

Marshall, Thomas H., *Class*, Citizenship, and Social Development, New York 1964

Maruani, Margaret, Statut social et modes d'emplois, Revue française de sociologie XXX-1, janvier-mars 1989, S. 31-39

Mathieu-Cabouat, Sophie, Le revenu minimum d'insertion: allocation ou contrat? Un choix nécessaire, Droit Social 1989, S. 611 ff.

Mayer, Udo, "Neue" Selbständigkeit in Nordamerika, WSI Mitteilungen 2/89, S. 80-88

Mehaut, Philippe / Villeval, Marie Claire, La mobilisation de la formation par l'entreprise dans les opérations de reconversion externe de la main d'oeuvre, Mai 1990

Merle, Vincent, Frankreichs staatliche Institutionen für Arbeitsmarkt- und Beschäftigungspolitik, in: *Auer / Kühl / Maruani / Reynaud* (Hrsg.), Beschäftigungspolitik und Arbeitsmarktforschung im deutsch-französischen Dialog, BeitrAB 137, Nürnberg 1990, S. 132-140

Michel, Brigitte, L'aide aux demandeurs d'emploi créant ou reprenant une entreprise, Dossiers statistiques du travail et de l'emploi 1991, No 75-76, Bilan de l'emploi en 1990, S. 119-121

Monnet, Jean, Erinnerungen eines Europäers. Vorwort von Helmut Schmidt, Baden-Baden 1988

Moritz, Klaus, Das französische Arbeitsgericht. Gerichtsverfassung und Verfahrensrealität eines Laiengerichts, Berlin 1987

Motte, Dominique / *Paquiet*, Pierre / *Porcher-Stouvenel*, Pascale / *Puel*, Hugues, Les bénéficiaires du RMI face aux risques de l'embauche - résistance ou implication des employeurs?, Septembre 1991

Mouriaux, Marie-Françoise, Les créations d'entreprises à l'épreuve du temps. L'échantillon picard, C.E.E., Dossier de Recherche No 42, Décembre 1991

Mourier, Françoise, Jouer la carte du télétravail, Situations (Agence Nationale Pour l'Emploi, ANPE) no 86, Sept. - Oct. 1990

Mückenberger, Ulrich, Neue Beschäftigungsformen, EG-Charta der Arbeitnehmerrechte und Ansätze europäischer Normsetzung, Kritische Justiz 1/1991, S. 1-17

— Re-Regulierung neuer Beschäftigungsformen - Kann "atypische" Beschäftigung sozialverträglich sein?, in: Klaus *Semlinger* (Hg.), Flexibilisierung des Arbeitsmarktes. Interessen, Wirkungen, Perspektiven, Frankfurt/New York 1991, S. 203-224

Mückenberger, Ulrich / *Deakin*, Simon, From deregulation to a European floor of rights. Labour Law, flexibilisation and the European single market, Zeitschrift für ausländisches und internationales Arbeits- und Sozialrecht (ZIAS) 1989, S. 153-207

Muet, Pierre-Alain, Croissance, emploi et chômage dans les années quatre-vingt. Observations et diagnostics économiques No 35, Janvier 1991, S. 21 ff.

Nocaudie, Dominique, Entraves juridiques et administratives au développement des initiatives locales d'emploi (ILE) en France, in: *Höland* / *Daviter* / *Gessner*, Rechtliche, steuerliche, soziale und administrative Hindernisse für die Entwicklung örtlicher Beschäftigungsinitativen, Band I, Luxemburg 1986, S. 87-162

Normand, Jean-Michel, Les mauvaises pratiques de la soustraitance, "Le Monde", 24. April 1991, Beilage "Initiatives, Emploi", S. III

OCDE, Perspectives de l'Emploi, Paris, Juillet 1989

OECD, Labour Market Policies for the 1990s, Paris 1990

Outrequin, Philippe / *Potier*, Anne / *Sauvage*, Patrice, les entreprises alternatives, 'Syros' 1986

Pelissier, Jean, Le travail intermittent, Droit Social 1987, S. 93-100

Perrot, Anne, La théorie des contrats implicites: bilan et perspectives, Economie et Prévision no. 92-93, 1990-1/2, 15-20

Peyre, Vincent / *Pineau*, Joseph, Insertion: Construction et Usages, "Annales de Vaucresson" 1991, S. 12

Plassard, François, Autonomie au quotidien - réponse à la crise? Rôle et sens des micro-initiatives, Lyon 1984

Portmann-Janodet, Colette, Les associations intermédiaires: Outils d'insertion par l'économique, Actualité de la Formation Permanente, No 110, Janvier-Février 1991, S. 66 f.

Rachedi, Marie-France, Le télétravail, in: ANACT, Lettre d'informations no 164, juin 1991, S. 10 ff.

Ray, Jean-Emmanuel, Le nouveau droit du licenciement (1985-1987), Droit Social 1987, S. 664 ff.

— Nouvelles technologies et nouvelles formes de subordination, Droit Social No 6, Juin 1992, 525-537

Renouard, Jean-Marie, Vers de nouveaux dispositifs de gestion de l'exclusion?, in: Problèmes de jeunesses et régulations sociales: Actes des Cinquièmes Journées Internationales, Vaucresson Mai 1985, S. 249 ff.

Reyneri, Emilio, Flexibilité du marché du travail et relations industrielles, in: La flexibilité en Italie, Textes réunis et présentés par Margaret Maruani, Emmanuèle Reynaud, Claude Romani, 1989, S. 63 ff.

Rivero, Jean / *Savatier*, Jean, Droit du Travail, 'p.u.f.', 12e édition mise à jour: 1991

Rodgers, Gerry and Janine (eds.), Precarious Jobs in Labour Market Regulation. The Growth of Atypical Employment in Western Europe, ILO, Geneva 1989

Rottleuthner Hubert, "Jahrhundertgesetze" in der zivilgerichtlichen Praxis, in: Thomas Raiser / Rüdiger Voigt (Hrsg.), Durchsetzung und Wirkung von Rechtsentscheidungen, Baden-Baden 1990

— Einführung in die Rechtssoziologie, Darmstadt 1987

Rouault, Dominique, Les Chômeurs de longue durée, INSEE-Premiere No 118, Janvier 1991

Roustang, Guy, le travail autrement. Travail et mode de vie, Paris 1982

Rubery, Jill / *Earnshaw*, Jill / *Burchell*, Brendan, New Forms and Patterns of Employment: The Role of Self-Employment in Britain, Baden-Baden 1992

Sabolo, Yves, en collaboration avec J. *Gaude* et R. *Wéry*, Les tertiaires. Analyse comparative de la croissance de l'emploi dans les activités tertiaires, Bureau International du Travail, Genève 1974

Salais, Robert, L'analyse économique des conventions du travail, Revue économique No 2, mars 1989, p. 199-240

— Labour conventions, economic fluctuations and flexibility, MS., November 20th, 1990 (zur Veröffentlichung vorgesehen in: A. *Scott* / M. *Storper*, Pathways to industrialization and regional development, 1991)

Sauvage, Patrice, 10 ans d'économie alternative, "A Faire" No 10, S. 30f.

Schaub, Günter, Arbeitsrechts-Handbuch, 7. überarbeitete Auflage, München 1992

Schmidt, Nicolas, Créations d'entreprises et créations d'emplois, La lettre d'information du C.E.E. No 13, Septembre 1989

— Les Travaux d'utilité collective, des tâches multiples dans un dispositif mouvant, Centre d'Etudes de l'Emploi, Dossier de Recherche No 20, Paris, Avril 1988

Schöch, Heinz, Effektivität der Sanktionspraxis bei Alkoholdelikten im Verkehr in der Bundesrepublik Deutschland, in: Verkehrsdelinquenz, Reihe Kriminologie, Band 7, Grüsch 1989, S. 115-133

Schwartz, Bertrand, l'Insertion professionelle et sociale des jeunes, Rapport au Premier Ministre, 'la Documentation Française', Paris 1981

Sciberras, Jean-Christophe, Le stagiaire à la recherche de son identité, in: Document Travail Emploi, L'Évolution des formes d'emploi, Paris 1989, S. 261 ff.

Spanou, Calliope, Le droit instrument de la contestation sociale? Les nouveaux mouvements sociaux face au droit, in: C.U.R.A.P.P., Les usages sociaux du droit, 'p.u.f.' 1989, S. 32-43

Statistisches Bundesamt, Unternehmen und Arbeitsstätten, Fachserie 2, Heft 8: "Unternehmen und Beschäftigte nach Rechtsformen", Wiesbaden 1990

Streeck, Wolfgang, Status and Contract: Basic Categories of a Sociological Theory of Industrial Relations, in: David *Sugarman* / Gunther *Teubner* (Eds.), Regulating Corporate Groups in Europe, Baden-Baden 1990, pp. 105-145

Thiemeyer, Theo, Die Idee der Gemeinwirtschaft und deren ordnungs- und gesellschaftspolitischer Standort, in: Die Genossenschaften im Wettbewerb der Ideen, hrsg. von Erik Boettcher, Tübingen 1985, S. 49-71

Viennet, Henri, Survivre: Premier souci des jeunes entreprises, INSEE-Première No 110, Novembre 1990

— Création et reprises d'entreprise en 1985. Les acteurs et leur projet, INSEE Résultats, 1989

— Qui crée son entreprise ou reprend une affaire, Economie et Statistique No 215, novembre 1988, S. 27 ff.

Villalard, Jean, Le Fonds départemental pour l'initiative des jeunes en 1990, Dossiers statistiques du travail et de l'emploi 1991, No 75-76, Bilan de l'emploi en 1990, S. 115-118

— Les salariés des associations intermédiaires, Dossiers statistiques du travail et de l'emploi No 75-76, 1991, Bilan de l'emploi en 1990, S. 123-129

— Les entreprises d'insertion, Dossiers statistiques du travail et de l'emploi No 75-76, 1991, Bilan de l'emploi en 1990, S. 130-133

Villey, Olivier, Les politiques publiques en faveur de l'insertion professionnelle des jeunes, in: France-Allemagne: Débats sur l'emploi. Textes réunis et présentés par Margaret Maruani et Emmanuèle Reynaud, 'Syros' 1987, S. 184-197

Volz, Joachim, Berufsbildung und Arbeitsbeschaffungsprogramme in Frankreich, CEDEFOP, Berlin 1983, S. 19 ff.

Wank, Rolf, Arbeitnehmer und Selbständige, München 1988

Winter, Gerd, Entfesselungskunst. Eine Kritik des Gentechnik-Gesetzes, Kritische Justiz 1/1991, S. 18 ff.

— Gentechnik als Rechtsproblem, Deutsches Verwaltungsblatt 1986, S. 585 ff.